Open Government und staatliche Neutralität

Europäische Hochschulschriften Recht

European University Studies in Law

Publications Universitaires Européennes de Droit

Band/Volume **6806**

Hwihong Kim

Open Government und staatliche Neutralität

PETER LANG

Berlin - Bruxelles - Chennai - Lausanne - New York - Oxford

Bibliografische Information der Deutschen Nationalbibliothek
Die Deutsche Nationalbibliothek verzeichnet diese Publikation in der Deutschen Nationalbibliografie; detaillierte bibliografische Daten sind im Internet über http://dnb.d-nb.de abrufbar.

Zugl.: München, Univ., Diss., 2024

D 19
ISSN 0531-7312
ISBN 978-3-631-92653-6
E-BOOK 978-3-631-92656-7
E-PUB 978-3-631-92657-4
DOI 10.3726/b22342

Verlegt durch: Peter Lang GmbH, Berlin, Deutschland

info@peterlang.com www.peterlang.com

Diese Publikation wurde begutachtet.

Vorwort

Die vorliegende Arbeit wurde im Jahr 2024 von der Juristischen Fakultät der Ludwig-Maximilians-Universität zu München als Dissertation angenommen. Stand der Arbeit ist der Dezember 2023. Literatur, Rechtsprechung und Lehre wurden bis zu diesem Zeitpunkt berücksichtigt.

Mein tiefster Dank gilt Herrn Prof. Dr. *Jens Kersten*, meinem Doktorvater, der über sechs wertvolle Jahre hinweg mit ununterbrochenen Hilfestellungen mein Studium gefördert hat. Durch sein umfassendes Wissen und seine jederzeitige Diskussionsbereitschaft hat meine Arbeit an der erforderlichen Tiefe gewonnen. Ebenso bedanke ich mich herzlich bei Herrn Prof. Dr. *Ulrich Becker* für die Erstellung des Zweitgutachtens.

Dankbar bin ich weiterhin Herrn Prof. Dr. *Mun-Sik Jung*, LL.M., meinem früheren Betreuer, von dem ich die grundlegende Bedeutung des Verfassungsrechts lernte und der mir den Weg zum Studium in Deutschland bereitete.

Darüber hinaus möchte ich meiner Familie und all meinen Freunden danken, die mich auch in schweren Zeiten stets unermüdlich begleitet und unterstützt haben. Besonders hervorheben möchte ich meine Eltern, auf deren Zuneigung und Wärme sowie unbedingte Unterstützung ich mich immer verlassen kann. Es ist mir eine große Ehre, dieses Werk ihnen zu widmen. Schließlich gilt mein nicht in Worte zu fassender Dank meiner Frau *Yunhyeong Kim* für ihr unerschütterliches Vertrauen in mich und ihre nie endende Geduld mit mir.

München, im Juli 2024 *Hwihong Kim*

Inhaltsverzeichnis

Vorwort 5

Inhaltsverzeichnis 7

Abkürzungsverzeichnis 13

Einleitung 17

A. Problemaufriss und Motivation 17

B. Gang der Untersuchung 19

1. Kapitel: Open Government 23

A. Neues Paradigma für Staat und Verwaltung 23

1. Entwicklungsprozess 23

2. Digitalisierung 26

(1) Digitalisierung als Treiber 26

(2) Digitalisierung als Werkzeug 27

B. Grundprinzipien von Open Government 30

1. Drei Grundprinzipien 30

(1) Transparenz 30

(2) Partizipation 32

(3) Kollaboration 34

2. Ein viertes Grundprinzip: Neutralität 35

(1) Open Government und Pluralismus 36

(2) Zwei Dimensionen des Neutralitätsprinzips 37

1) Grundrechtliche Neutralität 37

2) Staatsorganisatorische Neutralität 39

3. Neues Profil von Open Government 40

C. Demokratietheoretische Grundlegung 41

1. Partizipative Demokratie 42

2. Deliberative Demokratie ... 45
3. Komplexe Demokratie ... 47
4. Folgerungen für Open Government ... 49

D. Verfassungsrechtlicher Rahmen ... 52
1. Grundrechte ... 52
2. Demokratieprinzip ... 54
3. Rechtsstaatsprinzip ... 56

E. Kommunikationspflichten der Verwaltung ... 58
1. Einschränkungen bei formellen Verfahren ... 59
2. Informelle Verfahren für Open Government ... 61
3. Anforderungen und Grenze ... 62

F. Zusammenfassung ... 64

2. Kapitel: Grundrechtliche Neutralität von Open Government ... 67

A. Staatliche Wahrnehmung öffentlicher Kommunikation ... 67
1. Selbstdarstellung in sozialen Medien ... 68
(1) Phänomene der Selbstdarstellung ... 68
(2) Impression Management Theory ... 70
(3) Konstruktion und Kuratierung der (virtuellen) Identität ... 73
(4) Fazit ... 74
2. Grundrechtsrelevanz der öffentlich zugänglichen Daten ... 74
(1) Bestimmung der öffentlichen Zugänglichkeit ... 75
1) Objektive Abgrenzung ... 75
2) Ein subjektiver Vorbehalt? ... 77
(2) Übertragung auf soziale Medien ... 78
1) Registrierungspflicht ... 79
2) Privatsphäre-Einstellungen ... 80
(a) Persönliche Nähebeziehung? ... 82
(b) Individuell bestimmter Empfängerkreis ... 83
(3) Rechtliche Folgen ... 84
1) Das Urteil zur Internetaufklärung ... 84

2) Entwicklungslinie 85
3) Dogmatische Begründung 87
3. Fazit 94

B. Grundrechtliche Neutralitätsgewährleistungen 94
1. Recht auf freie Entfaltung der Persönlichkeit 94
(1) Persönlichkeitsentfaltung 95
(2) Persönlichkeitsentwicklung 98
2. Recht auf den Schutz der Privatsphäre 99
(1) Privatheit als Garant für Autonomie 100
(2) Unbestimmtheit des Privaten 101
1) Dichotomie im Netz 103
2) Private Öffentlichkeit? 104
3) Inhaltliche Beurteilung der Daten? 105
(3) Datenverknüpfung 106
(4) Fazit 107
3. Recht auf informationelle Selbstbestimmung 108
(1) Herleitung 109
(2) Ansätze in der Literatur 111
1) Limitationen des Privatsphärenschutzes 111
2) Soziologische Perspektive 113
3) Einschüchterung und Anpassungsdruck 114
(3) Öffentlich zugängliche Daten 116
1) Personenbezogenen Daten 116
2) Gewährleistung der freien Kommunikation 118
3) Schutz äußerer Handlungsfreiheit 120
(4) Theorie der Einschüchterungseffekte 122
1) Entstehung und Entwicklung 123
2) Rechtsprechung 125
(5) Einschüchterungseffekte durch Überwachung sozialer Medien 126
1) Mögliche Nachteile 127
(a) Gefahr sachwidriger Entscheidungen 129
(b) Stigmatisierung und Diskriminierung 131

(c) Informationelle Begründungslast 132
2) Empirisch beweisbare Nachteile? 138
(6) Fazit 140

C. Eingriffsqualität von Social-Media-Monitoring 140
1. Eingriffsbegriff 141
2. Informationelles Selbstbestimmungsrecht 143
(1) Informationsbezogener Eingriffsbegriff 143
(2) Begrenzung: Besondere Gefahrenlage für die Persönlichkeit 145
(3) Kriterium: Objektive Gefahrenprognose 147
1) Eingriffsabwehrrecht: Treffer-Fall 148
2) Objektiv-rechtliche Garantien: Intransparenz 150
3) Fazit 151
(4) Kritik und Lösungsansatz 151
1) Gegenstand: Objektiv-rechtliche Dogmatik 151
2) Problematik: Dilemma 152
3) Lösungsansatz: Subjektiv-rechtliche Dimension .. 153
(a) Art der erfassten Daten 154
(b) Anlass und Streubreite der Datenerhebung ... 156
(c) Modus der Informationserhebung 158
a) Heimlichkeit der Überwachungsmaßnahmen 158
b) Art und Weise der Informationsverarbeitung 159
(d) Art der möglichen Verwendung der Daten 161
(5) Fazit 162

3. Kapitel: Staatliche Neutralität von Open Government 165

A. Einflussnahme auf die politische Willensbildung 165

B. Staatliche Neutralitätsgewährleistungen 166
1. Grundrechtsgewährleistungen 166
2. Staatsfreiheit und politische Neutralität 168

3. Chancengleichheit und politische Neutralität 170
4. Rechtsstaatliche Neutralität 172
C. Zusammenfassung 175

Gesamtergebnis und Schlussfolgerung 177
1. Kapitel: 177
2. Kapitel: 180
3. Kapitel: 184

Literaturverzeichnis 187

Sachverzeichnis 213

Abkürzungsverzeichnis

a.A.	andere Ansicht
AcP	Archiv für die civilistische Praxis
Adm. Sci.	Administrative Sciences
a.F.	alte Fassung
AK-GG	Alternativkommentar zum Grundgesetz
Anm.	Anmerkung
Annu. Rev. Polit. Sci.	Annual Review of Political Science
APSA	The American Political Science Review
AöR	Archiv des öffentlichen Rechts
BayVBl.	Bayerische Verwaltungsblätter
BDSG	Bundesdatenschutzgesetz
BeckOK	Beck'scher Online-Kommentar
BfDI	Bundesbeauftragte für den Datenschutz und die Informationsfreiheit
BGH	Bundesgerichtshof
BK-GG	Bonner Kommentar zum Grundgesetz
BMI	Bundesministerium des Innern und für Heimat
BSTS	Bulletin of Science, Technology & Society
BT-PlPr.	Plenarprotokolle der Sitzungen des Bundestages
Bus. Horiz.	Business Horizons
B.U.L. Rev.	Boston University Law Review
BVerfG	Bundesverfassungsgericht
BVerfGE	Entscheidung des Bundesverfassungsgerichts
BWahlG	Bundeswahlgesetz
Comput. Hum. Behav.	Computers in Human Behavior
CR	Computer und Recht
DÖV	Die öffentliche Verwaltung
DSGVO	Datenschutz-Grundverordnung
DuD	Datenschutz und Datensicherheit
DVBl.	Deutsches Verwaltungsblatt
DVR	Datenverarbeitung im Recht
EDV	Elektronische Datenverarbeitung
EGMR	Der Europäische Gerichtshof für Menschenrechte
EJEG	Electronic Journal of e-Government
EKMR	Europäische Kommission für Menschenrechte

EuGH	Gerichtshof der Europäischen Union
FKW	Zeitschrift für Geschlechterforschung und visuelle Kultur
Foreign Aff.	Foreign Affairs
FS	Festschrift
GA	Goltdammer's Archiv für Strafrecht
GG	Grundgesetz für Bundesrepublik Deutschland
GIQ	Government Information Quarterly
Gov.	Governance
GS	Gedächtnisschrift
GVwR	Grundlagen des Verwaltungsrechts
Harv. L. Rev.	Harvard Law Review
HBG	Handbuch der Grundrechte
HdbDatenschutzR	Handbuch Datenschutzrecht
HdbPR	Handbuch des Persönlichkeitsrechts
HdbVerfR	Handbuch des Verfassungsrechts
HdbVwVf	Handbuch Verwaltungsverfahren und Verwaltungsprozess
HStR	Handbuch des Staatsrechts der Bundesrepublik Deutschland
HwsR	Handbuch Wirtschafts- und Steuerstrafrecht
IDPL	International Data Privacy Law
IJF	International Journal of Forecasting
Int. J. Public Part	The International Journal of Public Participation
IRAS	International Review of Administrative Sciences
I.S.	Im Sinne
IuKDG	Informations- und Kommunikationsdienste-Gesetz
JA	Juristische Arbeitsblätter
J. Appl. Dev. Psychol.	Journal of Applied Developmental Psychology
JBER	Journal of Business & Economics Research
JCMC	Journal of Computer-Mediated Communication
J. Media Psychol.	Journal of Media Psychology
JR	Juristische Rundschau
JURA	Juristische Ausbildung
JuS	Juristische Schulung
JZ	JuristenZeitung
Kap.	Kapitel
KG	Kammergericht
K&R	Kommunikation & Recht

KritV	Kritische Vierteljahresschrift für Gesetzgebung und Rechtswissenschaft
LG	Landgericht
LKRZ	Zeitschrift für Landes- und Kommunalrecht
MMR	MultiMedia und Recht
m.w.N.	mit weiteren Nachweisen
NJ	Neue Justiz
NJW	Neue Juristische Wochenschrift
NStZ	Neue Zeitschrift für Strafrecht
NuR	Natur und Recht
NVwZ	Neue Zeitschrift für Verwaltungsrecht
NWVBl	Nordrhein-Westfälische Verwaltungsblätter
NZA	Neue Zeitschrift für Arbeitsrecht
OVG	Oberverwaltungsgericht
Psychol. Bull.	Psychological Bulletin
Public Adm.	Public Administration
Public Adm. Rev.	Public Administration Review
Public Manag. Rev.	Public Management Review
Public Money Manag.	Public Money and Management
RiA	Recht im Amt
Stan. L. Rev.	Stanford Law Review
StGB	Strafgesetzbuch
StPO	Strafprozessordnung
StV	Strafverteidiger
TKG	Telekommunikationsgesetz
UCLA L. Rev.	UCLA Law Review
Univ. Pa. L. Rev.	University of Pennsylvania Law Review
UrhG	Gesetz über Urheberrecht und verwandte Schutzrechte
VerwArch	Verwaltungsarchiv
VG	Verwaltungsgericht
VGH	Verwaltungsgerichtshof
VM	Verwaltung & Management
VVDStRL	Veröffentlichungen der Vereinigung der Deutschen Staatsrechtslehrer
VwVfG	Verwaltungsverfahrensgesetz
ZfB	Zeitschrift für Betriebswirtschaft
ZPol	Zeitschrift für Politikwissenschaft

Einleitung

A. Problemaufriss und Motivation

„Demokratie heißt Zuhören und die Hand reichen."[1] Bundesinnenminister Thomas de Maizière gab mit dieser Formulierung am 7. Dezember 2016 die Teilnahme Deutschlands an Open Government Partnership bekannt. Im darauf folgenden Satz hebt er das Konzept von Open Government als ein Instrument hervor, das die Demokratie stärken soll. „Mit unserem Einsatz für Open Government leisten wir einen wichtigen Beitrag zu mehr Transparenz, zu mehr Teilhabe und mehr Innovation." Der zugrundeliegende Gedanke ist, dass „Open Government [...] die Demokratie stärken [werde], wenn das offenere Regieren die demokratische Willensbildung für Interessen öffnet, die bislang chancenlos waren, ohne jedoch anderen die Gelegenheit zu nehmen, gehört zu werden."[2]

Die Forderung nach einer Öffnung des Staates gegenüber den Bürgern ist allerdings keineswegs neu. Der Wunsch nach und die Diskussion um die Offenheit des Staates existieren bereits seit langem in Form von Dokumentenzugangsrechten. Das Konzept von Open Government war ursprünglich durch das Kernelement der Transparenz geprägt. Prominente Beispiele dafür sind der „Freedom of Press Act" in Schweden aus dem Jahr 1766[3] und „Freedom of Information Act" in den USA im Jahr 1966.[4] Der Open Government-Begriff wurde in den letzten Jahren wieder aufgegriffen und hat einen Bedeutungswandel hin zur Interaktion erfahren. Der Anlass dafür war eine steigernde Umweltkomplexität[5] und eine sinkende Akzeptanz von politischen Entscheidungen.[6] Der

1 „Demokratie heißt Zuhören und die Hand reichen" – Bundesminister de Maizière gibt Teilnahme an Open Government Partnership (OGP) bekannt, Pressemitteilung des BMI v. 07.12.2016.

2 *Wewer/Wewer*, Open Government, S. 203.

3 His Majesty's Gracious Ordinance Regarding the Freedom of Writing and of the Press (1766) [Übers. d. *Giles/Graves*, 2016]; vgl. *Nordin*, Sweden 1766, S. 25 (27 f.).

4 The Freedom of Information Act 5 U.S.C. § 552. Vgl. *von Lucke/Gollasch*, Open Government, S. 4; *Hölle*, Open Government in Deutschland, S. 143 (144).

5 Vgl. *Spiecker Döhmann*, Staatliche Informationsgewinnung im Mehrebenensystem, S. 253 (254).

6 Vgl. *Herzberg*, VM 2013, S. 40 (42).

Protest gegen „Stuttgart 21“ ist nur ein Beispiel dafür. Sicher ist jedenfalls, dass Zustimmung und Gehorsam zu kostbaren Gütern geworden sind.

Mit denselben Problemen haben nicht nur staatliche Institutionen zu kämpfen. Auch private Institutionen wie Unternehmen müssen ihre Existenz, ihr Handeln oder ihr eigenes Produkt in der Gesellschaft immer wieder begründen.[7] Nach dem neuen Ansatz Open Innovation spielt dabei nachvollziehbare und mitwirkungsorientierte Kommunikation eine wesentliche Rolle,[8] indem sie die Konsumenten zu einem frühen Zeitpunkt in den Entscheidungs- und Wertschöpfungsprozess integriert. Hier hat sich ein gebräuchliches Mittel durchgesetzt, das im Zeitalter der sozialen Medien immer mehr an Bedeutung gewinnt: Social-Media-Monitoring. „Die Kraft, große Dinge zu entscheiden, kommt aus der ununterbrochenen Beobachtung der kleinen Dinge.“ So skizzierte Gerd Bucerius, wenngleich weit vor Anbruch der digitalen Revolution, den Kerngedanken vom Monitoring sozialer Medien. Mithilfe der computergestützten Analyse sozialer Medien können die Unternehmen das Wissen und die Erfahrungen von außen identifizieren und darauf zurückgreifen. Soweit man den öffentlich geäußerten Meinungen zum Produkt und Unternehmen einen hohen Stellenwert einräumt, ist der Kommunikationsprozess, speziell Social-Media-Monitoring, aus dem modernen Wirtschaftsleben kaum wegzudenken.

Für die Kommunikation des Staates steht im Gegensatz zur privatwirtschaftlichen nur begrenzter Raum zur Verfügung. Im Hinblick auf ein dichotomisches Verhältnis von Staat und Gesellschaft sind die Überschneidungen beider Seiten die Ausnahme. Angesichts der Umweltkomplexität und Akzeptanzdefizite ist fraglich, ob nicht auch Staat und Verwaltung aufgerufen sind, für ihre Entscheidungen Monitoring der sozialen Medien durchzuführen. Im Unternehmenskontext wird Social-Media-Monitoring mit dem Ziel eingesetzt, die Innovationsimpulse für die Produkte zu erhalten und damit eigene Interessen verfolgen zu können. Für den öffentlichen Bereich gelten hingegen andere Regeln. Im freiheitlichen demokratischen Staat des Grundgesetzes ist kein genuines Eigeninteresse des Staates vorgegeben, zu dessen Verfolgung er das „Ohr an das Netz“ legen darf. Einen Ansatzpunkt dafür mag das Open Government-Konzept bieten, das jüngst durch den Open Innovation-Ansatz unterstützt wird. Demnach wird mehr Offenheit i.S.v. Interaktion gefordert, um die

---

7 Vgl. *Krebber/Hitschfeld*, Akzeptanz und Legitimation, S. 233 (238); für die Theorie der Unternehmenskommunikation *Zerfaß*, Unternehmensführung und Öffentlichkeitsarbeit, S. 282.

8 Vgl. *Hilgers*, ZfB 2012, S. 631 (632).

Effizienz und Effektivität staatlichen Handelns, aber auch die Akzeptanz und Legitimation zu erhöhen. Diese ist aber nur eine politische Forderung, deren Umsetzung im Ermessen des Gesetzgebers steht. Ob und zu welchem Zweck der Staat mit der Öffentlichkeit kommunizieren darf, wird durch öffentliches Recht definiert. Für das kommunikative Staatshandeln wird von der Rechtsprechung besonders mit einem Gebot der Neutralität argumentiert. Im Fokus stehen somit die rechtlichen Grenzen, die staatliches Social-Media-Monitoring beschränken. Ob und inwieweit die Einbeziehung der Bürger bzw. einer interessierten Öffentlichkeit in einen politisch-administrativen Entscheidungsprozess unter dem Gebot der Neutralität steht, bedarf einer rechtlichen Untersuchung.

B. Gang der Untersuchung

Die Zielsetzung der vorliegenden Arbeit ist es, rechtliche Grenzen staatlicher Informationsgewinnung aus sozialen Medien zu analysieren. Das führt zu zwei zentralen Fragestellungen: Zum einen ist zu klären, wie das Kommunikationsverhältnis zwischen Staat und Bürger im Rahmen des Open Government ausgestaltet sein soll. Zum anderen stellt sich die Frage, welche Anforderungen beim Einsatz von Social-Media-Monitoring durch Staat erfüllt werden müssen.

Im 1. Kapitel der Arbeit wird untersucht, wie das Konzept von Open Government aussieht und wie ein solches realisiert werden soll. Dazu wird unter A. der Entwicklungsprozess von einem rein bürokratischen Verständnis zu Open Government dargelegt. Dies umfasst eine Betrachtung der Digitalisierung als Treiber und Werkzeug eines offenen Staates. Nötig ist dies insbesondere in Bezug auf das sogenannte Social-Media-Monitoring, das in der Arbeit thematisiert wird. Unter B. werden zuerst drei Eckpfeiler für das Verständnis von Open Government Transparenz, Partizipation und Kollaboration dargestellt. Daneben wird ein viertes Grundprinzip der Neutralität entwickelt. Die Begründung dieses Prinzips erfolgt durch die Heranziehung des Gedanken des Pluralismus und die Bestimmung der Offenheit i.S.v. Open Government. Das Neutralitätsprinzip ist anschließend aus grundrechtlicher und staatsorganisatorischer Sicht zu betrachten. Ausgehend davon wird das Konzept von Open Government neu konzipiert. Um einen normativen Anknüpfungspunkt für die Kommunikation zwischen Staat und Bürger herauszufinden, werden sodann die Demokratietheorien untersucht, die verstärkt auf die partizipative Sichtweise ausgerichtet sind. Das Verfassungsgebot zu derselben kann aus den Strukturprinzipien von Grundrechten, Demokratie und Rechtsstaat gewonnen werden. Das erste Kapitel schließt mit einer Betrachtung des geltenden Rechtsrahmens für Open Government. Die Entscheidung über Art und Umfang der

Kommunikation im Rahmen informeller Verfahren stehen grundsätzlich im Ermessen der zuständigen Behörde. Die Neutralität des Staates bildet dabei die Grenze sämtlicher informeller Verfahren.

Staatliches Kommunikationshandeln im Rahmen von Open Government soll sich demnach grundrechtsneutral vollziehen. Im 2. Kapitel werden die computergestützten staatlichen Informationsmaßnahmen in sozialen Medien auf ihre grundrechtliche Eingriffsqualität befragt. Dazu werden unter A. die Phänomene der Selbstdarstellung in sozialen Medien aus soziologischer Perspektive betrachtet, um die persönlichkeitsrelevante Bedeutung sozialer Medien zu erfassen. Im Anschluss wird den Fragen anhand der Rechtsprechung des BVerfG nachgegangen, was unter öffentlich zugänglichen Daten im Internet zu verstehen ist und wozu eine Einordnung der Daten als öffentlich zugänglich führt. Ein besonderes Augenmerk liegt hierbei auf den zur Begründung der fehlenden Eingriffsqualität vertretenen Auffassungen. Ausgehend davon befasst sich die Untersuchung unter B. mit dem Schutzbereich des Rechts auf freie Entfaltung der Persönlichkeit aus Art. 2 Abs. 1 i.V.m. Art. 1 Abs. 1 GG. Aufgrund der soziologischen Erkenntnisse wird zunächst das allgemeine Persönlichkeitsrecht grundrechtsdogmatisch erläutert. Auf dieser Grundlage werden das Recht auf den Schutz der Privatsphäre und das Recht auf informationelle Selbstbestimmung untersucht, um festzustellen, ob öffentlich zugängliche Daten unter den Schutzbereich jenes Grundrechtes fallen. Sodann wird der klassische und moderne Eingriffsbegriff insbesondere in Bezug auf das sogenannte Social-Media-Monitoring untersucht. Dessen Verhaltensbeeinflussung kann zwar nicht verneint werden. Ihm kommt jedoch im Rahmen der subjektiv-rechtlichen Funktion der Grundrechte keine Bedeutung zu. Die Analyse setzt sich mit der zugrundeliegenden, objektiv-rechtlichen Dogmatik der Einschüchterungseffekte auseinander. Im Anschluss werden anhand der Rechtsprechung des BVerfG Thesen erarbeitet, die darauf ausgerichtet sind, die subjektiv-rechtliche Dimension der Grundrechte durch Einschüchterungseffekte aktivieren zu können. Als Zwischenergebnis können die Anforderungen formuliert werden, die dazu dienen, die Einschüchterungseffekte zu minimieren und damit die Informationen grundrechtsneutral zu gestalten.

Der Staat soll zudem inmitten der verschiedenen Wertvorstellungen unparteiisch bleiben und sich nicht einer bestimmten Überzeugung anschließen. Das 3. Kapitel ist deshalb der Frage gewidmet, welche Anforderungen an staatliches Social-Media-Monitoring gestellt werden können. Dazu wird zunächst kommunikatives Staatshandeln dargestellt, zu dem Social-Media-Monitoring wegen seiner Funktion zur Teilnahme an dem Meinungs- und Willensbildungsprozess zählt. Sodann werden viele Potentiale und ein besonderes

Manipulationsrisiko in Bezug auf die gesellschaftliche Willensbildung betrachtet. Grundrechte enthalten einen Neutralitätsaspekt, indem sie einen Anspruch auf die gleiche Freiheit gewähren und deren Achtung fördern. Die Anforderungen an diese Informationsgewinnung ergeben sich zudem aus dem Grundsatz der Staatsfreiheit und der Chancengleichheit. Neutralitätssicherndes Distanzgebot speist sich schließlich aus rechtsstaatlichen Quellen. Die Arbeit schließt mit einer Zusammenfassung der Ergebnisse.

1. Kapitel: Open Government

Den Trend zum Social-Media-Monitoring haben in erster Linie Unternehmen und Organisationen gesetzt. Aber jüngst haben auch öffentliche Stellen mit Experimenten angefangen, es im öffentlichen Kontext durchzuführen. Ein Motiv stellt neben den sicherheitsbehördlichen Belangen ein politisch-administratives Interesse dar, themenspezifische Stimmungsbilder in der Öffentlichkeit zu erstellen, Bürgerpräferenz zu analysieren und Optimierungspotenzialen staatlicher Dienstleistungen sowie die Zufriedenheit mit dem demokratischen System zu identifizieren. Angesichts der nicht-hierarchischen Struktur der Kommunikation über soziale Medien stehen aber Staat und Verwaltung vor neuen Herausforderungen: das bestehende Staatsverständnis ist nicht mehr dazu geeignet, die mit der Digitalisierung einhergehenden Potenziale vollständig zu erfassen. Um den geeigneten organisatorischen Rahmen zu bieten, wird in der verwaltungswissenschaftlichen Literatur das Konzept des Open Government herangezogen. Da das aber ein Schlagwort des politisch-administrativen Diskurses ist, ist eine interdisziplinäre Grundlegung erforderlich, damit außerrechtliche Erkenntnisse Eingang in das Recht finden. Um dies zu erreichen, wird im Folgenden das Open Government-Paradigma in der Verwaltungslehre in Bezug auf dessen Entwicklung und dessen Inhalt beleuchtet, bevor es über den Brückenbegriff der Demokratie in das Recht eingeführt wird.

A. Neues Paradigma für Staat und Verwaltung

Das Open Government-Konzept kann sich in den konstanten Entwicklungsprozess der Verwaltungswissenschaft einreihen und sich durch das mit Informationstechnologien einhergehende Umdenken des Verhältnisses von Politik, Verwaltung und Bürger auszeichnen.

1. Entwicklungsprozess

In den vergangenen Jahrzehnten hat die Verwaltungswissenschaft einen erheblichen Wandel des Verständnisses von öffentlichen Verwaltungen erfahren. Sie wurden zuerst rein bürokratisch im Weber'schen Sinne verstanden und danach in den letzten beiden Jahrzehnten im Rahmen des New Public Management neu definiert. Den ursprünglich negativ konnotierten[9] Begriff „Bürokratie" hat

---

9 Vgl. *Albrow*, Bürokratie, S. 13, 30.

Max Weber zu Beginn des 20. Jahrhunderts wissenschaftlich „neutralisiert" und aufgegriffen, um eine rationale und effiziente Form von Herrschaft und Ordnung zu beschreiben. Dazu hat er verschiedene Bürokratieformen systematisch aufbereitet und damit die in der Wirklichkeit vorfindbaren Charakteristika der staatlichen Organisationen typologisch zusammengefasst.[10] Die bürokratische Organisation ist – um nur einige relevante Punkte zu nennen – geprägt von der durch (Rechts-)Normen festgelegte Kompetenzordnung und der damit verbundenen klaren Amtshierarchie, in der feste Strukturen für Kommunikation, Weisungen und Kontrolle herrschen.

Die bürokratisch ausgeformten Organisationsstrukturen standen wegen der gesellschaftlichen Transformation hin zu einer Informations- und Konsumgesellschaft vor neuen Herausforderungen.[11] Mit dem Rückgang der Bedeutung traditioneller Werte wurde die Gesellschaft zunehmend individualisiert. Es bildeten sich damit pluralistisch organisierten Interessengruppen heraus, mit denen aber das politisch-administrative System nicht zu verhandeln vermochte.[12] Bürokratische Strukturen der öffentlichen Verwaltung stießen zudem angesichts der technologischen Entwicklungen an ihre Grenzen.[13] Dank der bereits umfassend verfügbaren Informationen in der Gesellschaft verloren die Charakteristika der Bürokratie wie Hierarchie und Spezialisierung an Bedeutung. Der gesellschaftliche Wandel bewirkte ferner eine Veränderung der Anforderungen an das politisch-administrative System. Die grundlegende Vorstellung, dass Politik und Verwaltung strikt voneinander getrennt sein sollen, hat sich mittlerweile als nicht realistisch erwiesen[14] und wurde ersetzt durch eine neu entwickelte Sichtweise, dass diese sich tatsächlich im gewissem Maße wechselseitig beeinflussen und vernetzen können. Hinzu kommt schließlich die immer lauter werdende Forderung nach einer besseren Dienstleistungsqualität, einer weiteren Leistungserbringung mit weniger Aufwand.[15]

Infolge des technischen und gesellschaftlichen Wandels vollzog sich in der Verwaltungswissenschaft ein Paradigmenwechsel hin zu New Public

10 Vgl. *Weber*, Wirtschaft und Gesellschaft, S. 551 f.

11 Vgl. zum Folgenden *Hughes*, Public Management, S. 34 ff.; *Schedler/Proeller*, New Public Management, S. 27 ff.; *Budäus*, Public Management, S. 11.

12 Vgl. *Budäus*, Public Management, S. 13 f.

13 Vgl. *Kamensky*, Public Adm. Rev. 1996, S. 247 (249); *Schedler/Proeller*, New Public Management, S. 28 f.

14 Vgl. *Hughes*, Public Management, S. 32 f.; *Peters*, The Politics of Bureaucracy, S. 4.

15 Vgl. *Schedler/Proeller*, New Public Management, S. 31.

Management,[16] unter dem eine Gesamtbewegung der Verwaltungsreformen zusammengefasst wird. Ein besonderes Augenmerk gilt dabei dem Wechsel der Steuerung von einer Input- hin zu einer Output-Orientierung.[17] Das „Neue" ist die institutionelle Sichtweise der Verwaltung und ihrer Partner, die auf die konzeptionellen Vorstellungen darüber zurückgeht, wie bürokratische Organisationen rekonstruiert und wie die organisatorischen Aufgaben neu definiert werden sollen, um den Wettbewerbsvorteil zu erreichen, den Haushalt in der langfristigen Perspektive zu beschränken und öffentlichen Verwaltungen Legitimation zu verschaffen.[18] Diese stark bürgerorientierte Sichtweise wendet sich weiterhin der Politik zu, die offensichtlich im engen Zusammenhang mit der Verwaltung steht. Dabei werden die Fragen behandelt, welche Rolle der Politik zugewiesen werden kann und über welche Instrumente sie zur Erfüllung ihrer Aufgabe als demokratisch legitimierte Instanz verfügen soll. Ein Teil der Literatur spricht in diesem Zusammenhang davon, dass sich die normativ geforderte Staatsstruktur verschiebe.[19] Jedenfalls besteht ein Konsens darüber, dass im Zuge der Umsetzung von New Public Management die Legitimation öffentlicher Verwaltungen neben Demokratieprinzip und Legalitätsprinzip durch die Wirkungsorientierung ergänzt werden.[20]

Die in den letzten beiden Jahrzehnten herrschenden Paradigmen der Verwaltungswissenschaft werden von Christopher Hood durch folgende Punkte gekennzeichnet:[21] Größere Betonung der Output-Steuerung, Disaggregation von Einheiten im öffentlichen Sektor, mehr Wettbewerb im öffentlichen Sektor, Betonung von privatwirtschaftlichen Führungsstilen und Betonung größerer Disziplin und Sparsamkeit im Ressourceneinsatz. Konkrete Beispiele dafür sind klassische Public Private Partnership,[22] Contracting-Out bzw. Vergabe von zu erbringenden Dienstleistungen an private Dritte. Bei diesem

---

16 Vgl. *Dunleavy/Hood*, Public Money Manag. 1994, S. 9 (9 ff.); zum historischen Kontext *Kamensky*, Public Adm. Rev. 1996, S. 247 (248 f.).

17 Vgl. *Denhardt/Denhardt*, Public Adm. Rev. 2000, S. 549 (550); *Schedler/Proeller*, New Public Management, S. 5; *Hood*, Public Adm. 1991, S. 3 (3); zu umfassenden Programmen *Pollitt*, Evaluation 1995, S. 133 (133 ff.).

18 Vgl. *Kamensky*, Public Adm. Rev. 1996, S. 247 (249).

19 Vgl. *Mastronardi*, New Public Management, S. 47 (66).

20 Vgl. *Schedler/Proeller*, New Public Management, S. 9.

21 Vgl. *Hood*, Public Adm. 1991, S. 3 (4 f.); *Lan/Rosenbloom*, Public. Adm. Rev. 1992, S. 535 (536 f.); *Dunleavy/Hood*, Public Money Manag. 1994, S. 9 (9); ferner *Osborne*, Public Manag. Rev. 2006, S. 377 (379).

22 Vgl. *Hilgers*, ZfB 2012, S. 631 (640).

Entwicklungsstadium tauchte eine Reihe von technologischen Lösungen auf, wie zum Beispiel elektronische Zugriffsmöglichkeit und Online-Reservierung der Kfz-Kennzeichen. Diese scheinen jedoch nunmehr von Open Government überholt zu sein, das sich auf (Online-)Partizipation, Kollaboration und Integration fokussiert.[23]

2. Digitalisierung

Die Verwaltungslehre wurde aufgrund des Durchbruchs von Social Web und der damit verbundenen Digitalisierung hin zu Open Government weiterentwickelt. Die Digitalisierung in diesem Kontext erschöpft sich nicht in einem technischen Verständnis, das die Umwandlung eines analogen Mediums in ein digitales Abbild beinhaltet. Sie beschreibt darüber hinaus eine digitale Transformation von Wirtschaft, Gesellschaft, aber auch Politik und Verwaltung. In einem so weit gefassten Verständnis von Digitalisierung zeigt sich ein besonderer Zusammenhang zwischen den technischen und sozialen Charakteristika von Social Web.

(1) Digitalisierung als Treiber

Web 2.0-Technologien bieten Nutzern die Möglichkeiten, auch ohne technische Vorkenntnisse zum Mitmachen aufzurufen.[24] Dies führt zu neuen Formen der Kommunikation und neuen Verhaltensweisen im Social Web.[25] Die Nutzer können nun in digitalen Plattformen[26] entweder ihre eigenen Seiten erstellen oder bestehende Seiten mit eigenen Inhalten ergänzen. Die veröffentlichten Inhalte können von anderen angesehen, kommentiert und bewertet werden.

---

23 Vgl. *Osborne*, Public Manag. Rev. 2006, S. 377 (380).

24 Vgl. zur Wechselwirkung zwischen den Technologien und den individuellen sowie sozio-ökonomischen Ebenen *Mergel/Müller/Parycek/Schulz*, Praxishandbuch soziale Medien, S. 30; *Michelis*, Social-Media-Modell, S. 23 (28); *Trültzsch-Wijnen*, Identität, Orientierung und Lebenswelt, S. 106 f.

25 Vgl. *O'Reilly*, SC 2007, S. 17 (18 ff.) legte ursprünglich besondere Betonung auf der ökonomischen Aspekte; vgl. hierzu *Taddicken/Schmidt*, Entwicklung und Verbreitung, S. 3 (7); *Ebersbach/Glaser/Heigl*, Social Web, S. 24 ff.; *Trültzsch-Wijnen*, Identität, Orientierung und Lebenswelt, S. 107; *Pein*, Social Media Manager, S. 26; eingehend auf die technologischen Komponente *Stocker/Tochtermann*, Anwendungen, S. 63 (64).

26 Vgl. zu Web 2.0-Technologien und ihren Umsetzungsformen *Stocker/Tochtermann*, Anwendungen, S. 63 (70 ff.); *Ebersbach/Glaser/Heigl*, Social Web, S. 162 ff.

Mit der sozialen Vernetzung des Menschen hat das individuelle Nutzungsverhalten im Netz einen wesentlichen Wandel erfahren. Diesbezüglich sind zwei exemplarische Veränderungen zu beobachten. Da ist zunächst eine Peer-Produktion,[27] bei der weit verbundene Individuen zu einem gemeinsamen Zweck miteinander zusammenarbeiten. Ein weiterer Wandel wird mit dem Konzept des Prosumenten beschrieben,[28] nach dem die Nutzer von Web-2.0-Diensten nicht bloß passiv konsumieren, sondern auch Inhalte selbst produzieren. In diesen im Zeitalter sozialer Medien konzipierten Schlagworten zeigt sich deutlich, dass die Grenzen zwischen Produzenten und Konsumenten und so zwischen Individual- und Massenkommunikation verschwimmen.[29] Im Hinblick auf das Staat-Bürger-Verhältnis lässt sich dies so umschreiben, dass die Trennlinie zwischen Staat und Bürger aufgeweicht wird.

Vor diesem Hintergrund erwächst die Hoffnung, dass die Bürger über soziale Medien stärker an staatlichen Entscheidungsprozessen teilhaben können.[30] Die neue Möglichkeiten in der Kommunikation zwischen Staat und Bürger wurde durch die umfassende Zugangsmöglichkeit zum Internet eröffnet. Diese Entwicklung setzt sich noch heute mit dem partizipativen und kollaborativen „Mitmachnetz“ fort.[31] Bürger sind nun keine bloßen Konsumenten der öffentlichen Dienste mehr, sondern werden zu den Akteuren, die die unterschiedlichen Partizipationsmöglichkeiten nutzen.[32] Genau davon zu profitieren, ist Ziel des Open Government-Konzepts.

(2) Digitalisierung als Werkzeug

Digitalisierung ist nicht nur ein Treiber, sondern auch ein Werkzeug eines offenen Staates. Staatliche Stellen haben ein zunehmendes Interesse an den Web 2.0-Technologien. Dies verbindet sich mit der Hoffnung, dass diese eine

---

27 Vgl. *Benkler*, Wealth of Networks, S. 59 f.

28 Vgl. *Michelis*, Social-Media-Modell, S. 23 (25); *Mergel/Müller/Parycek/Schulz*, Praxishandbuch soziale Medien, S. 29; *Pein*, Social Media Manager, S. 26; betonend auf der Rolle von Konsumenten *Bruns*, Blogs, Wikipedia, Second Life, and beyond, S. 112: „Produsage“.

29 Vgl. *Landsbergen*, EJEG 2010, S. 135 (135); *Michelis*, Social-Media-Modell, S. 23 (28); *Thimm*, Soziale Medien und Partizipation, S. 191 (194 f.); *Münker*, Emergenz digitaler Öffentlichkeiten, S. 15 ff.

30 Vgl. *Bertot/Jaeger/Grimes*, GIQ 2010, S. 264 (266); *Berg/Göllner/Trogemann*, Öffentliche (Un-)Ordnung 2.0, S. 97 (97).

31 Vgl. *Kaplan/Haenlein*, Bus. Horiz. 2010, S. 59 (61).

32 Vgl. *Hilgers/Ihl*, Int. J. Public Part. 2010, S. 67 (68).

überzeugendere und unbürokratische Alternative zur Eröffnung des Informationszugangs liefern können.[33] Die Nutzungsoption für soziale Medien bleibt aber nicht allein bei der einseitigen Informationsverbreitung. Sie reicht bis zur zweiseitigen Kommunikation. Die partizipativen und kollaborativen Potenziale des Web 2.0 können dazu dienen, einen Mehrwert zu generieren,[34] der über eine bisherige Wertschöpfung hinaus reicht.[35] Die Beliebtheit sozialer Medien geht vornehmlich von ihrem Bezug zu den Schlagwörtern „Wissensgesellschaft“ oder „Informationsgesellschaft“ aus. Die Ressource „Information“ wird zur wesentlichen Determinante der gesamtgesellschaftlichen Leistungsfähigkeit. Das Wissen, das in der Gesellschaft breit gestreut ist und sich ständig verändert, muss die staatlichen Entscheidungen informieren, um diesen fundierte Erkenntnis und Expertise zu vermitteln. Dafür spricht auch die Tatsache, dass die (zukunftsorientierte) Analyse wegen der wachsenden Zahl von relevanten Akteuren, der externen Außenwirkungen sowie der verzwickten Probleme[36] vor Herausforderungen steht. Hinsichtlich der Komplexität von Problemen bedarf es der innovativen und unterstützenden Instrumente, die sich an technologische Entwicklungen anpassen und den Prozess der Informationsbeschaffung ausmachen.

Diese Anforderungen erfüllen gerade soziale Medien.[37] Die Nutzung sozialer Medien ist als Ideallösung dafür anzusehen, Reaktionen des Bürgers aus Social Web zu erfassen, Zukunftstrends wahrzunehmen und somit Politikgestaltung zu unterstützen. Die Beobachtung dieses virtuellen Raums erlangt deshalb eine Bedeutung.[38] Ein prägendes Element dieser Nutzungsoption ist, dass die durch soziale Medien definierten Diskussionsregeln trotz staatlicher Teilnahme an öffentlichen Diskussionen nicht kontrolliert werden.[39] Dem

---

33 Vgl. *Huijboom/Van den Broek*, ePractice 2011, S. 4 (2); Besonderheiten sozialer Medien stehen den bestehenden handlungsleitenden Grundsätzen entgegen, vgl. hierzu *Dadashzadeh*, JBER 2010, S. 81 (85); *Landsbergen*, EJEG 2010, S. 135 (135); *Schulz*, Einsatz von Social Media, S. 429 (431); *Mergel/Müller/Parycek/Schulz*, Praxishandbuch soziale Medien, S. 47.

34 Vgl. *Meijer/Curtin/Hillebrandt*, IRAS 2012, S. 10 (13 f.).

35 Vgl. *Hilgers*, ZfB 2012, S. 631 (640).

36 Vgl. *Soojung-Kim Pang*, Foresight 2010, S. 5 (6 f.).

37 Vgl. *Küsters/McCullough/Bell*, IJF 2006, S. 599 (605 ff.); im Web 2.0-Umfeld *Soojung-Kim Pang*, Foresight 2010, S. 5 (11 f.).

38 Vgl. *Mergel/Müller/Parycek/Schulz*, Praxishandbuch soziale Medien, S. 53; *Schulz*, Einsatz von Social Media, S. 429 (439).

39 Vgl. *Charalabidis/Euripidis/Androutsopoulou/Karkaletsis/Triantafillou*, Transforming Government 2014, S. 283 (284).

Bereich der passiven Nutzung ist die umfassende Beobachtung des virtuellen Raums zuzuordnen. Angesichts des Umstandes, dass unabhängig von eigenen Aktivitäten auch verwaltungsbezogene Themen im Web 2.0 diskutiert werden, ist es empfehlenswert, diese i.S. eines Social-Media-Monitoring zu beobachten. Eine Vielzahl von Modellen hat in der Regel einen gemeinsamen Ausgangspunkt: Analyse-Designs. Die zentrale Aufgabe in diesem Schritt ist es, die Erkenntnisziele des Monitorings möglichst konkret festzulegen. Im Allgemeinen besteht das Hauptziel darin, herauszufinden, wann, wo, wie und über welche Themen gesprochen wird. Im Kontext staatlichen Social-Media-Monitoring beziehen die Themen sich auf die staatlichen Stellen, deren öffentlichen Dienstleistungen oder aktuelle Gesellschaftsprobleme. Ausgehend von Erkenntniszielen und damit zu beobachtenden Themen werden die sinnvollen Schlüsselwörter gewählt, die die Basis zur Erstellung von Suchabfragen bilden. Die Suchabfragen werden in einer Kombination von so definierten Schlüsselbegriffen und Operatoren wie UND, ODER, NICHT formuliert. Sie müssen ständig verfeinert werden, um die Interessenschwerpunkte möglichst zutreffend abzubilden. Es gilt zudem für diese Phase, alle themenrelevanten Quellen zu identifizieren und sie in das Quellen-Set zu integrieren oder gezielt auszuschließen. Dies ist vornehmlich von der zuvor definierten Zielsetzung abhängig.

An Analyse-Design schließen sich typischerweise vier weitere Phasen an. Da ist zunächst die Datenerhebung sowohl mittels eines Webcrawlers als auch über eine Schnittstelle des Dienstanbieters (Application Programming Interfaces, APIs). Social-Media-Monitoring-Programme dienen der Informationsbeschaffung, indem sie alle relevanten Beiträge aus den vorab definierten Quellen herausfiltern und sammeln. Für die Datenaufbereitung gilt es, einige irrelevante Beiträge zu bereinigen, die das Such-Ergebnis trotz des großen Aufwands beim Analyse-Design immer noch beinhaltet. Zur Vereinfachung der anschließenden Datenanalyse empfiehlt es sich auch, die Ergebnisse zu sortieren und zu gruppieren. Sowohl die Aufbereitung als auch die Kategorisierung erfolgen in der Regel manuell durch Analysten, kann sich aber auch mithilfe von Big Data-Anwendungen automatisiert vollziehen. Die Datenanalyse generiert schließlich das aus den aufbereiten und sortierten Daten erhoffte Wissen. Je nach Erkenntniszielen lassen sich unterschiedliche Big Data-Analyseverfahren wie etwa Textanalyse, Sentimentanalyse und Netzwerkanalyse einsetzen. Abschließend dient das Reporting der Aufbereitung der Analyse-Ergebnisse in entscheidungsrelevanter Form.

B. Grundprinzipien von Open Government

Die Forderungen nach dem Paradigmenwandel sind nicht unbestritten. Mit dem Verweis auf den früheren Enthusiasmus für das Internet[40] kann man zu Recht den Einwand erheben, die staatliche Entscheidungen werden durch die Nutzung sozialer Medien, hier staatliches Social-Media-Monitoring nicht automatisch verbessert.[41] Vielmehr benötigt die Umsetzung der partizipativen und kollaborativen Kultur im staatlichen Handeln eine neue Organisationsform,[42] welche auf den drei Grundprinzipien von Open Government[43] beruht.

1. Drei Grundprinzipien

Dem Konzept entsprechend zielen Transparenz, Partizipation und Kollaboration darauf ab, externe Akteure in einen öffentlichen Wertschöpfungsprozess einzubeziehen.

(1) Transparenz

Transparenz bildet ein tragendes Prinzip von Open Government, und zum Teil wird ihr zu Recht eine „herausragende Rolle innerhalb der drei Kernbereiche"[44] beigemessen. Der Grund dafür ist, dass „eine demokratische Gesellschaft mündige und gut informierte Bürger [braucht]."[45] Der Begriff der Transparenz ist in dem politisch-administrativen System nicht neu und hat seine Wurzel in der sehr langen Tradition, die aus der Politikwissenschaft stammt.[46] Neuerdings sind es moderne Informations- und Kommunikationstechnologien, die vielfältige Möglichkeiten für partizipative und kollaborative Ansätze in Staat und Verwaltung eröffnen.[47] Durch den Einsatz der Web 2.0-Technologien

---

40 Vgl. etwa *Shirky*, Foreign Aff. 2011, S. 28 (31).

41 Vgl. *Landsbergen*, EJEG 2010, S. 135 (145).

42 Vgl. *Dadashzadeh*, JBER 2010, S. 81 (81); *Magro*, Adm. Sci. 2012, S. 148 (155 f.); *Mergel/Müller/Parycek/Schulz*, Praxishandbuch soziale Medien, S. 30.

43 Vgl. *Obama*, Transparency and Open Government, 2009; *Hilgers*, ZfB 2012, S. 631 (640 ff.); *Stürmer/Ritz*, Jahrb. Schweiz. Verwalt. wiss. 2014, S. 125 (127 ff.). Ein Teil der Literatur sieht nur zwei der drei Elemente als Prinzipien an, vgl. *Meijer/Curtin/Hillebrandt*, IRAS 2012, S. 10 (11); *Matasick*, Open government, S. 105 (110 ff.); *Kersting*, Open Data, Open Government und Online Partizipation, S. 87 (93).

44 Vgl. *Schulz*, VerwArch 104 (2013), S. 327 (331).

45 Vgl. Referentenentwurf Transparenzgesetz Rheinland-Pfalz vom 28.11.2014, S. 1 (1).

46 Vgl. *Stiglitz*, Transparency in Government, S. 27 (27 ff.).

47 Vgl. *Hilgers*, ZfB 2012, S. 631 (640 f.); *von Lucke*, VM 2009, S. 326 (326).

wird Transparenz im politisch-administrativen Bereich neu definiert.[48] Sie ist nun nicht mehr nur als eine Einsehbarkeit, sondern als eine Nachvollziehbarkeit des Staatshandelns zu verstehen.[49] Soweit eine tatsächliche Verstehbarkeit andernfalls nicht ausreichend gegeben sein kann, müssen der Kontext, der Hintergrund und die Zusatzinformation dargestellt werden, um Transparenz zu verwirklichen. Transparenz i.S.v. Open Government beschreibt somit eine Vision beim Regieren und Verwalten, mittels der Web 2.0-Technologien Verfahren, Vorgänge, Entscheidungen und Wirkungen von außen nachvollziehbar zu machen.

Eng verbunden mit dem Prinzip der Transparenz ist das Konzept von „Open (Government) Data".[50] Ein wesentliches Element sind dabei nicht-personenbezogene Verwaltungsdaten bzw. öffentliche Datenbestände, die durch die Verwaltung mit Steuergeld erhoben bzw. erschaffen wurden.[51] Diese Daten sollen seitens der öffentlichen Verwaltung proaktiv für alle Bürger zur freien Nutzung, Weiterverarbeitung und Weiterverwendung bereitgestellt werden.[52] Insoweit beinhaltet Transparenz i.S.v. Open Government mehr als nur den Zugang zu Verwaltungsdaten, dessen Verankerung im Konzept der Informationsfreiheit war.[53] Die Open Data-Forschungen sind von zwei Strömungen geprägt. Die auf Innovation gerichtete Perspektive markiert den wirtschaftlichen Nutzen aus dem Gebrauch der Verwaltungsdaten.[54] Demnach können die kontinuierlich freigegebenen Daten als eine Plattform fungieren, auf der Bürger, Experten und Gemeinschaften neue Anwendungen und Dienste entwickeln.[55] Die an Partizipation und Rechenschaft orientierte Sichtweise nimmt demgegenüber weitere Prinzipien von Open Government in den Blick. Die Verwaltungsdaten,

---

48 Vgl. *Hilgers*, ZfB 2012, S. 631 (640 f.); *von Lucke*, VM 2009, S. 326 (327 f.) spricht in diesem Zusammenhang von „Transparenz 2.0".

49 Vgl. für ein subjektives Verständnis der Transparenz *Zyl*, Gov. 2014, S. 347 (350 f.); *Lederer*, Open Data, S. 53 f.

50 Vgl. zum Begriff Open Government Data *Lederer*, Open Data, S. 40 ff.

51 Vgl. *Hilgers*, ZfB 2012, S. 631 (641); *Janda*, VM 2011, S. 227 (228).

52 Vgl. *Hilgers*, ZfB 2012, S. 631 (641); *Janda*, VM 2011, S. 227 (230); *Zuiderwijk/Helbig/Gil-García/Janssen*, J. Theor. Appl. Electron. Commer. Res. 2014, S. 1 (1).

53 Vgl. *Janda*, VM 2011, S. 227 (230).

54 Vgl. *Ferro/Osella*, Eight Business Model, S. 1 (3 ff.); ferner Richtlinie 2003/98/EG (PSI-Richtlinie), die Verwaltungsdaten wie Wetterdaten, Verkehrsdaten oder Statistik zur Nutzung freigegeben hat; vgl. hierzu *Janda*, VM 2011, S. 227 (232). Die Richtlinie wurde in Deutschland durch das Informationsweiterverwendungsgesetz umgesetzt, vgl. *Hopf*, RiA 2007, S. 1 (53, 109).

55 Vgl. *O'Reilly*, Innovations 2011, S. 13 (26).

soweit zutreffend behandelt,[56] können potenziell dazu beitragen, soziale Probleme besser zu erfassen und bessere Entscheidungen zu treffen.[57] Dem öffentlichen Sektor kommt jedenfalls mehr Verantwortung zu denn je zuvor, alle politischen Prozesse umfassend transparent zu gestalten, in maschinenlesbarer Form zu digitalisieren und abrufbereit zur Verfügung zu stellen. Das Prinzip der Transparenz ist grundlegend für die beiden weiteren Prinzipien,[58] weil Partizipation und Kollaboration ohne eine Herausgabe öffentlicher Daten kaum denkbar sind. Eine Art von Rechenschaftslegung durch Politik und Verwaltung erfolgt zugleich, wenn spezifische Plattformen „für die Organisation von gemeinschaftlichen Handeln und die Produktion von Gemeingütern entwickelt werden."[59]

(2) Partizipation

Partizipation ist ebenfalls keine Neuerfindung von Open Government. Einer übergreifenden Definition nach ist die Partizipation „Tätigkeiten, die Bürger freiwillig mit dem Ziel unternehmen, Entscheidungen auf den verschiedenen Ebenen des politischen Systems zu beeinflussen."[60] Diese Einflussmöglichkeiten auf den Entscheidungsprozess werden im Kontext des Open Government verstärkt.[61] Den Katalysator stellen die partizipativen und kollaborativen Medien dar, die es erlauben, nicht nur traditionelle Formen der Meinungsbildung zu ergänzen, sondern auch vollkommen neue Formen zu entwickeln. Dies eröffnet der Gesellschaft die Möglichkeit, eine neue Kultur des offenen Dialogs und neue Formen der ergebnisoffenen Entscheidungsfindung zu fördern. Dementsprechend erhöht sich der Anspruch, sich aktiv an politischen Prozessen beteiligen und punktuell mitgestalten zu wollen.[62] Vor diesem Hintergrund richtet sich Partizipation i.S.v. Open Government darauf, alle Stakeholders stärker in

---

56 Vgl. *Peixoto*, UCLA L. Rev. Disc. 2012, S. 200 (204 ff.) betrachtet „civic participation" als Schlüssel zur Erschließung des Potenzials.

57 Vgl. *Fung/Graham/Weil*, Full Disclosure, S. 152 ff.

58 Vgl. *Hilgers*, ZfB 2012, S. 631 (641).

59 Vgl. *Hill*, Form der Bürgerbeteiligung, S. 57 (59). Die oft zitierten Beispiele sind jene der US-Regierung (www.data.gov), der britischen Regierung (www.data.gov.uk) sowie das deutsche GovData-Portal (https://govdata.de).

60 *Kaase*, Partizipation, S. 682 (682 f.).

61 Vgl. *von Lucke*, Open Government, S. 3.

62 Vgl. *Harrison/Guerrero/Burke/Cook/Cresswell/Helbig/Hrdinová/Pardo*, Information Polity 2012, S. 83 (85 f.); *Hilgers*, ZfB 2012, S. 631 (642); *Linders*, GIQ 2012, S. 446 (446): „Citizen Coproduction".

Willensbildungs- und Entscheidungsprozesse von Staat und Verwaltung einzubinden.

Jeder Bürger kann seine Ideen, Erfahrungen und Vorschläge über das Internet direkt und unverfälscht in die staatliche Entscheidungsfindung zu seinen Angelegenheiten einfließen lassen.[63] Politische Entscheidungsprozesse beschränken sich dabei nicht auf die klassischen Instrumente von Wahlen oder gegebenenfalls plebiszitären Entscheidungen. Doch dies bedeutet nicht, dass das repräsentative System damit in Frage gestellt wird. Die verwendeten Technologien werden immer nur als Ergänzung angesehen.[64] Dezentrales Wissen und Probleme werden beispielsweise auf angemessenen Plattformen jederzeit diskutiert und zu Konzepten zusammengeführt.[65] Auf diese Weise erhalten Staat und Verwaltung umfassendere Informationen, die dazu beitragen können, Effektivität und Qualität ihrer Entscheidungen zu verbessern.

Dadurch ist neben einem erhöhten Maß an Akzeptanz von politischen Entscheidungen ein entscheidender Schritt hin zu einem neuen Demokratieverständnis erfolgt.[66] So wird zum Teil Partizipation i.S.v. Open Government im Lichte der neuartigen E-Demokratie, der „kollaborativen Demokratie“[67] oder der „kollaborativen Governance“[68] erörtert. Kollaboration in diesem Sinne unterscheide sich von Crowdsourcing bzw. Peer-Produktion, die sich vielmehr auf die Kollaboration i.S.v. Open Government beziehen.[69] Prägende Elemente seien die Kooperation der staatlichen Stellen und ein Netzwerk von Akteuren wie Bürger, Privatunternehmen und gemeinnützige Organisationen, die Partner bei der Entscheidungsfindung sind. Der Prozess des Regierens und Verwaltens komme in einem solchen Netzwerk zum Ausdruck. Der Staat sei dabei

63 Vgl. *Hilgers*, ZfB 2012, S. 631 (642); *Linders*, GIQ 2012, S. 446 (448): „Consultation and Ideation“. Vgl. ausführlich zu einer Annahme des Umsetzungsmodell *Lee/Kwak*, GIQ 2012, S. 492 (498).

64 Vgl. *Hilgers*, ZfB 2012, S. 631 (642); *von Lucke*, Open Government, S. 3 f.

65 Vgl. *Hilgers*, ZfB 2012, S. 631 (642).

66 Vgl. *Hilgers*, ZfB 2012, S. 631 (642). Vgl. für Open Government als Brückenschlag zwischen In- und Output *Blasio/Sorice*, Open Government und Demokratie, S. 199 (202 f.).

67 Vgl. *Noveck*, Wiki Government, S. 17 konzipiert kollaborative Demokratie als ein Neuansatz zur Verbesserung der Ergebnisse.

68 Vgl. *Blasio/Sorice*, Open Government und Demokratie, S. 199 (204 ff.).

69 Vgl. *Newig/Kuhn/Heinrichs*, Nachhaltige Entwicklung, S. 27 (28), wobei Partizipation und Kooperation unter einem Oberbegriff „Collaboration“ zusammengefasst werden; *Noveck*, Wiki Government, S. 18.

am besten als Plattform zu konzipieren.[70] Zunehmende Bedeutung gewinne ein weiterer Akteur: Online-Teilnahmeplattformen wie soziale Medien. Sie eröffnen nicht nur Bürgern, sondern auch staatlichen Stellen Möglichkeiten, einen kontinuierlichen Dialog zu führen, Wissen und Kompetenzen zu teilen und kollaborative Prozesse zu fördern.[71]

(3) Kollaboration

Kollaboration wird im Schrifttum nur wenig mit Demokratietheorie, sondern eher mit der Verwaltungslehre auseinandergesetzt.[72] Ein Teil der Literatur betrachtet – wie zuvor dargestellt – das Prinzip der Kollaboration nur als eine Variante der Partizipation, die im Unterschied zur Konsultation mit besonderer Expertise bereichert wird und auf die Entscheidungsfindung Einfluss nehmen kann. Eine andere Sichtweise, derer sich die vorliegende Arbeit anschließt, verknüpft demgegenüber Kollaboration deutlich mit den Phasen nach der Entscheidungsfindung und erfasst sie als ein selbständiges Prinzip.[73] Diesem Verständnis nach bezieht sich Kollaboration auf die Phasen der Implementation, Monitoring und Evaluation, wohingegen Partizipation mit den Phasen wie Problemdefinition, Agenda-Setting und Entscheidungsfindung verbunden ist.

Unter Kollaboration bzw. Kooperation[74] i.S.v. Open Government ist eine Zusammenarbeit der Behörden aller Ebenen untereinander sowie mit externen Dritten zu verstehen.[75] Bei der Zusammenarbeit im Allgemeinen wirken Akteure in einer Weise miteinander zusammen, dass sie eigene Ressourcen wie Wissen, Arbeitskräfte und Kapital einbringen, um vereinbarte Probleme gemeinsam zu lösen.[76] Eines der bekanntesten Beispiele dafür stellt die Online-Enzyklopädie „Wikipedia" dar. Über die Teilnahme in einem solchen Vorgang

---

70 Vgl. *O'Reilly*, Innovations 2011, S. 13 (14 ff.).

71 Vgl. *Blasio/Sorice*, Open Government und Demokratie, S. 199 (206).

72 Vgl. *Harrison/Guerrero/Burke/Cook/Cresswell/Helbig/Hrdinová/Pardo*, Information Polity 2012, S. 83 (88).

73 Vgl. *Losch/Gottmann*, DÖV 2000, 372 (373); *von Lucke*, Open Government Collaboration, S. 4 ff.; *Martin*, Das Steuerungskonzept der informierten Öffentlichkeit, S. 23.

74 Im deutschsprachigen Raum wird der Ausdruck „Kooperation" als synonym für Kollaboration verwendet, vgl. *Klessmann/Denker/Schieferdecker/Schulz*, Open Government Data Deutschland, S. 27.

75 Vgl. *Hilgers*, ZfB 2012, S. 631 (642); *Wirtz/Schmitt*, VM 2015, S. 46 (51).

76 Vgl. *von Lucke*, Open Government Collaboration, S. 2; allgemein *Send*, Weisheit der Vielen, S. 118 (120 ff.).

können die Akteure unabhängig voneinander entscheiden. Der Arbeitsvorgang ist allerdings an einem gemeinsamen Ergebnis ausgerichtet.[77] Im Kontext des Open Government soll die verstärkte Einbeziehung der betroffenen Akteure in den Entscheidungsprozess dadurch erreicht werden, dass sich die Aufgaben zwischen Staat und Gesellschaft verteilen. Die öffentliche Verwaltung könnte das Wissen und die Kreativität von externen Dritten im Verwaltungshandeln gezielt nutzen.[78] Dem öffentlichen Sektor wird aber im Rahmen des Open Government eine Aufgabe zugewiesen, die Zusammenarbeit im Innen- und Außenverhältnis zu verstärken. Hierbei kommt der Nutzung moderner Instrumente, Methoden und Systeme eine besonders starke Bedeutung zu. Technologien eröffnen neuartige Formen der Zusammenarbeit im Außenverhältnis, indem sie es ermöglichen, Akteure in vorhandene administrative Prozesse in vereinfachter Weise einzubinden und die Zusammenarbeit mühelos zu koordinieren. Neue Möglichkeiten der Zusammenarbeit bieten die „Ideen- und Innovationswettbewerbe", bei denen staatliche Stellen öffentliche und soziale Probleme auf Internetplattformen veröffentlichen, um externes Expertenwissen und die Kreativität der Bürger zu nutzen.[79] Zudem können Bürger in Form von Citizensourcing systematisch in bereits bestehende Prozesse integriert werden. Der Begriff „Citizensourcing"[80] beschreibt ein Instrument, bei dem die Aufgaben, die bisher von einem Verwaltungsmitarbeiter erledigt wurden, nun an ein nicht definiertes großes Netzwerk ausgelagert werden.

2. Ein viertes Grundprinzip: Neutralität

Neben die drei Grundprinzipien muss zusätzlich ein weiteres Prinzip der Neutralität treten. Die Neutralitätsforderung im Kontext von Open Government wird in den nachstehenden Abschnitten mit dem Gedanken des Pluralismus begründet und weiterhin in grundrechtlichen sowie staatsorganisatorischen Dimensionen konkretisiert.

---

77 Vgl. *Lee/Kwak*, GIQ 2012, S. 492 (498 f.).

78 Vgl. *Janda*, VM 2011, S. 227 (228); *Hilgers*, ZfB 2012, S. 631 (642); ferner ausführlich zu den Strukturmerkmalen der „kooperativen Verwaltung" *Benz*, Kooperative Verwaltung, S. 37 ff.

79 Vgl. *Hilgers*, ZfB 2012, S. 631 (643, 644 f.) m.w.N.

80 Vgl. *Hilgers/Ihl*, Int. J. Public Part. 2010, S. 67 (72); allgemein zum Begriff „Citizensourcing" *Lukensmeyer/Torres*, Citizensourcing, S. 207 (207 ff.).

(1) Open Government und Pluralismus

Open Government setzt auf die IT-unterstützte Kommunikation zwischen Staat und Bürger. Die drei Grundelemente des Open Government zusammen leiten die Gestaltung der Kommunikationsbeziehungen. Sie setzen in ihrer Funktionsweise eine Vielfalt an Meinungen und Interessen in der Gesellschaft voraus. Hier ist grundsätzlich festzustellen, dass das Open Government-Konzept von der pluralistischen Gesellschaft und dem Meinungswettbewerb lebt. Die in der Bürgerschaft vertretenen Auffassungen werden im Zuge der offenen Kommunikation i.S.v. Open Government gefördert und in die relevanten Entscheidungsprozesse integriert.

Zugleich kann offene Kommunikation allerdings den pluralistischen Gesellschaftsbestand gefährden. Je mehr die Schnittstellen zwischen Staat und Bürger eingerichtet werden, umso mehr verschwimmt die Trennlinie zwischen diesen beiden Bereichen. Dies führt dazu, dass die Meinungsbildung innerhalb der Gesellschaft stärker dem staatlichen Einfluss ausgesetzt sein kann als zuvor. Eines von vielen zu berechnenden Ergebnissen ist die Verzerrung der bestehenden gesellschaftlichen Kommunikation durch eine Bevorzugung oder Benachteiligung einer bestimmten Überzeugung. Sie kann im Extremfall sogar dazu führen, dass die Meinungsbildung gleichgeschaltet wird. Insoweit könnte die hier in Rede stehende Kommunikationsbeziehung den autoritären und totalitären Systemen als Mittel dienen, um die gesellschaftliche Vielfalt zu reduzieren und sogar zu eliminieren.

Die daraus resultierende Besorgnis lässt sich dann vermeiden, wenn die Kommunikationsbeziehungen neben den bestehenden Prinzipien dem Neutralitätsprinzip unterliegen. Um dies zu begründen, bedarf es eines Rückgriffs auf den Begriff der Offenheit im Kontext des Open Government. Er hat inzwischen einen wesentlichen Bedeutungswandel von der Transparenz hin zu der Interaktionsfähigkeit zwischen Staat und Bürger vollzogen.[81] Im Vordergrund stehen dabei der gegenseitige Austausch von Perspektiven und die eingeübten Problembewältigungsmechanismen.[82] Ziel ist es, kollektive Intelligenz zu aktivieren und in einem deliberativen Lernprozess zur Lösung immer komplexer werdender gesellschaftlicher Probleme einzusetzen.[83] Interaktionsfähigkeit bedeutet daher zugleich Lernfähigkeit, die die Offenheit des Staates gegenüber dem

---

81 Vgl. *von Lucke/Gollasch*, Open Government, S. 3.

82 Vgl. *Herzberg*, VM 2013, S. 40 (42).

83 Vgl. *Herzberg*, VM 2013, S. 40 (42); *Herzberg*, Staatsmodernisierung durch Open Innovation, S. 57 ff.

existierenden pluralistischen Bestand voraussetzt. Die Offenheit lässt sich deshalb als ständige Bereitschaft von Staat und Verwaltung beschreiben, sich anderen gegenüber zu öffnen, sich über bewährte Verfahren auf Neues einzulassen und Impulse von außen aufzunehmen.[84] Ein solches Verständnis der Offenheit steht in einer engen Verbindung zur Neutralitätsidee. Der Staat soll demnach inmitten der gesellschaftlichen Heterogenität unparteiisch bleiben und allen am Pluralismus Beteiligten gleiche Möglichkeiten gewährleisten. Es zeigt sich somit deutlich, dass die Neutralitätsforderung grundlegend mit dem Gedanken des Pluralismus verknüpft ist, der als Basis für das Open Government-Konzept dient. Pluralismus setzt voraus, dass der Staat den unterschiedlichen Interessen und Meinungen gegenüber offen ist und ihnen öffentliches Wirken im Meinungswettbewerb sichert.[85] Anhand dessen lässt sich der Neutralitätsbegriff in den positiven und negativen Perspektiven einteilen und dementsprechend berücksichtigen: der Staat soll zum einen eine gleiche Distanz zu allen Beteiligten halten und zum anderen sie weder bevorzugen noch benachteiligen.[86] Die Effizienz und Effektivität staatlichen Handelns können erst dann basierend auf einer funktionierenden pluralistischen Gesellschaft verbessert werden, wenn die Kommunikationsbeziehungen zwischen Staat und Bürger neutral aufgebaut werden.

(2) Zwei Dimensionen des Neutralitätsprinzips

Das Bestehen der voneinander abweichenden Wahrheitsansprüche, nämlich der vielfältigen Wertvorstellungen, ist der verfassungsrechtlichen Gewährleistung von individuellen wie kollektiven Freiheiten geschuldet. Eine Gesellschaft wird pluralistisch, wenn unterschiedlichen Ansichten in der gesellschaftlichen Wirklichkeit Handlungsfreiheit eingeräumt wird. Um die Gewährleistung der gleichen Freiheiten sicherzustellen, bedarf es zudem einer unparteiischen Haltung des Staates, keine einseitige Ausrichtung aufzuweisen. Staatliches Handeln soll danach einerseits grundrechtsneutral erfolgen und andererseits das Verhältnis der an der Kommunikation Beteiligten zueinander nicht verzerren.

1) Grundrechtliche Neutralität

Das Grundgesetz spricht zwar nicht explizit von Pluralismus, aber dennoch hat es einen breit gefächerten Grundrechtskatalog, der zu einem gesellschaftlichen

84 Vgl. *von Lucke/Gollasch*, Open Government, S. 2 f.
85 Vgl. *Dişçi*, Der Grundsatz politischer Neutralität, S. 115 f.
86 Vgl. *Dişçi*, Der Grundsatz politischer Neutralität, S. 35.

Pluralismus führt. Die einschlägigen Grundrechte unterscheiden sich je nach Neutralitätsfeld.[87] Geht es etwa um die Unabhängigkeit von den Konzeptionen in politischen Angelegenheiten, so steht die politische Neutralität im Vordergrund. Die unterschiedlichen Ansichten werden in einem öffentlichen Diskurs gebildet und ausgetauscht, den der Staat auf der einen Seite und die Öffentlichkeit auf der anderen Seite sind.[88] Die öffentliche Meinung ist dabei das Bindeglied, über das die Bürger auf die staatlichen Prozesse einwirken können. Für die Herausbildung der öffentlichen Meinung sind vor allem die Kommunikationsgrundrechte aus Art. 5 Abs. 1 GG, die Versammlungsfreiheit aus Art. 8 Abs. 1 GG sowie die Vereinigungsfreiheit aus Art. 9 GG zentral.[89] In ihrer individualrechtsschützenden Hinsicht gewährleisten sie dem Einzelnen die Freiheit, allein oder im Zusammenschluss mit anderen Meinungen zu bilden, zu äußern und entgegenzunehmen. Daneben ist auch das Recht auf freie Entfaltung der Persönlichkeit aus Art. 2 Abs. 1 GG relevant, soweit diese mit Kommunikation und Interaktion mit Dritten verbunden ist.

Ein Eingriff in diese Grundrechte ist beim im Open Government-Ansatz geförderten Staatshandeln insoweit möglich, als man dem modernen Eingriffsbegriff folgt. Die häufig angegebenen Beispiele hinsichtlich des Open Government zeigen, dass der Kommunikationsvorgang vor allem auf die Freiwilligkeit von bürgerlicher Seite angewiesen ist. Dabei werden die Kriterien wie die Rechtsförmigkeit und Finalität staatlichen Handelns nicht vorgegeben, die der vormals vertreten, klassische Eingriffsbegriff aufgestellt hat. Anders verhält sich aber bei einem modernen Eingriffsverständnis, anhand dessen die grundrechtliche Dimension der Neutralitätsforderung beleuchtet werden kann. Seit dem Brokdorf-Urteil des BVerfG werden die Beschränkungsformen weg von einer subsumierbaren Formel hin zu einer stufenlosen Skala entwickelt.[90] Eine staatliche Maßnahme muss danach weder imperativ noch unmittelbar, final oder rechtsförmig stattfinden. Selbst die rein mittelbar-faktischen Beeinträchtigungen durch das kommunikative Staatshandeln kommen daher als Grundrechtseingriffe in Betracht. Den Äußerungen von Amtsträgern kommt nach dem BVerwG eine die Versammlungsfreiheit beeinträchtigende Wirkung zu, weil sie einen „lenkenden Einfluss auf die Grundrechtsausübung der Bürger“[91]

87 Vgl. *Dişçi*, Der Grundsatz politischer Neutralität, S. 113.
88 Vgl. *Drefs*, Öffentlichkeitsarbeit des Staates, S. 57.
89 Vgl. für die Meinungsäußerungsfreiheit BVerfGE 7, 198 (208).
90 Vgl. *Gusy*, KritV 2018, S. 210 (214 f.).
91 BVerwG, JZ 2017, 357 (359).

haben. Die staatliche Beobachtung der öffentlichen Meinungen betrifft ebenso einen wesentlichen Teil der Kommunikation. In diesem Zusammenhang ist häufig von der verhaltenssteuernden Wirkung durch die umfassende Überwachung die Rede. Die dadurch beschränkten Verhaltensweisen können zwar unter thematisch spezifischer geregelte Grundrechte fallen als den abstrakten Schutz vor Informationserhebungen aus Art. 2 Abs. 1 GG. Das bedeutet aber nicht, dass das informationelle Selbstbestimmungsrecht immer hinter diese Grundrechte zurücktreten soll.[92] Vielmehr kann das Recht insoweit einen Vorrang haben, als die Einschüchterungseffekte schon im Vorfeld endgültiger Beeinträchtigungen spezifischer Grundrechte Gefahren bilden.[93]

2) Staatsorganisatorische Neutralität

Die Neutralitätsforderung folgt weiterhin daraus, dass der Pluralismus ein Strukturelement eines freiheitlichen, demokratischen Staates ist. Als ein politisches Prinzip stellt er eine Form der Legitimation politischer Entscheidungen, der Mitwirkung an der politischen Willensbildung und der Bestimmung des Gemeinwohls dar. Es wird dabei vorausgesetzt, dass die verschiedenartigen Interessen und Ansichten autonom wirken und am Prozess der politischen Willensbildung teilnehmen können. Die freie Bildung der öffentlichen Meinung „[vollzieht] sich im freiheitlich demokratischen Staat notwendig pluralistisch im Widerstreit verschiedener [...] Auffassungen [...].“[94] Pluralismus dient insoweit dem Demokratieprinzip, als es das Prinzip der Volkssouveränität ausführt und verwirklicht.[95] Die Bürger positionieren sich inhaltlich, schließen sich zusammen und agieren öffentlich, um ihre Ansicht durchzusetzen. So fließen die in der Gesellschaft vertretenen unterschiedlichen Selbstverständnisse in den Prozess der Gemeinwohlfindung ein. Gerade auf der Grundlage der gesellschaftlichen Heterogenität entsteht kommunikativer Wettbewerb. Der staatlichen Haltung gegenüber den verschiedenen Interessen und Meinungen kommt hier eine besondere Bedeutung zu, weil der Staat ebenso wie die anderen Teilnehmer im politischen Prozess auftritt. Er ist nicht individuellen Teilnehmern gleichgestellt, sondern hat vielmehr eine übergeordnete Rolle, die auf nur ihm zur Verfügung stehenden Möglichkeiten und Mitteln beruht. Die staatsorganisatorische Neutralität sorgt dafür, dass die unterschiedlichen

---

92 Vgl. *Wolf*, Big Data und Innere Sicherheit, S. 168.

93 Vgl. *Wolf*, Big Data und Innere Sicherheit, S. 161 f.

94 BVerfGE 12, 113 (125).

95 Vgl. *Dişçi*, Der Grundsatz politischer Neutralität, S. 117.

Wertvorstellungen nebeneinander bestehen und sich entfalten können.[96] Der Staat soll danach inmitten der verschiedenen Wertvorstellungen unparteiisch bleiben und sich nicht einer bestimmten Überzeugung anschließen.[97]

3. Neues Profil von Open Government

Der sechsstufige Politikzyklus bietet einen hilfreichen Rahmen,[98] um aufzuzeigen, auf welche Schritte des politischen Prozesses Open Government-Trends Auswirkungen haben können. Im ersten Schritt des Politikzyklus steht die Problemdefinition, die durch politische Akteure erfolgen kann. Genauso können Bürger Anliegen definieren und sie in den politischen Meinungs- und Entscheidungsbildungsprozess einbringen. In einem zweiten Schritt des Agenda Setting wird das definierte Problem auf die politische Tagesordnung gesetzt und diskutiert. Nach der Darlegung und Diskussion des Problems kommt es in einem dritten Schritt zu einer politischen Entscheidung darüber, welcher Lösungsweg geeignet ist. Die getroffene politische Entscheidung wird im vierten Schritt von der Verwaltung implementiert, wobei die Verwaltung selbst in gewissem Maße weitere Entscheidungen hinsichtlich der Programmkonkretisierung, der Ressourcenbereitstellung oder auch Einzelfallentscheidungen treffen können. Die zu implementierenden Maßnahmen werden im fünften Schritt beobachtet, kommentiert und bewertet. Die Evaluation des Verwaltungshandelns erfolgt im letzten Schritt auf Grundlage aller eingegangenen Bewertungen. Hieraus können sich auch neue Gemeinschaften um neu erkannte Probleme bilden.

Anhand des sechsstufigen Politikzyklus lässt sich veranschaulichen, wie das Internet dem Regierungs- und Verwaltungshandeln bereits einen anderen Rahmen setzt.[99] Die proaktive und zeitnahe Bereitstellung von Informationen und frei zugänglichen Daten verbessert die Transparenz und Nachvollziehbarkeit staatlichen Handelns in allen Phasen des Kreislaufs. Mit sozialen Medien lassen sich überall spontan neue Gemeinschaften rund um jedes denkbare Problem bilden und Aktivisten mobilisieren, um dessen Lösung zum erklärten gemeinsamen Ziel zu machen. Verteilte Gruppen nutzen kollaborative Werkzeuge zum gemeinsamen Editieren von Texten und zum Gestalten von Konzepten und Werken. Kommunikative Werkzeuge fordern den Gedankenaustausch, tragen zur Meinungsbildung bei und ermöglichen in größeren Gruppen das

---

96 Vgl. *Dişçi*, Der Grundsatz politischer Neutralität, S. 118.
97 Vgl. *Dişçi*, Der Grundsatz politischer Neutralität, S. 36.
98 Vgl. zum folgenden *von Lucke/Gollasch*, Open Government, S. 15 f.
99 Vgl. *von Lucke*, Technische Innovation, S. 151 (163 f.)

ergebnisoffene Diskutieren. Web 2.0-Dienste unterstützen die Erarbeitung von Alternativen, die Gestaltung der Agenda und die Selektion gegenüber Alternativen. Neuartige Formen der Zusammenarbeit zur Umsetzung der Beschlüsse ergeben sich durch Plattformen zum gemeinsamen Handeln in verteilten Umgebungen und Plattformen zum gemeinsamen Programmieren. Ein Feedback aus der Bevölkerung über die Implementierung lässt sich über diverse Werkzeuge zum gemeinsamen Kommentieren und Bewerten einholen. Dieses kann in das Monitoring des Verwaltungshandelns und dessen Evaluation fließen.

Der Rahmen muss um ein weiteres Prinzip von Neutralität ergänzt werden. Je offener die Entscheidungs- und Umsetzungsprozesse gestaltet werden, umso bedeutender wird staatliche Neutralität für das Bestehen einer gesellschaftlichen Vielfalt an Interessen und Ansichten, weil das Beeinflussungspotenzial staatlichen Kommunikationshandelns sich entsprechend erhöht. Eine unparteiische Haltung des Staates gegenüber der gesellschaftlichen Vielfalt an Interessen wird in allen Phasen des Politikzyklus verlangt. Politik und Verwaltung gehen auf Bürger zu, entweder um in sozialen Netzwerken akute Probleme aufzuzeigen, auf die Agenda zu setzen und offen zu diskutieren, oder um externe Akteure bei der Umsetzung aufzurufen. Die für eine offene Kommunikation erforderliche Öffentlichkeitsarbeit unterliegt entsprechend der Rechtsprechung des BVerfG der Beschränkung, dass der Staat die bestehenden kommunikativen Unterschiede nicht verzerren bzw. verfälschen darf. Das gilt auch für die transparente Einbeziehung von Bürgern in die Entscheidungs- und Umsetzungsprozesse. Offene Formen der IT-unterstützten Beteiligung sowie Zusammenarbeit sollen so neutral erfolgen, dass allen Interessen und Akteuren die gleiche Chance eingeräumt wird, sich politisch zu engagieren. Soweit Big Data-Anwendungen zur Datenerhebung in sozialen Medien eingesetzt werden, soll der Prozess von Social-Media-Monitoring so gestaltet werden, dass es nach außen hin nicht den Eindruck erweckt, als ließen staatliche Stellen sich von einer bestimmten parteipolitischen Ausrichtung leiten.

C. Demokratietheoretische Grundlegung

In der Demokratie übt das Volk die Herrschaft aus. Die Meinungen gehen auseinander, wie die „Herrschaft durch das Volk“ ausgeübt wird, und ob – und wenn ja wie – die „Herrschaft für das Volk“ das Gemeinwohl fördern soll. Dementsprechend lassen sich die Demokratietheorien nach dem Legitimationsmodus zwischen Input- und Output-orientierten Theorien unterscheiden.[100]

100 Vgl. *Scharpf*, Demokratietheorie zwischen Utopie und Anpassung, S. 21 ff.

Beide Legitimationsmodi sind im Modell des Open Government präsent. Open Government zielt mitsamt seinen drei Grundprinzipien einerseits darauf ab, Bürgerbeteiligung an dem Willensbildungs- und Entscheidungsprozess zu fördern. Andererseits ist es darauf ausgerichtet, die Effektivität von Regierung und Verwaltung zu verstärken und Entscheidungsqualität zu verbessern. Deshalb stellt sich die Frage, welche Demokratietheorie Open Government als Grundlage für seine Gestaltung aufnimmt. Für die Öffentlichkeit und die Beteiligung besteht unter den demokratietheoretischen Denkschulen weitgehend Einigkeit. Allerdings wird den jeweiligen Funktionen je nach Denkschule ein teilweise sehr unterschiedliches Gewicht zugemessen. Damit ist die Frage nach der Qualität von Öffentlichkeit gestellt, um demokratische Herrschaft zu erhalten und zu fördern. Um Antworten darauf zu geben, sollen im Folgenden drei Demokratietheorien dargestellt werden, die die Einbeziehung der Bürger in den politisch-administrativen Prozess hervorheben.

1. Partizipative Demokratie

Das partizipative Demokratiekonzept entfaltete sich mit der partizipativen Demokratietheorie in den 1960er Jahren.[101] Ausgangspunkt war einerseits eine immer lauter werdende Forderung nach politischer Beteiligung,[102] andererseits eine gleichwohl stetig sinkende Bereitschaft zur politischen Beteiligung, deren Ursache man regelmäßig in einer wachsenden Distanz zwischen Staat und Bürger ausgemacht hat.[103] Um das Symptom zu behandeln, kamen sowohl in praktischer als auch in theoretischer Hinsicht institutionelle Reformen in Betracht. Die Reformanstrengungen richteten sich gegen die repräsentative Organisation der Herrschaftsausübung,[104] in der sich die Bürgerbeteiligung an der Politik allenfalls auf die Wahlbeteiligung beschränkt. Einer darüber hinausgehenden Beteiligung bedürfe die funktionierende (repräsentative) Demokratie nicht.

---

101 Vgl. zum historischen Kontext *Rosanvallon*, Demokratische Legitimität, S. 251 f.; zum Begriff der Partizipation *Weber*, Selbstbestimmung durch Teilhabe, S. 223 (224 ff.).

102 Vgl. *Schmidt*, Demokratietheorien, S. 227; *Rosanvallon*, Demokratische Legitimität, S. 253 f., der die Bürgerbeteiligung als ein „Mittel staatlicher Politik" betrachtet.

103 Vgl. *Zittel*, Partizipative Demokratie und Politische Partizipation, S. 55 (55).

104 Vgl. *Weber*, Selbstbestimmung durch Teilhabe, S. 223 (223); *Kersting*, Innovative Partizipation, S. 11 (13 f.); *Zittel*, Partizipative Demokratie und Politische Partizipation, S. 55 (56 f.); *Schmidt*, Demokratietheorien, S. 227 f.; *Huget*, Demokratisierung der EU, S. 141 f.

Die Verfechter der partizipativen Demokratietheorie[105] bemängeln dieses restriktive Verständnis und fordern eine umfassendere Beteiligungsmöglichkeit des Bürgers. Sie reicht neben repräsentativen Institutionen von den Bürgerinitiativen über die Teilnahme an Demonstrationen bis hin zu dem zivilen Ungehorsam. Ziel der partizipativen Demokratietheorie stellt somit politische Beteiligung möglichst vieler an möglichst vielem dar.[106]

Die Befürworter des Partizipationspostulats führen eine Reihe von gewichtigen Argumenten hinsichtlich der Funktionen der Partizipation ins Feld.[107] Sie stellt zuerst eine genuine Form der Freiheitsausübung dar, die den Grundstein für das Zusammenhandeln legen könne (intrinsische Funktion).[108] Die Bürger könnten auf diese Weise gesellschaftliche Angelegenheiten eigenverantwortlich regeln, sodass der Abbau der Fremdbestimmung und zugleich die Erweiterung der individuellen Selbstbestimmung zustande komme. So könnten die Bürger ein Gefühl der Gemeinsamkeit entwickeln, indem sie sich als Teil eines Ganzen begreifen.[109] Zudem liefert die Partizipation die instrumentelle Funktion, die dazu dienlich ist, die Staatsapparate zu kontrollieren, bessere Sachentscheidungen zu ermitteln und den Rechtsschutz durch Verfahren zu gewährleisten. Schließlich sieht die partizipative Demokratietheorie den Eigenwert der Partizipation in der erzieherischen Funktion. Diese Facette der Partizipation beleuchtet Carole Pateman in ihrem Werk „Participation and Democratic Theory", ausgehend davon, dass der Mensch nicht als Staatsbürger geboren wird, sondern dass Demokratie erlernt werden muss. In Patemans Augen ist Demokratie eine soziale Praxis, die sich dem Einzelnen in und durch die soziale Interaktion, also die Partizipation, vermittelt und so die Funktion der Sozialisation ausfüllt. Besondere Kompetenzen seien nicht nötig, denn „individuals learn to participate by participating."[110] Menschen würden sich ferner in

105 *Pateman*, Participation and Democratic Theory; *Barber*, Strong Democracy.

106 Vgl. *Pateman*, Participation and Democratic Theory; ferner *Kersting*, Innovative Partizipation, S. 11 (14); *Schmidt*, Demokratietheorien, S. 233.

107 Vgl. zu folgenden Funktionen der politischen Beteiligung *Weber*, Selbstbestimmung durch Teilhabe, S. 223 (223 f.); *Kersting*, Innovative Partizipation, S. 11 (14 f.); *Newig/Kuhn/Heinrichs*, Nachhaltige Entwicklung, S. 27 (28 f.).

108 Vgl. *Barber*, Strong Democracy, S. 120; a.A. *Maus*, Zur Aufklärung der Demokratietheorie, S. 236, wobei der Partizipation eine intrinsische Funktion nicht zukommt, weil demokratische Partizipation dabei vorrangig als Instrument zur Sicherung negativer Freiheit begriffen wird.

109 Vgl. *Barber*, Die liberale Demokratie und der Preis des Einverständnisses, S. 360 (372); hierzu *Weber*, Selbstbestimmung durch Teilhabe, S. 223 (236).

110 *Pateman*, Perspect. Politics 2012, S. 7 (10).

mündige Bürger transformieren, indem sie in Schulen der Demokratie geschult und befähigt, das Gemeinwohl von den Eigennutzen zu unterscheiden.[111] Um der Politikverdrossenheit zu begegnen, sollen daher jene Verfahren bereitgestellt werden,[112] die die individuellen Interessen und Präferenzen abbilden, strukturieren und zu einer Willensbildung organisieren können.[113]

Das Menschenbild der partizipativen Demokratietheorie ist optimistisch. Es unterstellt, dass sich Bürger am politischen Prozess mehr und besser beteiligen oder zumindest durch entsprechende Ordnung des Willensbildungsprozess befähigt werden.[114] Politische Beteiligung könne primär zur Input-Legitimation, aber auch zumindest sekundär zur Output-Legitimation beitragen, indem sie zu einer verbesserten Problemorientierung und so zu besserer, sachgemäßer Politik führe.[115]

Die Kritik an der partizipativen Demokratietheorien kommt von vielen Seiten.[116] Bereits das optimistische Menschenbild der partizipativen Demokratietheorie ruft die heftige Kritik hervor, dass sie von einer fiktiven und normativ überhöhten anthropologischen Konzeption ausgehe.[117] Der Bürger habe nicht oder nur kaum einen individuellen Willen zur gemeinwohlorientierten Kooperation und strebe vielmehr in der Regel nach der Maximierung seines Eigennutzens, sofern er diesen in Kenntnis setze.[118] Zudem wird bemängelt, dass die hohen Transaktionskosten für die politische Beteiligung unterschätzt werden. Die politische Beteiligung verlange enorme kognitive Kapazitäten, motivationale Ressourcen und zeitliche Opfer.[119] Kritisiert wird die partizipative

---

111 Vgl. *Pateman*, Participation and Democratic Theory; *Barber*, Strong Democracy, S. 232; ferner *Schmidt*, Demokratietheorien, S. 232: „eine Spielart von Rousseaus Erziehungsprogramm, das den ‚Bourgeois' zum ‚Citoyen' umformen soll."

112 Vgl. *Barber*, Strong Democracy, S. 267, 298, 305; *Weber*, Selbstbestimmung durch Teilhabe, S. 223 (235 f.).

113 Vgl. *Schmidt*, Demokratietheorien, S. 230.

114 Vgl. *Warren*, APSA 1992, S. 8 (11); *Schmidt*, Demokratietheorien, S. 232 f.

115 Vgl. *Kersting*, Innovative Partizipation, S. 11 (14).

116 Vgl. *Weber*, Selbstbestimmung durch Teilhabe, S. 223 (244 ff.); *Schmidt*, Demokratietheorien, S. 237 ff.

117 Vgl. *Lehmbruch*, Die ambivalenten Funktionen politischer Beteiligung, S. 237 (237 ff.); *Held*, Models of Democracy, S. 272.

118 Vgl. *Elster*, The Market and the Forum, S. 103 (103 ff.).

119 Vgl. *Warren*, APSA 1992, S. 8 (12); *Weber*, Selbstbestimmung durch Teilhabe, S. 223 (244); *Behnke*, Die politische Theorie des Rational Choice, S. 433 (435 ff.); *Dalton*, Citizen Politics in Western Democracies, S. 50 f.; *Huget*, Demokratisierung der EU, S. 142 f.

Demokratietheorie schließlich für ihre einseitige Input-Ausrichtung, der zufolge andere wichtige Ziele der Demokratie wie etwa Effektivität und Effizienz übersehen werden.[120]

2. Deliberative Demokratie

Als ein weiterer demokratietheoretischer Ansatz gilt die seit Beginn der 1980er Jahre entwickelte deliberative Demokratietheorie. Die Theorie geht einerseits auf einen Aufsatz Bessettes[121] zurück,[122] der „deliberativ" erstmals als Attribut von Demokratie verwendete, andererseits auf die Diskursethik von Habermas.[123] Deliberative Demokratietheorie wird weitgehend nicht als eigene Demokratietheorie eingestuft, sondern eher als ein Ansatz, der methodisch die repräsentative Demokratie ergänzt oder in eine beteiligungsfreundliche Demokratietheorie eingeordnet wird.[124]

Der Zentralbegriff der deliberativen Demokratietheorie ist die Deliberation, die argumentativ abwägende, gemeinsame Beratschlagung und Verständigung über öffentliche Angelegenheiten beschreibt.[125] Die Teilnehmer des Diskurses können dabei ihre Präferenzen und Interessen auf den Prozess der Entscheidungsfindung geltend machen, indem sie sich mit überzeugenden Argumenten wechselseitig auseinandersetzen. Kommunikative Deliberation soll somit vernünftige und faire Ergebnisse liefern.[126] Doch das Ergebnis setzt anspruchsvolle Prozeduren von Beratung und Beschlussfassung voraus, die durch den

---

120 Vgl. *Weber*, Selbstbestimmung durch Teilhabe, S. 223 (245); *Scharpf*, Regieren in Europa, S. 21.

121 Vgl. *Bessette*, Deliberative Democracy, S. 102 (102 ff.); *Landwehr*, Demokratische Legitimation, S. 355 (356).

122 Vgl. zur Ideengeschichte der deliberativen Demokratie *Landwehr*, Demokratische Legitimation, S. 355 (355 f.).

123 Vgl. grundlegend *Habermas*, Faktizität und Geltung, S. 346 ff.

124 Vgl. *Schmidt*, Demokratietheorien, S. 229, der auf die Gemeinsamkeit verweist, dass sich Partizipationstheorie und Deliberationstheorie auf den Input des politischen Prozesses fokussieren; *Benz*, Politikwissenschaftliche Diskurse, S. 253 (266).

125 Vgl. *Schmidt*, Demokratietheorien, S. 229, 234.

126 Vgl. *Habermas*, Faktizität und Geltung, S. 357: „Nach dieser Vorstellung zieht sich die praktische Vernunft [...] in jene Diskursregeln und Argumentationsformen zurück, die ihren normativen Gehalt der Geltungsbasis verständigungsorientierten Handelns, letztlich der Struktur sprachlicher Kommunikation und der nichtsubstituierbaren Ordnung kommunikativer Vergesellschaftung entlehnen."; vgl. *Petersen*, Preprints of the Max Planck Institute 2008, S. 1 (28); *Huget*, Demokratisierung der EU, S. 149.

rationalen, öffentlichen Diskurs ausgezeichnet werden. Der öffentliche Diskurs soll wiederum erst unter den Bedingungen des rationalen Diskurses stattfinden. Die entscheidenden Bedingungen dafür bildet ein spezifisches Verständnis von Diskursregeln, die sich nach Habermas wie folgt zusammenfassen lassen:[127] Der Diskurs muss sich auf einen Austausch von Argumenten und Informationen stützen. Die Möglichkeiten der Beteiligung an dem Diskurs müssen öffentlich und allen potenziellen Betroffenen in der gleichen Weise zugänglich gemacht werden, um Verallgemeinerbarkeit und Übertragbarkeit von Argumenten sicherzustellen. Die Beratungen finden ohne externe und interne Zwänge statt. Alle Probleme und Fragestellungen müssen prinzipiell thematisierbar sein. Die Beratungen müssen unbegrenzt fortgesetzt werden und auf alle Materien, die im Interesse aller zu regeln sind, bezogen werden können. Bedürfnisinterpretation und politische Einstellungen und Präferenzen müssen beraten werden können. Der Diskurs wird durch verfassungspolitische Grundsätze und Grundrechte abgestützt.

Das Konzept der deliberativen Demokratie ist primär an die Rationalitätssteigerung der politischen Diskurse ausgerichtet.[128] Dabei werden die verfassungsrechtlichen Institutionen der repräsentativen Demokratie aufgegriffen, die durch deliberative Mechanismen ergänzt werden. Die zivilgesellschaftlich basierten Öffentlichkeiten stellen eine zweite Kategorie von Deliberationsforen dar.[129] Die Diskursergebnisse der zivilgesellschaftlichen Öffentlichkeiten sollen in Beratungen und Beschlussfassungen münden, welche die kommunikativ erzeugte Macht in administrativ verwendbare Macht transformieren.[130]

Es ist zu unterscheiden zwischen der Kritik an empirischen Prämissen der deliberativen Theorie auf der einen Seite und der an ihrer Implementationsfähigkeit in modernen Gesellschaften auf der anderen Seite. Empirische Studien

---

127 Vgl. *Habermas*, Kommunikative Rationalität und grenzüberschreitende Politik, S. 406 (433); zusammenfassend *Schmidt*, Demokratietheorien, S. 234 f.

128 Vgl. *Habermas*, Faktizität und Geltung, S. 366, der auf „die diskursive Struktur einer Meinungs- und Willensbildung" hinweist, „die ihre sozialintegrative Kraft nur dank der Erwartung einer vernünftigen *Qualität* ihrer Ergebnisse erfüllen kann." (Hervorhebung im Original).

129 Vgl. *Huget*, Demokratisierung der EU, S. 150 f., 154 f.

130 Vgl. *Habermas*, Faktizität und Geltung, S. 362: „Eine wenn auch anonym gewordene Volkssouveränität zieht sich in die demokratischen Verfahren und in die rechtliche Implementierung ihrer anspruchsvollen Kommunikationsvoraussetzungen nur zurück, um sich als kommunikativ erzeugte Macht zur Geltung zu bringen."; erläuternd *Schmidt*, Demokratietheorien, S. 235.

haben inzwischen herausgefunden, dass Deliberation „a difficult and relatively rare form of communication“[131] ist. Die ihr zugrundeliegenden Annahmen seien bei ihrer Konstruktion schlicht unterstellt, ohne den Aspekt zu reflektieren, was bei der reellen Auseinandersetzung über konkrete Themen wie Deliberation aussieht. Die anspruchsvollen Diskursbedingungen seien praktisch kaum zu verwirklichen und führten die exkludierende Wirkung herbei, die an einen Zielkonflikt zwischen Deliberation und Partizipation anschließen könne.[132] Das Politik- und Demokratieverständnis wird daher als „expertokratisch“ bezeichnet.[133] Ein weiterer und noch wichtiger Einwand betrifft die fehlenden tragfähigen Institutionalisierungen.[134] Die Befürworter der Deliberation konnten bislang keine als Staatsverfassung geeignete tragfähige Institutionenordnung entwickeln, sondern begnügten sich nur mit mehr oder weniger kleinteiligen Öffentlichkeiten, wie etwa mit „deliberative polls“[135] oder mit dem Vorschlag eines Internet-Forums mit deliberativer Qualität.[136]

3. Komplexe Demokratie

Einen weiteren demokratietheoretischen Rahmen bildet die komplexe Demokratietheorie, die zuerst mit einer Schrift von Fritz W. Scharpf mit dem Titel „Demokratietheorie zwischen Utopie und Anpassung“ auftrat. Die Entwicklung einer komplexen Theorie der Demokratie basiert zunächst auf der Unterscheidung zwischen Input- und Output-bezogenen Demokratieverständnissen. Normative Demokratietheorien seien danach zu differenzieren, „ob sie das politische System primär von seinen Inputs oder von seinen Outputs her interpretieren oder zu rationalisieren zu versuchen.“[137] Der Input stellt die gesellschaftlich artikulierten Interessen dar, mit denen sich staatliche Herrschaft unmittelbar verknüpft werden soll. Als politischer Output werden dagegen

131 Vgl. *Ryfe*, Annu. Rev. Polit. Sci. 2005, S. 49 (49).

132 Vgl. *Schaal/Heidenreich*, Politischen Theorien, S. 290 ff.

133 Vgl. *Buchstein/Jörke*, Leviathan 2003, S. 470 (481 f.).

134 Vgl. *Schaal/Heidenreich*, Politischen Theorien, S. 289 f.; *Huget*, Demokratisierung der EU, S. 155 f.; *Schmidt*, Demokratietheorien, S. 241.

135 Vgl. zu dem „deliberativen Poll“ *Fishkin*, When the People Speak, S. 11; zur Vorgehensweise *Schaal/Heidenreich*, Politischen Theorien, S. 293 (Fn. 132).

136 Vgl. *Frisch*, ZPol 2007, S. 711 (728) mit Blick auf die empirische Evidenz für das EU-Internetforums „Futurum“, das von 2001 bis 2004 von der Europäischen Kommission verwaltet wurde, um sich über die Zukunft der EU auszutauschen.

137 *Scharpf*, Utopie und Anpassung, S. 21; vgl. für einen Überblick *Schmidt*, Demokratietheorien, S. 245 f.

die auf die Inputs reagierenden Politikergebnisse beschrieben. Ausgehend von dieser dichotomen Analyseperspektive entwickelte Scharpf in seiner Auseinandersetzung mit der pluralistischen wie auch partizipatorischen Demokratietheorie eine „empirisch informierte, normative“[138] Vereinigungstheorie. Einen wichtigen Untersuchungsgegenstand bildet dabei eine „demokratische Begründung von Legitimationsargumenten“,[139] die eine liberale und zugleich effektive staatliche Herrschaft ermöglichen.

Die komplexe Demokratietheorie strebt ein Mehr an politischer Beteiligung an und erfordert zugleich vom politischen System ein höheres Wertberücksichtigungspotential. Die Relevanz der politischen Beteiligung für die Theorie liegt in zentralen Lebens- und Arbeitsbereichen, „in denen das Postulat universeller Partizipation näherungsweise realisierbar erscheint“.[140] Die Möglichkeiten der Selbstentfaltungs- und Selbstbestimmung sollen „am Arbeitsplatz und in anderen notwendigen Mitgliedschaftsrollen in Organisationen“[141] ausgenutzt werden. In demokratietheoretischer Hinsicht kommt der Partizipation an innenbetrieblichen Prozessen eine Schlüsselrolle zu.[142] Die Partizipation vermittle den Angehörigen der Unterschicht die Gelegenheit zu Erlernen und Einübung von politischen Fähigkeiten und diene damit der Verbreiterung der Rekrutierungsbasis des Eliten-Systems. Dies führe dazu, die Interessenvertretung der Unterschicht in politische Entscheidungspositionen zu verbessern.

Die komplexe Demokratietheorie bemüht sich um die Optimierung des Partizipationspostulats durch Anpassung des institutionellen und prozeduralen Rahmens. Der Grund dafür ist ein passives Verhalten der Bevölkerung und die damit verbundene Verdrängung deren Anliegen. Die komplexe Demokratietheorie legt hier besondere Aufmerksamkeit auf die effektiven Steuerungsleistungen des politisch-administrativen Systems.[143] Dabei steht eine pluralistische Herrschaftsordnung im Vordergrund, an der Bürger sich beteiligen, die zur Fehlerkorrektur gerüstet und sowohl reformwillig als auch -fähig sind. Bedürfnisse, Interessen, Probleme und Konflikte kommen aber wegen der schwachen politischen Handlungs- und Organisationsfähigkeit und der stark fragmentierten pluralistischen Politik in den Willensbildungs- und Entscheidungsprozessen

138 *Scharpf*, Utopie und Anpassung, S. 92.
139 *Scharpf*, Legitimationskonzepte jenseits des Nationalstaats, S. 705 (708).
140 *Scharpf*, Utopie und Anpassung, S. 66.
141 *Scharpf*, Utopie und Anpassung, S. 67.
142 Vgl. *Scharpf*, Utopie und Anpassung, S. 72 f.
143 Vgl. *Scharpf*, Utopie und Anpassung, S. 83 ff.

zu kurz.[144] Um die Steuerungsleistungen zu erreichen, soll ein politisch-administratives System „eine höhere Entscheidungsfähigkeit und ein höheres Wertberücksichtigungspotential"[145] haben. Das politisch-administrative System soll dabei gegenüber den Sonderinteressen zumindest relativ autonom sein.[146] Es soll notfalls alternativ mit der informationellen Kapazitätserweiterung untermauert werden, um Informationshoheit über Sonderinteressen oder zumindest Informationsparität zu behalten.[147] Als Voraussetzung dafür sieht die Theorie neben der Konkurrenz der Parteien unter knappen Mehrheitsverhältnissen eine aktive Öffentlichkeit mit Entscheidungsspielräumen, die nicht bereits durch die massivere Pression potenter Interessengruppen oder durch Wahlrücksichten okkupiert werden.

4. Folgerungen für Open Government

Das Konzept des Open Government wird zunächst in die beteiligungsorientierten Demokratietheorie eingeordnet, weil es dabei um die Einbeziehung des Bürgers in die politische Willensbildung und -entscheidung geht. Den beteiligungszentrierten Demokratietheorien nach stellen die abnehmende Wahlbeteiligung und die zunehmende Distanz zwischen Staat und Bürger ein Krisensymptom der Demokratie dar.[148] Um die Partizipationsbereitschaft des Bürgers zu erhöhen, thematisieren und fordern die Verfechter der Theorien die institutionellen Reformen. Diese Sichtweise ist ebenfalls im Konzept des Open Government zu beobachten. Der Fokus liegt dabei darauf, mit Blick auf die veränderte Rolle des Bürgers seine politische Beteiligung aufzuwerten und zu fördern, um Input-Legitimation des politischen Systems zu erhöhen.

In der Betonung einer kommunikativen Beziehung zwischen Staat und Gesellschaft knüpft das Modell des Open Government an die deliberative Demokratietheorie an. Partizipation i.S.v. Open Government fordert, wie die beteiligungsorientierten Demokratietheorien betonen, unterschiedliche Beteiligungsformen ein, die über die periodisch stattfindenden Wahlen hinausgehen. Die Bürgerbeteiligung soll zudem einen effektiven Einfluss auf die politische Willensbildung und -entscheidung haben. Beim Modell des Open Government rückt aber ein anderer Ansatz als bei der partizipativen Demokratietheorie in

144 Vgl. *Scharpf*, Demokratietheorie zwischen Utopie und Anpassung, 1970, S. 75.
145 *Scharpf*, Utopie und Anpassung, S. 75.
146 Vgl. *Scharpf*, Utopie und Anpassung, S. 75 f.
147 Vgl. *Schmidt*, Demokratietheorien, S. 247.
148 Vgl. *Zittel*, Partizipative Demokratie und Politische Partizipation, S. 55 (55).

den Fokus der Diskussionen. Das Modell des Open Government basiert lediglich auf der Vorstellung, dass Expertise und Kreativität der Bürger dem politisch-administrativen Prozess mittels Informationstechnologien übermittelt werden können. Dementsprechend ist das Modell darauf ausgerichtet, den Stimmen der Öffentlichkeiten Gehör zu verleihen und dafür erforderliche Prozesse bereitzustellen. Insofern ist Open Government als ein politischer Versuch anzusehen, Transformationsprozesse zu institutionalisieren, was die deliberative Demokratietheorie noch nicht überwinden konnte.

Das Konzept des Open Government teilt mit beteiligungsorientierten Demokratietheorien ebenso befürwortende Argumente wie die Kritik. Man kann zuerst auf die fehlende Partizipationsbereitschaft und -fähigkeit des Bürgers verweisen. Einen weiteren Kritikpunkt bildet die Tatsache, dass staatliche Stellen die Partizipationsergebnisse kaum berücksichtigen wollen.[149] Um diesen Problemstellungen zu begegnen, trägt Open Government den Einsatz der technologischen Möglichkeiten Rechnung. Damit verbunden ist die Erwartung, dass Bürger im Umgang mit Informations- und Kommunikationstechnologien ihre Interessen kostengünstig artikulieren könnten, die anschließend durch Staat und Verwaltung mühelos aggregiert werden sollen. Das Potenzial des Internet wird zwar in der Literatur sehr kontrovers bewertet. Aber es ist schwer zu bestreiten, dass es etwa in Form der internetbasierten Anwendungen die Möglichkeiten zur Bürgerbeteiligung deutlich ausweiten kann.[150]

Das Konzept des Open Government strebt sowohl Input- als auch Output-Legitimation an und steht damit auch im Zusammenhang mit der komplexen Demokratietheorie. Zwar kann die Deliberation ebenfalls in gewissem Maße dazu beitragen, Qualität der Entscheidung zu verbessern. Deliberative Demokratietheorie sieht dies aber als eine mit der Deliberation einhergehende Nebenfolge an. Demgegenüber vereinigt die komplexe Demokratietheorie die Input- und Output des politischen Systems. Zudem betont das Konzept des Open Government ebenso wie die komplexe Demokratietheorie einen Wirklichkeitsbezug und ist in der Lage, auf empirische Erkenntnisse flexibel zu reagieren. Dem Konzept des Open Government liegt schließlich die Forderung nach der Interessen- und Präferenzintegration zugrunde, die ansatzweise den Transformationsprozessen ähnelt. Der Staat soll in der pluralistischen Herrschaftsordnung verschiedene Perspektiven und Interessen aufnehmen,

---

149 Vgl. *Klessmann*, VM 2010, S. 179 (180); *Kersting*, Innovative Partizipation, S. 11 (17 f.).

150 Vgl. *Schuler*, Online Deliberation, S. 91 (95).

verarbeiten und gegebenenfalls mit dem Einsatz der Informations- und Kommunikationstechnologie informationelle Kapazität des politisch-administrativen Systems erweitern.

Mit der Einordnung des Open Government in deliberative und komplexe Demokratietheorie sind die Kernprinzipien von Open Government als Zielbestimmungen anzusehen, die die kommunikative Beziehung zwischen Staat und Bürger aufbauen. Die Kollaboration i.S.v. Open Government beinhaltet, auf externes Wissen und Kreativität der Bürger in der Weise zurückzugreifen, dass Staat und Verwaltung konkrete Probleme auf eigenbetriebenen Webseiten oder in sozialen Medien veröffentlichen und einen öffentlichen Diskurs fördern, in dem Lösungen der sozialen und öffentlichen Problemstellungen entwickelt werden können. Dieser Konstruktion liegt ein Gedanke zugrunde, dass erstaunlicher Wissensaustausch und allgemeines Engagement der Öffentlichkeit zu erreichen sind, wenn die Bürger dazu aufgefordert werden, Gesellschaftsprobleme miteinander zu besprechen und Lösungen zu entwickeln. Nach der Partizipation i.S.v. Open Government sollen möglichst vielen Bürgern Möglichkeiten verschafft werden, sich aktiv an Prozessen der Entscheidungsfindung des politisch-administrativen Systems zu beteiligen und mitzugestalten. Open Government zielt darauf, Diskursergebnisse über einen so erzeugten Kommunikationskanal auf staatliche Entscheidungsträger zu übertragen. Dies wäre aber a priori nicht möglich, wenn der Öffentlichkeit die dafür erforderlichen Informationen nicht zugänglich wären, die bisher vertraulich in staatlichen Daten- und Informationsbeständen vorhanden sind. Insoweit entspricht Transparenz i.S.v. Open Government der in der deliberativen Demokratie betonten Öffentlichkeit der Deliberation. Darüber hinaus bildet sie auch eine wesentliche Voraussetzung der Partizipation und der Kollaboration innerhalb des Systems von Open Government. Hinzu kommt, dass Öffentlichkeit von Deliberation die Gemeinwohlorientierung des staatlichen Handelns befördert.

Der Blick auf die Demokratietheorie bestätigt zusammenfassend, dass das Konzept des Open Government als Demokratietheorie die Input- und Output-Legitimation in den Blick nimmt. Um dieses Ziel zu erreichen, fordert das Konzept unter Berücksichtigung der Staat-Bürger-Beziehung eine weitergehende Öffnung des Staates gegenüber den Bürgern. Die Kommunikationsmöglichkeiten zwischen Staat und Bürgern soll danach stark hin zu mehr Offenheit gestaltet werden.

D. Verfassungsrechtlicher Rahmen

Das zentrale Anliegen des Konzepts von Open Government liegt darin, die offenen Kommunikationsbeziehungen zwischen Staat und Bürger aufzubauen und zu pflegen. Die Forderung nach mehr Offenheit basiert auf der Transformation des Staat-Bürger-Verhältnisses. Diese politischen Forderungen sind aber nur die Erkenntnisquelle zum Umgang mit dem gesellschaftlichen Wandel. Die Umsetzung politischer Forderungen steht grundsätzlich im Ermessen des Gesetzgebers zu. Eine Verantwortung des Staates kann nur dann entstehen, wenn ihm durch die Verfassung selbst ein entsprechender Auftrag respektive eine entsprechende Pflicht auferlegt wird. Es stellt sich deshalb die Frage, ob das Grundgesetz ein Gebot für die Kommunikation zwischen Staat und Bürger enthält.

1. Grundrechte

Grundrechte strukturieren die Kommunikation zwischen Staat und Bürger. Individuelle kommunikative Freiheit,[151] die hier im Fokus stehen soll, kann danach differenziert werden, ob sie für sich, gegen andere oder für andere ausgeübt wird. Die erste Dimension betrifft die Kommunikation, im Zuge derer der Mensch sein Verhalten reflektieren und eine autonome Persönlichkeit entwickeln kann. In den beiden letzten Dimensionen steht die äußere Selbstentfaltung in Rede, die sich innerhalb der Gesellschaft, also der Privat- oder der Öffentlichkeitssphäre durch die selbstbestimmte Kommunikation vollziehen kann. Beide Kommunikationsrichtungen, die aufeinander bezogen sind, richten sich gemeinsam auf eine „soziale Freiheit",[152] die innerhalb und durch soziale Beziehungen realisierbar ist.

In rechtswissenschaftlicher Hinsicht wird der Schutz individueller Kommunikationsakte in den Mittelpunkt gerückt. Dabei ist von Menschen auszugehen, die zueinander in Kontakt treten und dabei Meinungen und Informationen austauschen.[153] Die dafür relevante Möglichkeit schützt das Grundgesetz durch einige Grundrechtsverbürgungen: Die Kommunikationsgrundrechte aus Art. 5 Abs. 1 GG, die Versammlungsfreiheit aus Art. 8 Abs. 1 GG und die Vereinigungsfreiheit aus Art. 9 Abs. 1 GG. Sie gewährleisten dem Einzelnen die Freiheit,[154]

---

151 Vgl. *Becker*, Kommunikative Freiheit, S. 45 (58 ff.).

152 Vgl. grundlegend *Honneth*, Das Recht der Freiheit, S. 232 ff.; bezüglich der Privatheit *Becker*, Kommunikative Freiheit, S. 45 (53 ff.).

153 Vgl. *Gusy*, in: Hoffman-Riem/Schmidt-Aßmann/Voßkuhle, GVwR II, § 23, Rn. 15.

154 Vgl. zum Grundrechtsschutz der Kommunikationsfreiheit *Schulze-Fielitz*, in, GG, Art. 5 I, II Rn. 39 ff. m.w.N.

sich selbst zu informieren, allein oder im Zusammenschluss mit anderen Meinungen zu bilden und diese zu äußern. Der Einzelne kann somit selbstbestimmt darüber entscheiden, sich nicht nur aus der Öffentlichkeit zurückzuziehen, sondern auch, sich selbst in den öffentlichen Kontext einzubringen. Im Vordergrund steht hier die Teilhabe und Mitwirkung an der öffentlichen Meinung. Das Recht auf informationelle Selbstbestimmung aus Art. 2 Abs. 1 i.V.m. Art. 1 Abs. 1 GG lässt sich in diesem Sinne verstehen: Der Einzelne hat die Befugnis, selbst über das Ob und Wie der individuellen Kommunikationsakte innerhalb einer Gesellschaft zu entscheiden. Bezogen auf den mehrdimensionalen Schutz der Privatheit[155] ist sie einerseits als forum internum ein rechtsfreier Raum[156] und andererseits ein Kommunikationsraum, in dem der Einzelne die Entscheidung trifft, ob und wie kommuniziert wird. Folglich hat der Staat, Eingriffe zu unterlassen und positive Maßnahmen zur Ermöglichung der Kommunikation zu ergreifen. Grundrechte können somit die Kommunikation zwischen Staat und Bürger begründen und zugleich begrenzen.[157]

Jenseits ihrer Funktion als Individualrechte können Grundrechte auch in ihrer Deutung als Schutzpflichten[158] betrachtet werden. In ihrer Eigenschaft als Elemente einer objektiven Ordnung verpflichten Grundrechte den Staat, sich schützend und fördernd vor die in den Grundrechten geschützten Güter und Freiheit zu stellen. Die Funktion der Gewährung von Schutz, die zuerst für das Grundrecht auf Leben entwickelt wurde, besitzen sämtliche Grundrechte. Zu verstehen ist die Schutzpflicht hier nicht in ihrer ursprünglichen Bedeutung als Schutz des grundrechtlichen Gutes vor Übergriffen privater Dritter, sondern i.S. einer Pflicht des Staates, die Ausübungsbedingungen der Freiheit zu gewährleisten. Wer frei handeln will, muss jedenfalls um die Vor- und Nachteile von Verhaltensweisen wissen können. Sowohl private als auch öffentliche Stellen können die Quellen der Informationen sein. Bedeutsam wird diese Pflicht etwa, wenn die Freiheit wegen eines Mangels an Informationen riskiert wird. Wenn Verbraucher zum Beispiel ausreichend informiert sind, ist es ihnen möglich, von einem Produkt ausgehende Gefahren zu vermeiden. Grundrechtssicherung kann mithin durch Information und Kommunikation erreicht werden. Als mögliche Formen kommen etwa Beratung und

---

155 Vgl. BVerfGE 109, 279; dazu *Gusy*, JuS 2004, S. 457 (458).

156 Vgl. die Überblicke zur Garantie der Privatsphäre bei *Nettesheim*, VVDStRL 70 (2011), S. 7 (7 ff.); *Albers*, DVBl. 2010, S. 1061 (1061 ff.)

157 Vgl. *Gusy*, in: Hoffman-Riem/Schmidt-Aßmann/Voßkuhle, GVwR II, § 23, Rn. 24.

158 Vgl. BVerfGE 39, 1 (42); 46, 120 (164 f.); 49, 89 (140 ff.); 53, 30 (65 f.); 79, 174 (202); 81, 242 (254 ff.); 88, 203 (251).

Aufklärung über Rechte oder Handlungsmöglichkeiten Privater, Informationen über Chancen und Risiken von Verhaltensweisen, Verfahren oder Zuständen sowie Hinweise auf konkrete Gefahren, etwa durch Warnungen, in Betracht. So können grundrechtliche Schutzpflichten einzelne Kommunikationspflichten und -rechte von Trägern öffentlicher Gewalt begründen.

2. Demokratieprinzip

In Art. 20 Abs. 2 S. 1 GG, „alle Staatsgewalt geht vom Volke aus", verbindet sich die Demokratie mit dem Gedanken der Volkssouveränität. In einer vom Grundgesetz begründeten Herrschaftsordnung hat das Volk die Regelung seiner politischen Angelegenheiten selbst vorzunehmen und zu verantworten.[159] Sämtliche Tätigkeit, die ungeachtet ihrer Rechtsform[160] dem Staat als hoheitlich zuzurechnen ist, muss danach vom Willen des Volkes[161] ausgehen.

Die Art und Weise, wie das Volk seine Souveränität ausüben kann, wird in Art. 20 Abs. 2 S. 2 GG bestimmt. Die „demokratische Volkssouveränität" erfolgt danach außer in den Fällen von Wahlen und Abstimmungen „durch besondere Organe der Gesetzgebung, der vollziehenden Gewalt und der Rechtsprechung." Darin wird festgehalten, dass die demokratische Ordnung primär repräsentativ ausgestaltet wird[162] und sich die Willensbildung innerhalb des Staates grundsätzlich von der des Volkes unterscheidet.[163] Die Tätigkeit aller drei Gewalten muss bestmöglich auf den Volkswillen zurückzuführen sein, um den Rechtfertigungsgrund für ihr hoheitliches Handeln zu erhalten.[164] Hieraus ergibt sich der Ableitungszusammenhang zwischen Volk und Staatsgewalt.[165]

---

159 Vgl. *Scherzberg*, Öffentlichkeit der Verwaltung, S. 291; zum Begriff „Bürgerverantwortung" *Merten*, VVDStRL 55 (1995), S. 7 (16, 24 f.); *Berka*, VVDStRL 55 (1995), S. 48 (61 ff.).

160 Vgl. *Rux*, in: Epping/Hillgruber, GG, Art. 20, Rn. 62.

161 Vgl. zum Volksbegriff BVerfGE 83, 37 (51). Vgl. für die Diskussion, inwieweit lediglich deutsches Staatsangehörige das in Art. 20 II 1 benannte „Volk" ausmachen, *Sokolov*, NVwZ 2016, S. 649 (649 ff.); *Sommermann*, in: Mangoldt/Klein/Starck, GG, Art. 20, Rn. 153, 161.

162 Vgl. *Grzeszick*, in: Dürig/Herzog/Scholz, GG, Art. 20, Rn. 63; *Dreier*, in: Dreier, GG, Art. 20 (Demokratie), Rn. 89.

163 Vgl. BVerfGE 20, 56 (98); *Schmitt Glaeser*, HStR III, § 38 Rn. 33.

164 Vgl. BVerfGE 47, 253 (273); 77, 1 (40); 83, 60 (73); *Böckenförde*, HStR II, § 24, Rn. 14; *Grzeszick*, in: Dürig/Herzog/Scholz, GG, Art. 20, Rn. 12; *Dreier*, in: Dreier, GG, Art. 20 (Demokratie), Rn. 79 ff.; *Jerschke*, Öffentlichkeitspflicht, S. 75.

165 Vgl. *Holznagel*, VVDStRL 68 (2009), S. 381 (384 f.); *Häberle*, Öffentliches Interesse als Juristisches Problem, S. 130.

Gemäß Art. 20 Abs. 2 S. 2 GG kommt dem Wahlakt des Volkes dabei eine zentrale Rolle zu.[166] Unter anderem verleiht die periodisch stattfindende Bundestagswahl[167] dem Bundestag eine unmittelbare demokratische Legitimation, die über die sogenannte Legitimationsmodi der Staatsgewalt vermittelt wird. Für den legitimationsstiftenden Wahlakt[168] müssen gewisse Voraussetzungen erfüllt sein. Neben den in Art. 38 GG normierten Grundsätzen demokratischer Wahlen[169] muss das Wissen um die zur Wahl stehenden Inhalte und Personen sichergestellt werden.[170] Ein „Bürgervotum in Unwissenheit kann keine legitimierende Wirkung erlangen."[171] Die Wahl kann erst dann als genuiner Ausdruck des Volkswillens gelten, wenn der politische Volkswillen auf der Grundlage ausreichender Informationsgrundlage vorgeformt wird.[172]

Der Einfluss des Volkes beschränkt sich jedoch nicht ausschließlich auf Wahlen und Abstimmungen.[173] Zwar erwähnt Art. 20 Abs. 2 S. 2 GG nur diese Formen ausdrücklich. Doch bestehen weitere Schnittstellen für die Volks- und Staatswillensbildung in Wirklichkeit.[174] Die Bürger können ihre Präferenzen und Bedürfnisse auf unterschiedlicher Weise in den politischen Prozess einführen.[175] Als mögliche Formen kommen etwa Engagement in politischen Parteien, Interessenverbänden, Petition an Politiker und Parlament oder Teilnahme am

---

166 Vgl. die Grundsätze der repräsentativen Demokratie bei *Grzeszick*, in: Dürig/Herzog/Scholz, GG, Art. 20, Rn. 12.

167 Vgl. *Degenhart*, StaatsR I, Rn. 78.

168 Vgl. BVerfGE 44, 125 (139); *Degenhart*, StaatsR I, Rn. 78.

169 Vgl. für die Auswahlmöglichkeiten *Zippelius/Würtenberger*, Deutsches StaatsR, Rn. 23; *Britz*, Fernsehaufnahmen im Gerichtssaal, S. 213; für die unverfälschter Äußerung des Willens BVerfGE 20, 56 (98); 44, 125 (140); 69, 315 (346).

170 Vgl. BVerfGE 118, 277 (353); *Hesse*, Grundzüge des Verfassungsrechts, Rn. 152; *Scherzberg*, Öffentlichkeit der Verwaltung, S. 304.

171 *Gusy*, in: Hoffman-Riem/Schmidt-Aßmann/Voßkuhle, GVwR II, § 23, Rn. 20.

172 Vgl. zur Vorformung des politischen Willens BVerfGE 8, 104 (112 f.); 20, 56 (99); 44, 125 (140); 52, 63 (83); ferner *Hatje*, VVDStRL 69 (2010), S. 135 (150); *Schmitt Glaeser*, HStR III, § 38 Rn. 28; *Kloepfer*, HStR III, § 42, Rn. 23; *Hesse*, Grundzüge des Verfassungsrechts, S. 68.

173 Vgl. BVerfGE 20, 56 (98 f.); 69, 92 (107); 69, 315 (346); 73, 40 (71); 107, 339 (360); *Scheuner*, DÖV 1965, S. 577 (580 f.); *Jerschke*, Öffentlichkeitspflicht, S. 75.

174 Vgl. *Kloepfer*, HStR III, § 42, Rn. 22.

175 Vgl. *Gurlit*, Die Verwaltungsöffentlichkeit im Umweltrecht, S. 110 ff.; *Scherzberg*, Öffentlichkeit der Verwaltung, S. 304; zur institutionalisierten Mediatisierung der öffentlichen Meinung *Kloepfer*, HStR III, § 42, Rn. 24 f.

politischen Diskurs im gesellschaftlichen Bereich in Betracht. Solche implizite Einwirkung hat das Stimmungsbild in der Gesellschaft auf die politischen Entscheidungen.[176] Die „öffentliche Meinung“ stellt auf diese Weise im Zeitraum zwischen den Wahlen einen Legitimationszusammenhang her[177] und gleicht damit die Defizite der repräsentativen Demokratie aus.[178] Die Herausbildung einer fundierten öffentlichen Meinung setzt eine hinreichende Kenntnis von den politischen Abläufen und Inhalten voraus.[179] Relevante Informationen müssen Bürgern von Staatsorganen aktiv bereitgestellt oder zumindest auf Verlangen zur Verfügung gestellt werden. Sie kann ihre demokratische Wirkung erst dann erzielen, wenn die Staatsorgane ausreichend über die Lebenswelt der Bürger, ihre Erwartungen und Wertung informiert sind. Alles in allem zeigt sich somit, dass Demokratie die Kommunikation zwischen Souverän und Staatsgewalt bedingt und begründet.

3. Rechtsstaatsprinzip

Das Rechtsstaatsprinzip ist zur Begründung des informierenden Staats geeignet und bildet somit die Grundlage der Kommunikation zwischen Staat und Bürger. Vor dem Hintergrund der europäischen Ideengeschichte[180] bezeichnet der Rechtsstaat denjenigen Staat, der seine politische Herrschaft nur aufgrund und im Rahmen des Rechts ausübt.[181] Im Grundgesetz werden dem Einzelnen Rechte und Freiheiten zugewiesen und damit individuelle Rechtspositionen geschaffen.[182] Der Staat als Garant der Rechtsgewährleistung und -verwirklichung muss die Voraussetzungen einer „freien und selbstverantworteten Rechtsgestaltung“ garantieren.[183] Damit ist ein vor staatlicher Einwirkung geschützter und die staatliche Hoheitsausübung begrenzender individueller

---

176 Vgl. BVerfGE 44, 125 (139 f.); *Kloepfer*, HStR III, § 42, Rn. 19, 28; *Müller-Neuhof*, Verfassung als Nachricht, S. 86.

177 Vgl. BVerfGE 20, 56 (98); 44, 125 (140); 69, 315 (346); ferner *Jestaedt*, AöR 126 (2001), S. 204 (215); *Kloepfer*, HStR III, § 42, Rn. 17; *Dreier*, in: Dreier, GG, Art. 20 (Demokratie), Rn. 76 f.; *Scherzberg*, Öffentlichkeit der Verwaltung, S. 302; *Müller-Neuhof*, Verfassung als Nachricht, S. 108; zum Begriff *Kloepfer*, HStR III, § 42, Rn. 1 ff.

178 Vgl. BVerfGE 123, 267 (358); *Kloepfer*, HStR III, § 42, Rn. 17.

179 BVerfGE 44, 125 (147); spezifisch bezüglich der Wähler vgl. BVerfGE 118, 277 (353).

180 Vgl. zur historischen Entwicklung *Schmidt-Aßmann*, HStR II, § 26, Rn. 10 ff.

181 Vgl. *Grimm*, Die Zukunft der Verfassung, S. 159.

182 Vgl. *Schmidt-Aßmann*, HStR II, § 26, Rn. 31.

183 *Scherzberg*, Öffentlichkeit der Verwaltung, S. 327.

Freiheitsbereich anerkannt. Der Bürger muss dabei seinen Freiheitsbereich bestimmen und sein Verhalten den Zielen des Rechts ausrichten können.[184] Damit dies gelingt, muss staatliche Rechtsausübung für den Einzelnen vorhersehbar und berechenbar sein.[185]

Der Staat definiert mittels des Rechts den Handlungsspielraum des Bürgers.[186] Die Geltendmachung subjektiver Rechte ist allerdings ohne Kenntnis derselben für den Bürger ebenso nicht möglich wie die Beachtung der ihn treffenden Pflichten. Der Bürger kann zum Beispiel die Beteiligungsrechte an Verfahren dann durchsetzen, wenn er diese Rechte selbst, ihre materiellrechtlichen Voraussetzungen und die verfahrensrechtlichen Bedingungen kennt.[187] Die Publizität der Rechtsordnung ist die Voraussetzung für die Freiheitswahrnehmung.[188] Diese Forderung wird etwa in Art. 82 Abs. 1 S. 1 GG dergestalt konkretisiert, dass formelle Gesetze im Bundesgesetzblatt zu verkünden sind.[189] Die Normpublizität allein reicht aber nicht aus, damit die Bürger wirklich ihre Rechte und Pflichten bestimmen können.[190] Denn rechtliche Vorschriften sind so umfangreich und teils sehr hochabstrakt, dass der Bürger die Folgen eigenen Handelns nicht absehen kann. Um die Rechtslage erkennen und sein Verhalten danach einzurichten,[191] muss der Bürger die praktischen Handhabe des Rechts durch die Verwaltung und die Gerichte einsehen können.[192] Daraus folgt eine Informationspflicht der Staatsorgane bei ihrer Rechtssetzung und -durchsetzung. Dies gilt jedenfalls dann, wenn es auf die Kenntnis des von ihnen gesetzten oder anzuwendenden Rechts ankommt. Insoweit setzt Rechtsanwendung tatsächlich Kommunikation zwischen Staat und Bürgern voraus.

Die Kontrolle und Mäßigung staatlicher Gewaltausübung ist ebenfalls auf die Kommunikation zwischen Staat und Bürger angelegt. Der Grundgedanke des Rechtsstaats besteht darin, staatliche Gewalt zu begrenzen und ihre Ausübung

---

184 Vgl. *Schmidt-Aßmann*, HStR II, § 26, Rn. 21

185 Vgl. *Scherzberg*, Öffentlichkeit der Verwaltung, S. 321; allgemein *Kunig*, Das Rechtsstaatsprinzip, S. 329 ff.

186 Vgl. *Schmidt-Aßmann*, HStR II, § 26, Rn. 21.

187 Vgl. *Gusy*, in: Hoffman-Riem/Schmidt-Aßmann/Voßkuhle, GVwR II, § 23, Rn. 18.

188 Vgl. *Degenhart*, StaatsR I, Rn. 374.

189 Vgl. BVerfGE 65, 283 (291) unter Bezugnahme auf BVerfGE 16, 6 (18).

190 Vgl. *Schürmann*, Öffentlichkeitsarbeit der Bundesregierung, S. 159 f.; *Towfigh*, Der Staat 48 (2009), S. 29 (48).

191 Vgl. die Zielsetzung des Gebots der Normklarheit bei BVerfGE 45, 400 (420).

192 Vgl. *Gostomzyk*, Die Öffentlichkeitsverantwortung der Gerichte, S. 104.

zu rationalisieren.[193] Eine Vielzahl rechtsstaatlicher Grundsätze hat auf unterschiedliche Weise verfassungsrechtliche Anerkennung gefunden. Zentral ist unter anderem die umfassende rechtliche Bindung der Ausübung staatlicher Gewalt. Das Grundgesetz gewährleistet dies gemäß Art. 20 Abs. 3 GG durch die Gesetzes- und Rechtsbindung sowie gemäß Art. 1 Abs. 3 GG durch die Grundrechtsbindung. Diese rechtsstaatliche Bindung kann sichergestellt werden, wenn das Staatshandeln durch eine Öffentlichkeit stetig kritisch begleitet und beurteilt wird.[194] Eine öffentliche Meinung kann sich herausbilden, wenn die ausreichenden Informationen über die Ausübung staatlicher Gewalt bereitgestellt werden.[195] Die politische Kritikfähigkeit der Öffentlichkeit setzt ebenfalls eine urteilsbefähigende Informiertheit der Bürger über das Staatshandeln voraus.[196] So kann auf potenzielle Missstände hingewiesen und die Einhaltung des Rechts durch die Repräsentanten kontrolliert werden.[197]

Die ausreichenden Informationen über das Staatshandeln liefern weiterhin eine wesentliche Grundlage für den Individualrechtsschutz. Art. 19 Abs. 4 S. 1 GG garantiert dem Einzelnen die Möglichkeit, seine Rechte gegen die Verwaltung vor Gericht durchzusetzen. Da es sich hierbei um das subjektive Recht des Bürgers handelt, können die Gerichte nur beim Anruf des Betroffenen die Rechtmäßigkeit staatlichen Handelns überprüfen.[198] Für die Entscheidung des Bürgers, ob er einen solchen Weg geht, kommt es maßgeblich auf seine Erfolgsaussichten an. Diese Entscheidung kann nur auf Grundlage der Informationen getroffen werden, die nicht nur den konkreten Verwaltungsvorgang, sondern auch die Praxis der Staatstätigkeit beinhalten.[199]

E. Kommunikationspflichten der Verwaltung

Wie die vorangegangenen Erwägungen deutlich gemacht haben, begründen die Verfassungsprinzipien die Kommunikationsbeziehungen zwischen Staat und Bürger. Sie bedürfen jedoch zumeist des Rechts, welches die

193 Zur historischen Entwicklung *Schmidt-Aßmann*, HStR II, § 26, Rn. 10 ff.; *Gostomzyk*, Die Öffentlichkeitsverantwortung der Gerichte, S. 98 ff.

194 Vgl. BVerfGE 123, 39 (69 f.); *Remus*, Justizberichterstattung als öffentliche Aufgabe, S. 169 (173).

195 BVerfGE 44, 125 (147).

196 Vgl. *Remus*, Justizberichterstattung als öffentliche Aufgabe, S. 169 (173).

197 Vgl. etwa BVerfGE 123, 39 (69 f.).

198 Vgl. *Müller-Neuhof*, Verfassung als Nachricht, S. 150.

199 Vgl. *Schürmann*, Öffentlichkeitsarbeit der Bundesregierung, S. 161 f.

Kommunikationsvorgänge zum Regelungsgegenstand hat. Das Recht kann die Kommunikationsbeziehung ausgestalten und gegebenenfalls begrenzen. Dabei können überaus unterschiedliche sachliche und rechtliche Vorbedingungen in Betracht kommen, die in ihrer Entstehungszeit durchaus unterschiedlich geprägt sind. Dazu gehört das Konzept des Open Government. Offen sind die Kommunikationsmöglichkeiten, die jedermann ohne konkreten Verfahrensbezug zur Verfügung stehen.[200] Hieraus könnte man voreilig den Schluss ziehen, dass ein neuer Rechtsrahmen fortentwickelt werden muss. Dabei würde aber übersehen, dass es bereits eine Vielzahl gesetzlich vorgesehener Kommunikationsmöglichkeiten zwischen Staat und Bürgern besteht. Zur Diskussion steht vielmehr die Frage, ob die bereits existierenden Kommunikationsmöglichkeiten schon ausreichend die Grundforderungen des Open Government erfüllen können. Vor diesem Hintergrund sind formalisierte Kommunikationsbeziehungen im Verwaltungsverfahrensgesetz des Bundes zu untersuchen, um zu bestimmen, welchen Grad an Offenheit das Recht einfordert bzw. zumindest zulässt.

1. Einschränkungen bei formellen Verfahren

Will man sich dem Rechtsrahmen der Kommunikationsmöglichkeiten zwischen Staat und Bürger nähern, muss man zunächst das Verwaltungsverfahrensrecht in den Blick nehmen. Das ist Grundlage und Ausgangspunkt des Rechts der Kommunikationsbeziehungen. Der Regelungsgegenstand ist das Verwaltungsverfahren i.S.v. § 9 VwVfG, das als Bündel rechtlicher Sonderbeziehungen zwischen Verwaltung und Bürger umrissen werden kann.[201] Sie sind auf die Vorbereitung und den Erlass bestimmter formalisierter Rechtsakte gerichtet. Im Kontext von Informationsrechten und -pflichten begründet das Verwaltungsverfahrensrecht drei formalisierte Kommunikationsrechte der Beteiligten: die Pflicht zur Anhörung nach § 28 VwVfG, das Recht zur Akteneinsicht aus § 29 VwVfG sowie das Erfordernis einer Begründung seitens der Behörde aus § 39 VwVfG.

Für das Verwaltungsverfahren wird in § 28 VwVfG das Anhörungsrecht geregelt. Dabei wird das grundsätzliche Recht des Bürgers auf Gehör im Verwaltungsverfahren berücksichtigt. Dies wird, soweit die Rechtssphäre eines Einzelnen durch eine Behördenentscheidung unmittelbar beeinträchtigt wird, dem Erfordernis der Grundrechtssicherung gerecht. Die Anhörung dient

---

200 Vgl. *Schulz/Janda/Tischer*, Offene Schnittstellen in der Kommunikation, S. 7.
201 Vgl. *Gusy*, in: Hoffman-Riem/Schmidt-Aßmann/Voßkuhle, GVwR II, § 23, Rn. 32.

primär als Mittel der Sachverhaltsaufklärung.[202] Die Bürger können damit im Verfahren ihre Interessen und Rechte geltend machen. Die Regelung verpflichtet zugleich die Behörde, die Bürger über Gegenstand und Reichweite des Verfahrens zu informieren und von ihren Äußerungen zur Kenntnis zu nehmen.[203] Die Anhörung ist somit die zentrale formalisierte Kommunikationsschnittstelle im Verfahren. Die Anhörung Beteiligter aus § 28 VwVfG lässt sich allerdings kaum als offene Kommunikationsmöglichkeit begreifen. Der Anwendungsbereich wird eröffnet, wenn ein Verwaltungsverfahren stattfindet, das auf Erlass eines Verwaltungsaktes gerichtet ist. Die Gewährung rechtlichen Gehörs beschränkt sich aber auch allein auf rechtlich geschützte Positionen.[204]

Unter dem Gesichtspunkt des Open Government kommt ebenfalls dem Akteneinsichtsrecht des § 29 VwVfG wenig Relevanz zu. Als Bestandteil des rechtsstaatlichen fairen Verwaltungsverfahrens[205] begründet § 29 VwVfG die Verpflichtung der Behörde, vollständige und wahrheitsgetreue Akten zu führen. Die Regelung zur Akteneinsicht gründet wesentlich auf die Parteiöffentlichkeit des Verfahrens. Diesen Anspruch auf Akteneinsicht haben deshalb nur diejenigen, die im Verwaltungsverfahren eine Beteiligtenstellung haben.[206] Der Einsichtsanspruch besteht erst ab Beginn des Verwaltungsverfahrens und endet mit dessen Abschluss.[207] Der Anspruch auf Akteneinsicht ist doppelt eingeschränkt. Auch bei der Begründungspflicht der Behörde in § 39 VwVfG liegt keine offene Kommunikationsmöglichkeit vor. Die Verwaltung hat demnach die wesentlichen tatsächlichen und rechtlichen Gründe mitzuteilen, die sie zu ihrer Entscheidung bewogen haben. Diese Kommunikationssituation zwischen Verwaltung und Bürger ist an Voraussetzungen geknüpft: Sie entsteht nur am Ende eines Verwaltungsverfahrens, welches auf den Erlass eines Verwaltungsaktes gerichtet ist. Die Behörde muss ihr nur gegenüber dem Adressaten des Verwaltungsaktes nachkommen.

---

202 Vgl. *Schneider*, in: Hoffman-Riem/Schmidt-Aßmann/Voßkuhle, GVwR II, § 28, Rn. 43 m.w.N.

203 Vgl. *Gusy*, in: Hoffman-Riem/Schmidt-Aßmann/Voßkuhle, GVwR II, § 23, Rn. 49 ff.

204 Vgl. *Pünder*, NuR 2005, S. 71 (76).

205 Vgl. *Kallerhoff/Mayen*, in: Stelkens/Bonk/Sachs, VwVfG, § 29, Rn. 1.

206 Vgl. *Gusy*, in: Hoffman-Riem/Schmidt-Aßmann/Voßkuhle, GVwR II, § 23, Rn. 44; *Kallerhoff/Mayen*, in: Stelkens/Bonk/Sachs, VwVfG, § 29, Rn. 37.

207 Vgl. *Gusy*, in: Hoffman-Riem/Schmidt-Aßmann/Voßkuhle, GVwR II, § 23, Rn. 45; *Kallerhoff/Mayen*, in: Stelkens/Bonk/Sachs, VwVfG, § 29, Rn. 38.

Es bleibt somit festzuhalten, dass die formalen Verfahren im VwVfG typischerweise durch Verfahrensbezug und Beteiligtenstellung eingeschränkt werden. Die gesetzlich vorgegebenen Schnittstellen sind daher nur begrenzt dafür geeignet, jedermann ohne Einschränkungen in Entscheidungsprozesse einzubeziehen.

2. Informelle Verfahren für Open Government

Des Weiteren ist auf die informelle Verfahrenskommunikation hinzuweisen, die außerhalb des Verwaltungsverfahrensrechts erfolgt.[208] Für diese Kommunikationsbeziehungen ist unter anderem auf den fragmentarischen Charakter des Verwaltungsverfahrensrechtes hinzuweisen. Eine Kodifikation des Verwaltungsverfahrensrechts ist in den VwVfG weder enthalten noch angestrebt. Dieser Umstand muss jedoch gerade unter dem Blickwinkel des Open Government nicht unbedingt negativ bewertet werden.[209] Der Grund dafür ist, dass die genannten formalisierten Rechte nur einen Mindeststandard der Verfahrenskommunikation normieren. Das VwVfG will gerade bestimmte subjektive Rechtspositionen zugunsten der Betroffenen sichern. Daraus ergibt sich, dass die Kommunikationsprozesse von vornherein im Verwaltungshandeln selbst angelegt sind. Sie müssen nicht gesondert begründet, aber nur noch ausgestaltet und gegebenenfalls aus Gründen des Schutzes der Rechtspositionen der Beteiligten begrenzt werden.[210] Die Regelungen erscheinen deshalb vielgestaltig und zersplittert, weil die ganz unterschiedlichen Besonderheiten der Rechtsstellung Beteiligter und Betroffener dabei berücksichtigt werden.[211] Sonstige Kommunikationsbeziehungen sind deshalb möglich, weil das VwVfG keinen Ausschluss weitere Kommunikationsbeziehungen zwischen Staat und Bürger vorsieht.[212]

Ob und inwieweit die Verwaltung im Rahmen informeller Verfahren über einen normierten Mindeststandard hinaus geht, steht grundsätzlich im ihren Verfahrensermessen. Es ist beispielsweise Teil des Verfahrensermessens der zuständigen Behörde, aktiv weitere Akteure hinzuziehen bzw. passiv auf Anregungen aus der Bürgerschaft zu reagieren oder eine großzügige Auslegung

208 Vgl. *Gusy*, in: Hoffman-Riem/Schmidt-Aßmann/Voßkuhle, GVwR II, § 23, Rn. 65.
209 Vgl. *Schulz/Janda/Tischer*, Offene Schnittstellen in der Kommunikation, S. 13.
210 Vgl. *Gusy*, in: Hoffman-Riem/Schmidt-Aßmann/Voßkuhle, GVwR II, § 23, Rn. 30; *Schulz/Janda/Tischer*, Offene Schnittstellen in der Kommunikation, S. 14.
211 Vgl. *Gusy*, in: Hoffman-Riem/Schmidt-Aßmann/Voßkuhle, GVwR II, § 23, Rn. 30.
212 Vgl. *Schulz/Janda/Tischer*, Offene Schnittstellen in der Kommunikation, S. 19.

beispielsweise der Betroffenheit zu wählen bzw. weitere Personenkreise einzubeziehen.[213] So ist die Einbeziehung weiterer Personenkreise in die Verfahrenskommunikation unproblematisch. Eine umfassende Kommunikation ist bereits de lege lata zulässig. Gesetzliche Veränderungen würden vielmehr das Verfahrensermessen unnötig eingrenzen.[214] Informelle Verfahren können mithin als ein unmittelbarer Anknüpfungspunkt für die Partizipation und Kollaboration i.S.v. Open Government genommen werden.

3. Anforderungen und Grenze

Informelle Verfahren bieten zahlreiche Kommunikationsmöglichkeiten, die dazu dienen, bürgerschaftliches Engagement zu ermöglichen und zu aktivieren[215] sowie Netzwerken aufzubauen.[216] Hinsichtlich der staatlichen Informationsgewinnung sind drei Grundformen zu unterscheiden:[217] Informationsgewinnung durch freiwillige Angaben, im Wege tauschförmiger Beziehungen und durch zwangsweise Eingriffshandlungen. Für Open Government kann unter anderem die erste Form staatlicher Informationsgewinnung für relevant erachtet werden, weil die auf Partizipation und Kollaboration basierende Kommunikationsform zwischen Staat und Bürger auf die Freiwilligkeit des Bürgers setzt. Die ihr zukommenden Funktionen korrespondieren mit den Chancen des Open Government-Konzepts. Eine Behörde kann sich einen Überblick über die Probleme in ihrem Zuständigkeitsbereich verschaffen. Sie kann allgemeine Missstände oder sonstige Defizite frühzeitig erkennen und gegebenenfalls entschärfen.

Entscheidend für das Gelingen dieser Form staatlicher ist die Mobilisierung der Bürger, freiwillig den Aufwand zu übernehmen, Informationen an staatliche Stellen zu übermitteln. Dabei wird typischerweise empfohlen, dass die zuständigen Behörde die Zugangsbarriere absenken und die Eigeninteresse der Bürger mobilisieren. Zwar sind diese Strategien weitgehend auch für Open Government bemerkenswert. Sie müssen jedoch für die hier thematisierten Informationsmaßnahmen modifiziert werden. Denn sie befinden sich in einer anderen Konstellation als freiwillige Mitteilungen: Informationen werden

---

213 Vgl. *Schulz/Janda/Tischer*, Offene Schnittstellen in der Kommunikation, S. 21 f.
214 *Schulz/Janda/Tischer*, Offene Schnittstellen in der Kommunikation, S. 14.
215 Vgl. *Baer*, Der Handlungsbedarf, S. 166 (175 ff.).
216 Vgl. *Hill*, BayVBl 2002, 321 (321).
217 Vgl. zum Folgenden *Gusy*, in: Hoffman-Riem/Schmidt-Aßmann/Voßkuhle, GVwR II, § 23, Rn. 75.

nicht direkt an staatliche Stellen, sondern an das gesellschaftliche Umfeld übermittelt. Staatliche Stellen können vom gesellschaftlichen Wissensreservoir profitieren, indem sie die freiwillig veröffentlichten Inhalte beobachten. Ihr Schwerpunkt liegt deshalb darin, die Meinungsvielfalt in sozialen Medien zu fördern.

Tatsächlich nutzt eine Milliarde Menschen soziale Medien bereits tagtäglich wegen ihrer Gebrauchs- und Zugangsoffenheit.[218] Doch das bedeutet nicht automatisch, dass eine Vielfalt verschiedenartiger Interessen und Ansichten darin existiert, mit- und nebeneinander lebt und konkurriert. Die Meinungs- und Interessenvielfalt in der Gesellschaft ist erst dann zu erzielen, wenn der Staat gegenüber verschiedenen Strömungen offen ist. Die einseitige Parteinahme des Staates zugunsten bzw. zulasten einzelner Interessen im Kommunikationsprozess führte dazu, dass beispielsweise politisch unerwünschte, doch nicht verbotene Anschauungen von vornherein auf ihren berechtigten Zugang zum Meinungsmarkt verzichten.[219] Die neutralitätskonforme Ausgestaltung staatlicher Informationsgewinnung kann vielfaltfördernd wirken und so jedenfalls die Zugangshürden herabsetzen.[220] Neben dem Gedanken des Pluralismus ist auf die Theorie von den Einschüchterungseffekten zu verweisen. Der Einzelne mag demnach bei Existenz staatlicher Beobachtung von eigenen Auffassungen Abstand nehmen, wenn sie nach seinen Vorstellungen den staatlichen Erwartungen widersprechen. Eine weitere Mobilisierungsmöglichkeit liegt deshalb in der Milderung einschüchternder Effekte. Soweit es hier um personenbezogene Daten geht, werden die Maßstäbe des Grundrechts auf informationelle Selbstbestimmung in den Mittelpunkt gestellt.[221] Die Unbefangenheit der meinungsbildenden Kommunikation kann gefördert werden, wenn der Staat etwa mit transparenzfördernden Regelungen, aber auch mit Regelungen, die dem Betroffenen eine Einflussnahme auf den Informationsprozess ermöglichen, den Einschüchterungseffekten entgegenwirkt.[222]

---

218 Vgl. *Krämer/Eimler/Neubaum*, Selbstpräsentation und Beziehungsmanagement in sozialen Medien, S. 41 (42).
219 Vgl. *Dişçi*, Der Grundsatz politischer Neutralität, S. 254.
220 Vgl. *Gusy*, in: Hoffman-Riem/Schmidt-Aßmann/Voßkuhle, GVwR II, § 23, Rn. 70.
221 Vgl. *Gusy*, in: Hoffman-Riem/Schmidt-Aßmann/Voßkuhle, GVwR II, § 23, Rn. 67.
222 Vgl. *Wolf*, Big Data und Innere Sicherheit, S. 276.

F. Zusammenfassung

Open Government ist ein Reformansatz, der darauf zielt, die Schnittstellen des Regierens und Verwaltens neu zu definieren: Die Verwaltung soll sich öffnen für Impulse von außen und bei der Erfüllung öffentlicher Aufgaben stärker auf Expertise aus Gesellschaft zurückgreifen. Die Entwicklung des Open Government gründet sich wesentlich auf einer Neubestimmung des Staat-Bürger-Verhältnisses. Dafür verantwortlich ist vornehmlich die wachsende Bedeutung der Informationstechnologien. Die massenhafte Verbreitung von Social-Media-Anwendungen führte zu einem Paradigmenwechsel in der Art und Weise, wie Menschen kommunizieren. Die Transparenz in Politik und Verwaltung wird damit i.S. einer transparenten Nachvollziehbarkeit neu definiert. Diese Neudefinition der Transparenz öffnet gleichzeitig einen innovativen Weg, um einen partnerschaftlichen Umgang zwischen Staat und Bürger zu gewährleisten. Digitale Transformation in allen Lebensbereichen ist aber auch ein Werkzeug eines offenen Staates. Staatliche Stellen versuchen, von den partizipativen und kollaborativen Potenzialen des Web 2.0 zu profitieren, etwa indem sie mittels Big-Data-Technologien das Social Web beobachten und auswerten, um die Bedürfnisse des Bürgers zu erfassen und diese im Rahmen der Politikgestaltung zu nutzen.

Diese Form staatlicher Informationsgewinnung beruht auf drei Eckpfeilern: Transparenz, Partizipation und Kollaboration. Die proaktive Bereitstellung von Datenbeständen der Verwaltung bildet eine informatorische Grundlage der Partizipation und Kollaboration. Darauf aufbauend artikulieren die Bürger mittels sozialer Medien ihre Interessen zu einem bestimmten Thema im virtuellen Raum. Die Bürger werden in die Entscheidungsfindung und -durchführung der Verwaltung eingebunden, indem der Staat auf ihr Wissen zurückgreift.

Neben diesen drei Grundelementen muss die Neutralität staatlichen Handelns in allen Phasen von Open Government sichergestellt werden. Die elementaren Eckpfeiler setzen in ihrer Funktionsweise auf eine Vielfalt an Meinungen und Interessen in der Gesellschaft. Die darauf basierende Teilhabe staatlicher Stellen an Kommunikation kann aber gleichzeitig die bestehende öffentliche Kommunikation verzerren. Gesellschaftliche Meinungen könnten – wie sich bei autoritären und totalitären Systemen gezeigt hat – gleichgeschaltet werden, wenn staatliche Stellen ein bestimmtes Konzept bevorzugen oder benachteiligen. Um diesen Gefährdungen zu vermeiden, bereitet Open Government bereits in seiner Konzeption einen Leitfaden für die Entwicklung eines vierten Prinzips vor: Die Offenheit i.S.v. der Lernfähigkeit. Der Staat soll demnach gesellschaftliche Diskurse aktivieren und sich in die Kunst der Problembewältigung einüben, um mit Wissen und Expertise von außen gesellschaftliche Probleme auszulösen. Diese Konzeption setzt die Existenz der Meinungsvielfalt in der Gesellschaft voraus und rekurriert damit auf den Gedanken des Pluralismus. Die Gesellschaft wird pluralistisch, wenn sich die voneinander abweichenden Ansichten nebeneinander entfalten können. Daraus entsteht das Neutralitätsgebot für die staatlichen Stellen. Staatliches Handeln soll demnach die Grundrechtsausübung der Bürger unbeeinflusst lassen. Der Staat ist gehalten, eine neutrale Haltung gegenüber unterschiedlichen Meinungen und Interessen einzunehmen. Der Kommunikationsprozess i.S.v. Open Government soll somit derart ausgestaltet werden, dass den Bürgern die gleiche Chancen zur Verfügung stehen, auf Grundlage ausreichender Informationen den Einfluss auf die gesellschaftliche Willensbildung auszuüben und damit ihre Interessen und Ansichten in den Entscheidungsprozess der Verwaltung einzubringen.

Unter den demokratietheoretischen Modellen besteht weitgehend Einigkeit hinsichtlich der Transparenz und Beteiligung. Selbst wenn ihnen jeweils ein unterschiedliches Gewicht zugemessen wird, lässt sich daraus zumindest die demokratietheoretische Idealvorstellung für ein öffentliches Kommunikationssystem entnehmen.[223] Die Öffentlichkeit muss demnach grundsätzlich für Meinungen, Interessen und Wünsche aller Mitglieder der Gesellschaft offenstehen. Zudem sollen alle Themen und Beiträge den Weg in die Öffentlichkeit finden können. Ein Auswahlprozess, in dem ein Thema in der Gesellschaft unter aktuellen Umständen hervorgehoben wird, unterliegt ebenfalls der öffentlichen Debatte. Individuelle Meinungen hinsichtlich eines bestimmten Themas sollen sich unabhängig von der politische oder ökonomische Macht zu einer öffentlich vorherrschenden Meinung wandeln können. Diese Maßstäbe können bei der Konkretisierung des Kommunikationsprozesses i.S.v. Open Government als Wegweiser dienen.

Das Grundgesetz enthält ebenfalls eine Reihe von Vorschriften, die die Kommunikationsbeziehungen zwischen Staat und Bürger nahelegen. Grundrechte können im Staat-Bürger-Verhältnis die Kommunikation nicht nur begründen, sondern auch begrenzen. Der Staat muss den Einzelnen nicht nur vor unerwünschten Kommunikation schützen, sondern auch in die Lage versetzen, erwünschte Kommunikation zu führen. Darüber hinaus können die Grundrechte in ihrer Deutung als Schutzpflichten betrachtet werden. Solche Pflichten kann die öffentliche Hand durch Information und Kommunikation erfüllen.

223 Vgl. *Hindelang*, Freiheit und Kommunikation, S. 150.

Demokratische Legitimation ist ein kontinuierlicher Prozess. Die Willensbildung des Volkes und die innerhalb des Staates wirken dabei wechselseitig. Dieser kommunikativ etablierte Prozess setzt einen informationellen Kreislauf voraus. Legitimation erfordert Wissen um politische Abläufe und Inhalte. Responsivität der Politik ist auf ausreichende Kenntnis von Erwartungen und Wertungen der Bürger angewiesen. Daraus können Informationspflichten und zugleich -ansprüche der Staatsorgane entstehen. Rechtsstaatliche Grundsätze sind in der Lage, den informierenden Staat zu begründen. Der Einzelne kann von seinen Freiheitsrechten Gebrauch machen, wenn er die Rechtslage erkennen und sein Verhalten danach einrichten kann. Die Voraussetzung für die Freiheitsausübung beruht auf der Kenntnis der Rechte einschließlich der Umstände, auf die sich die Staatsorgane stützen. Die Sicherung der rechtsstaatlichen Bindung der drei Staatsgewalten kann durch eine informierte Öffentlichkeit erfolgen. Um der Rechtsweggarantie effektive Geltung zu verschaffen, sind ebenfalls ausreichende Informationen erforderlich.

2. Kapitel: Grundrechtliche Neutralität von Open Government

A. Staatliche Wahrnehmung öffentlicher Kommunikation

Social-Media-Monitoring ermöglicht, Kommunikationsinhalte im Social Web zu beobachten und auszuwerten. Dabei werden öffentlich zugängliche Daten in sozialen Medien automatisiert erhoben und ausgewertet, um herauszufinden, wo über welche Themen wie gesprochen wird. Ziel der folgenden Analyse ist, die Eingriffsqualität solcher Informationsmaßnahme zu überprüfen. Zunächst ist die Kommunikation in sozialen Medien in den Blick zu nehmen, die durch die hier thematisierte Informationsmaßnahme wahrgenommen wird. Die Tatsache, dass Web 2.0-Technologien den Nutzern neuartige Möglichkeiten für Kommunikation bieten, ist heutzutage offenkundig. Deren Realisierung erfolgt im Meinungs- und Informationsaustausch in den sozialen Medien, der dem Schutz des Art. 5 Abs. 1 S. 1 GG unterfällt. Eine ungewollte Einflussnahme durch Social-Media-Monitoring erscheint hier kaum denkbar. Dabei drohen vielmehr die Voraussetzungen individueller Selbstbestimmung und damit die freie Entfaltung der Persönlichkeit zu leiden. Mit Social-Media-Monitoring gehen vielfach die Persönlichkeitsgefährdungen einher, die im Vorfeld konkreter Rechtsgutsverletzungen die Willensautonomie bedrohen. Die Untersuchung kann dann zum Ziel gelangen, wenn festgelegt wird, welche Bedeutung der Kommunikation in sozialen Medien zugemessen wird. Im Anschluss daran befasst sich die Untersuchung mit der Problematik, was unter öffentlich zugänglichen Daten zu verstehen ist. Die Eingrenzung des Untersuchungsgegenstandes auf solche Daten ist in zweierlei Hinsicht zu begründen: Social-Media-Monitoring greift einerseits vorrangig auf die im Social Web geteilten Inhalte zu. Dabei spielen andererseits die Aussagen der Rechtsprechung eine wichtige Rolle, die den fehlenden Schutz öffentlich zugänglicher Daten feststellte. Dieser Standpunkt des BVerfG hinsichtlich der manuellen Erfassung dieser Daten soll wegen der Merkmale von Big Data-Anwendungen einer Revision unterzogen werden. Dafür kommt es darauf an, mit welchen Argumenten die fehlende Eingriffsqualität solcher staatlicher Informationsmaßnahme begründet wird.

1. Selbstdarstellung in sozialen Medien

Die Web 2.0-Technologien versetzen Menschen in die Lage, eigene persönliche Inhalte einfach zu erstellen und diese öffentlich zugänglich zu machen. Web 2.0-Angeboten, insbesondere soziale Medien, verändern soziale Kommunikationsformen und Verhaltensweisen. Diese Auswirkungen entstehen vor allem aufgrund dessen, dass breitflächige Anwendungen der sozialen Medien von einer sehr großen Zahl von Individuen gemeinsam genutzt werden. Damit kann man die folgenden Fragen stellen, warum Menschen auf soziale Medien persönliche Angabe von sich preisgeben und welche Bedeutung der Selbstdarstellung in sozialen Medien zugemessen werden kann.

(1) Phänomene der Selbstdarstellung

Die Selbstdarstellung in sozialen Medien wird durch die verschiedenen Dienste um weitere Facetten ergänzt. Man kann zunächst auf eine virtuelle Bühne, das heißt, auf eine Profilseite in sozialen Medien eingehen. Das Social-Media-Profil enthält wertvolle und detaillierte Informationen über Profil-Inhaber, die Nutzer selbst und bewusst über sich selbst offenbart haben. Durch statistische, wie auch dynamische Aspekte der Profilelemente erfolgt die Selbstdarstellung.[224] Beispielsweise sind persönliche Angaben wie Beziehungsstatus bzw. Arbeitsort zu erwähnen, die ebenfalls einen Bezug zur tatsächlichen Identität herstellen können. Dazu kommen noch weitere Informationen, die ein Nutzer während der Kommunikation mit anderen vermittelt.[225] Einerseits stellt er die Informationen über sich selbst bewusst durch das Posten von Inhalten wie etwa Berichten aus dem Privatleben, eigenen Fotos und Videos bereit. Andererseits werden die Informationen, die die Rückschlüsse auf Personenmerkmale zulassen, unbewusst etwa durch die Verwendung von Fachbegriffen, Dialekte, Rechtschreibfehler preisgegeben. Die Informationen können ebenfalls durch IT-Systeme erzeugt werden, wie die Anzahl der Beiträge und der Kontakte, Anmeldedaten oder Aufenthaltsorte.[226]

Daneben sind Aussagen zu einer Person durch Dritte von besonderer Bedeutung. Die Selbstdarstellung bei sozialen Medien endet keinesfalls bei der

---

224 Vgl. *Krämer/Eimler/Neubaum*, Selbstpräsentation und Beziehungsmanagement in sozialen Medien, S. 41 (44).

225 Vgl. *Döring*, Sozialkontakte online, S. 159 (164 f.).

226 Vgl. *Boyd/Ellison*, JCMC 2007, S. 210 (211 ff.); *Niemann/Schenk*, Privatsphäre und Selbstoffenbarung auf Sozialen Netzwerkplattformen, S. 15 (27 f.); *Jones/Soltren*, Facebook, S. 5 f.

Erstellung der eigenen Profilseite. Besondere Bedeutungen kommen vielmehr der teilweise sichtbaren Kommunikation mit anderen und der Weitergabe bzw. dem Filtern von persönlichen Informationen zu, obwohl sie nicht direkt von der intendierten Selbstpräsentation umfasst sind. Wirkungsvoll sind nur die Darstellungsweisen, bei denen der von dem einen Kommunizierenden veröffentlichte Beitrag das Augenmerk und die Reaktion des anderen gewinnt. Spezifisch für die Bilder in sozialen Medien ist festzustellen, „dass die Anschlusskommunikation zu Bildern auf Social Network Service kontextabhängig oft als ‚Aufmerksamkeitswährung' zu begreifen [ist], mit deren Hilfe Hierarchiebildungen und Statuszuweisungen innerhalb sozialer Gefüge vorgenommen werden."[227] Insgesamt führt ein kurzer Blick in unterschiedliche Ausdrucksformen zum Schluss, dass die Selbstdarstellung bei sozialen Medien einer technischen und vornehmlich sozialen Sichtweise unterworfen werden soll.

Die Preisgabe persönlicher Daten in sozialen Medien erfolgt aus technischen und sozialen Gründen. Für die Präsenz im digitalen Umfeld ist es zunächst erforderlich, ein eigenes Profil zu erstellen.[228] Bei meisten sozialen Medien bildet ein Ausfüllen eines Persönlichkeitsprofils durch einen Nutzer eine Voraussetzung dafür, für sein Netzwerk sichtbar zu werden und mit diesem in Kontakt zu treten.[229] Neben dieser rein technisch geforderten Bedingung können die Motive zur Selbstdarstellung in sozialen Medien von sozialen Bedürfnissen bestimmt werden, die den interpersonalen Kontakt beeinflussen. Beim Bedürfnis nach Zugehörigkeit gewinnen Kontakt und Beziehungspflege mit anderen besondere Bedeutung.[230] Ein weiteres Bedürfnis, das einen engen Bezug zur vorliegenden Untersuchung hat, ist das nach Individualität und ihrer Geltung. Das bezieht sich hinsichtlich sozialer Belohnungen wie zum Beispiel „Gefällt mir"-Angaben wiederum auf soziale Inklusion. Dies bringt insbesondere ein Motiv mit sich, ein „Impression Management" zu betreiben,[231] um einen möglichst positiven Eindruck, den sich andere über Individuen bilden, zu hinterlassen.[232]

---

227 Vgl. *Autenrieth*, Die Bilderwelten der Social Network Sites, S. 298.

228 Vgl. *Kneidinger-Müller*, Identitätsbildung in sozialen Medien, S. 61 (70).

229 Vgl. *Schmidt*, Social Media, S. 30 f.

230 Vgl. *Ellison/Steinfield/Lampe*, JCMC 2007, S. 1143 (1161 f.); *Sheldon*, J. Media Psychol. 2008, S. 67 (73); *Steinfield/Ellison/Lampe*, J. Appl. Dev. Psychol. 2008, S. 434 (443 f.); *Burke/Marlow/Lento*, Social Network Activity, S. 1909 (1909); *Lampe/Ellison/Steinfield*, A Face(book) in the Crowd, S. 167 (169).

231 Vgl. *Haferkamp*, Sozialpsychologische Aspekte im Web 2.0, S. 55 f.; *Niemann/Schenk*, Privatsphäre und Selbstoffenbarung auf Sozialen Netzwerkplattformen, S. 15 (35).

232 Vgl. *Krämer/Winter*, J. Media Psychol. 2008, S. 106 (107 f.).

Die sozialen Belohnungen, die wegen des positiven Eindrucks gegeben sind, verstärken das Ausmaß der anschließenden Preisgabe von Informationen.[233] Die Offenbarung wird wiederum als eine Voraussetzung oder als ein Instrument angesehen, um Beziehungen zu bilden und aufrechtzuerhalten.[234] Alles in allem ist festzuhalten, dass der sowohl aktive als auch passive Gebrauch sozialer Medien stark durch soziale Motive beeinflusst wird, wobei die Mitteilung der Informationen über sich selbst als Instrument für die Bildung interpersonaler Beziehungen anzusehen ist.

(2) Impression Management Theory

Der Umgang mit sozialen Medien ist häufig durch die soziologischen Ansätze zu erklären, die überwiegend auf die „Impression Management Theory" des amerikanischen Soziologen Erving Goffman zurückgehen.[235] Er beschäftigte sich in seinem höchst einflussreichen Werk „Wir alle spielen Theater"[236] mit dem sozialen Interaktionsprozess und konstatierte ausführlich, dass Menschen in diesem Prozess ein Bild beeinflussen und kontrollieren wollen, das ihr Gegenüber von ihrer Person gewinnt. Ein fundamentales Element der sozialen Interaktion macht dabei vornehmlich die Idee der Selbstdarstellung aus, die in folgenden Abschnitten genau beleuchtet werden wird, um das Phänomen der Selbstdarstellung in sozialen Medien zu erfassen.

Goffman beschreibt soziale Interaktionen im Alltag mit einer Bühnenmetapher. Ein Individuum präsentiere wie ein Schauspieler auf der Bühne je nach Situation, Bezugsperson und Rolle verschiedene Identitätsfacetten von sich selbst.[237] Besonders auffällig bei Goffmans Konzept der Bühne ist seine Unterscheidung zwischen Vorderbühne und Hinterbühne.[238] Während man auf der

---

233 Vgl. *Kim/Lee*, Cyberpsychol. Behav. Soc. Netw. 2011, S. 359 (362); *Trepte/Reinecke*, Comput. Hum. Behav. 2013, S. 1102 (1109).

234 Vgl. *Cozby*, Psychol. Bull. 1973, S. 73 (74, 80 ff.); *Greene/Derlega/Mathews*, Self-Disclosure in Personal Relationships, S. 409 (416).

235 Vgl. *Krämer/Winter*, J. Media Psychol. 2008, S. 106 (106 ff.); *Lewis/Kaufman/Christakis*, JCMC 2008, S. 79 (82 f.); *Hogan*, BSTS 2010, S. 377 (379); *Farquhar*, Convergence 2012, S. 446 (447, 459); *Krämer/Haferkamp*, Online Self-Presentation, S. 127 (128 ff.).

236 *Goffman*, The presentation of self in everyday life, 1959 (Wir alle spielen Theater, 1969).

237 Vgl. *Goffman*, Wir alle spielen Theater, S. 23.

238 Vgl. *Goffman*, Wir alle spielen Theater, S. 66, 69: „Wenn wir eine bestimmte Darstellung als Bezugspunkt wählen, wird es sich manchmal empfehlen, für die Region, in der die Vorstellung stattfindet, den Ausdruck ‚Vorderbühne' zu

Vorderbühne die eigentliche Darstellung vollzieht, hat man auf der Hinterbühne die Möglichkeit, aus seiner Rolle zu fallen, sich auszuruhen und alles auf seine Richtigkeit zu prüfen.[239] Der Zutritt zu diesem Bereich werde dem Publikum stets verwehrt und stehe grundsätzlich unter Kontrolle.[240] Zu beachten ist, dass diese Unterscheidung nicht auf Räume abstellt, sondern auf „relationale Einbindungen, mit denen eine Form der sozialen Nähe metaphorisiert wird."[241] Eine Hinterbühne spielt je nach ihrer Bestimmung noch eine Rolle, die anhand des vorab dargestellten Kriteriums der öffentlichen Zugänglichkeit erfolgen soll. Übertragen auf den hier zu untersuchenden Gegenstand können Social-Media-Plattformen als Vorderbühne betrachtet werden, soweit der Adressatenkreis der Kommunikationsinhalte über die Privatsphäre-Einstellungen nicht individuell bestimmt bzw. weiter abgegrenzt ist.

Eine weitere Besonderheit bei Goffmans Bühnenmetapher ist, dass das Individuum auf der Vorderbühne Schauspieler und zugleich Schauspielfigur ist.[242] Es füllt einerseits als Schauspieler eine gewisse Rolle aus und handelt in dieser.[243] Die „Rolle, die ein Einzelner spielt, ist auf die Rollen abgestimmt, die die anderen spielen."[244] Diese Konzeption der Rolle ist mit Nutzungsmotiven sozialer Medien verbunden, die sich – wie bereits oben dargestellt – an sozialem Feedback orientieren. Nutzer erhalten ebenso in sozialen Medien bestimmte Rollen und passen ihre Selbstdarstellung an, wie im Alltag. Ein Individuum wird andererseits als Schauspielfigur von den Menschen im Publikum beobachtet. Das weitere Verhalten in seiner Rolle kann durch deren Reaktionen wie etwa Applaus maßgeblich beeinflusst werden. Das Individuum bemüht sich stets darum, „die offiziell anerkannten Werte der Gesellschaft zu verkörpern und zu belegen, und zwar in stärkerem Maße als in seinem sonstigen Verhalten."[245] Die Selbstdarstellung geschieht daher strategisch, indem man bestimmte Merkmale der eigenen Person besonders auffällig präsentiert und andere verbirgt,[246]

---

verwenden. […] [E]s sollte ebenso klar sein, daß es eine andere Region – eine ‚hintere Region' oder ‚Hinterbühne' geben kann, wo das, was man unterdrückt hat, in Erscheinung tritt." (Hervorhebung. im Original).

239 Vgl. *Goffman*, Wir alle spielen Theater, S. 69: Die Hinterbühne „hat natürlich viele charakteristische Funktionen."

240 Vgl. *Goffman*, Wir alle spielen Theater, S. 70.

241 *Dellwing*, Zur Aktualität von Erving Goffman, S. 106.

242 Vgl. *Kneidinger-Müller*, Identitätsbildung in sozialen Medien, S. 61 (65).

243 Vgl. *Goffman*, Wir alle spielen Theater, S. 17.

244 *Goffman*, Wir alle spielen Theater, S. 6.

245 *Goffman*, Wir alle spielen Theater, S. 27.

246 Vgl. *Goffman*, Wir alle spielen Theater, S. 36, 122 ff.

um einen möglichst positiven Eindruck zu erzeugen. So definiert Goffman die Darstellung als „Gesamttätigkeit eines bestimmten Teilnehmers an einer bestimmten Situation […], die dazu dient, die anderen Teilnehmer in irgendeiner Weise zu beeinflussen."[247] Genau diese Eindrucksmanipulation vollzieht sich in sozialen Medien, und dadurch wird dasselbe Bild konstruiert, welches Menschen in der sozialen Situation voneinander haben. Die Selbstdarstellung in sozialen Medien geschieht allerdings in einer überlegteren Weise als in Face-to-Face-Situationen.[248] Dabei wird vorsorglich selektiv entschieden, welche Aspekte der Person als Darstellung in Rolle auf die Vorderbühne gebracht werden sollen. Die Rolle, die ein Nutzer auch in sozialen Medien spielt, wird mit dem Selbst, also mit dem, was die Person ist, gleichgesetzt[249] und bildet einen Teil der Persönlichkeit, welchen Menschen anstreben.[250]

Was sich durch Goffmans Verständnis nicht erfassen lässt, ist eine Form der Interaktion in sozialen Medien. Die Kommunikationssituation bei sozialen Medien ist eher durch den medienvermittelten Austausch mit anderen geprägt als durch den wechselseitigen Einfluss von physisch anwesenden Individuen.[251] Nutzer präsentieren sich mit Daten von sich in sozialen Medien; andere sehen diese und reagieren darauf. Bernie Hogan unterteilt diese medienvermittelte Interaktionsform in die zwei folgenden Kategorien: „Exhibitions" in sozialen Medien auf der einen Seite und „Performances", wie sie von Goffman beschrieben wurde, auf der anderen Seite. Letztere seien der dauerhaften und unmittelbaren Observation von anderen sowie der Selbstregulierung ausgesetzt, während Erstere selektiv preisgegeben werden und durch die Rolle Dritter beeinflusst seien.[252] „Exhibitions" hätten ihre eigenen Logiken, die keine unmittelbaren Analogien zu Offline-Interaktionen hätten.[253] Die in sozialen Medien erzeugten Beiträge ermöglichen es, vergangene Informationen und Darstellungen von der betroffenen Person einzusehen, ohne mit ihnen unmittelbar zu interagieren.[254] Sie machen es zudem möglich, Darstellungen von der betroffenen Person jederzeit vorzufinden, wann andere sie einsehen wollen.

247 *Goffman*, Wir alle spielen Theater, S. 14.
248 Vgl. *Walther*, Comput. Hum. Behav. 2007, S. 2538 (2539).
249 Vgl. *Goffman*, Wir alle spielen Theater, S. 147.
250 Vgl. *Goffman*, Wir alle spielen Theater, S. 17.
251 Vgl. *Schmidt*, Social Media, S. 36, 54.
252 Vgl. *Hogan*, BSTS 2010, S. 377 (381 f.).
253 Vgl. *Hogan*, BSTS 2010, S. 377 (384), wonach bspw. der kleinsten gemeinsamen Kultur-Nenner und bequeme und persistente Freundschaft zu nennen sind.
254 Vgl. *Hogan*, BSTS 2010, S. 377 (384); zu Besonderheiten digitaler Medien *Schmidt*, Social Media, S. 36 f.

Neben der neuen Interaktionsform können weiterhin neue Kommunikationsräume erwähnt werden. Dabei ist zuerst die unmittelbare Präsenz der Interaktionspartner nicht mehr notwendig.[255] Die soziale Umgebung reagiert auf die Exhibition, indem sie Beiträge kommentieren, teilen oder einfach auf den „Gefällt mir"-Button klicken. Diese Reaktionen betreffen sehr direkte Formen des sozialen Feedbacks, die grundsätzlich Teil der Darstellung werden. „Die soziale Komponente der Identitätskonstruktion wird somit nicht mehr durch direkt anwesende Personen repräsentiert, sondern auch durch virtuell präsente Personen."[256] Die technischen Möglichkeiten führen außerdem dazu, dass eine Reaktion sowie Interaktion mit dem Darsteller und seinen Beiträgen von einer großen Menge anderer Nutzer ebenfalls gesehen werden.

Zusammenfassend ist festzuhalten, dass Goffmans Konzept eine interaktionistische Perspektive bietet, mittels derer das von sozialen Medien ausgelöste Phänomen der Selbstdarstellung theoretisch verortet werden kann. Die Besonderheiten bei sozialen Medien liegen maßgeblich in der unmittelbaren Interaktion, die durch technische Möglichkeiten bedingt ist.

(3) Konstruktion und Kuratierung der (virtuellen) Identität

Die unterschiedlichen Aspekte der Selbstdarstellung in sozialen Medien konnten bisher anhand des Goffman'schen Konzepts beleuchtet werden. Die Besonderheiten bei sozialen Medien sind die veränderten Formen und Möglichkeiten der Selbstdarstellung, die auf die Web 2.0-Technologien zurückführen. Deshalb kann man eine Frage stellen, welche Auswirkungen die Besonderheiten der sozialen Medien auf die Konstruktion der (virtuellen) Identität haben.

Die „virtuelle Identität" ist ein Unterbegriff der Identität, die allgemein als ein Ausdruck jener Merkmale von einer Person verstanden werden kann, die ihre Individualität und ihre Zugehörigkeit zu sozialen Gruppen betreffen.[257] Dies trifft auch für die virtuelle Identität zu, die von Döring als „die Form, wie sich Menschen im Rahmen computervermittelter Kommunikation selbst präsentieren",[258] bezeichnet wird. Diese könne sehr nah an die Identität im Offlineleben gekoppelt, aber auch im Gegensatz dazu entkoppelt sein. Somit bleibt immer fraglich, inwiefern die Selbstdarstellung einer Person tatsächlich der Selbst- und Fremdwahrnehmung entspricht.[259] Abgesehen davon besteht

---

255 Vgl. *Kneidinger-Müller*, Identitätsbildung in sozialen Medien, S. 61 (65 ff.).

256 *Kneidinger-Müller*, Identitätsbildung in sozialen Medien, S. 61 (67).

257 Vgl. *Buckingham*, Youth, Identity, and Digital Media, S. 1 f.

258 Vgl. *Döring*, Identity + Internet = Virtual Identity?, S. 187 (187 ff.).

259 Vgl. *Kneidinger-Müller*, Identitätsbildung in sozialen Medien, S. 61 (70).

Konsens darüber, dass die virtuelle Identität nicht völlig von der Realität loszulösen ist, weil Nutzer in den sozialen Medien auch zahlreiche Kontakten pflegen, die primär aus dem Offlinekontext bekannt sind.[260]

Zur Herstellung der virtuellen Identität können die Nutzer die verschiedenen Funktionen in sozialen Medien verwenden, von denen unter anderem das Erstellen, Veröffentlichen und Teilen von persönlichen Inhalten umfasst sind. Auch in diesem Fall fände die Auseinandersetzung mit sich selbst statt, die immer an den kulturellen bzw. rollenbezogenen Erwartungen und Normen orientiert, die auf die Selbstdarstellung und somit die Identitätskonstruktion Einfluss nehmen. In diesem Zusammenhang ist die soziologische Erkenntnis anzuführen, dass menschliche Identität sich immer nur in der Interaktion mit der sozialen Umgebung bilden kann.[261] Die Identitätskonstruktion in sozialen Medien steht maßgeblich im engen Zusammenhang mit dem persönlichen Netzwerk, welches eine Interaktion mit Inhalten und eine Reaktion darauf durchführt. Nutzer können sich an die Reaktionen des sozialen Umfelds anpassen und ein Gefühl von sozialer Verbundenheit erleben. Die Identitätskonstruktion und Beziehungspflege greifen somit auf die Selbstdarstellung in sozialen Medien zurück.

(4) Fazit

Soziale Medien ändern mit ihren partizipativen und kollaborativen Merkmalen die Form der Selbstdarstellung erheblich. Die Motive beziehen sich auf individuelle und soziale Bedürfnisse, wie etwa bei der analogen Kommunikation. Die Phänomene der Selbstdarstellung in sozialen Medien können anhand Goffmans Impression-Management-Theorie gefasst werden. Es bestehen zwar Besonderheiten, die auf den technischen und medialen Rahmen zurückzuführen sind. Der Prozess der Identifikationskonstruktion lässt sich jedoch im Zusammenhang mit gesellschaftlichen Entwicklung erfassen.

2. Grundrechtsrelevanz der öffentlich zugänglichen Daten

Soweit soziale Medien gezielt eingesetzt werden, um ein Thema auf die politische Agenda zu setzen, bewegt dies auch den Staat dazu, das Social Web zu beobachten. Die staatlichen Informationsmaßnahmen in den sozialen Medien müssen aber grundrechtsneutral erfolgen. Auf dem ersten Blick erscheint diese

---

260 Vgl. *Zhao/Grasmuck/Martin*, Comput. Hum. Behav. 2008, S. 1816 (1830 ff.).

261 Vgl. *Schmidt*, Social Media, S. 32 ff.

Neutralitätsforderung bereits erfüllt, weil das BVerfG die fehlende Eingriffsqualität derjenigen Informationsmaßnahmen feststellte, die personenbezogene Daten aus öffentlich zugänglichen Quellen im Internet erheben. Dementsprechend könnte man zum Schluss kommen, dass Social-Media-Monitoring ebenfalls keine Grundrechtsrelevanz zugemessen wird. Dabei würde aber übersehen, dass diese Schlussfolgerung nur für die staatlichen Informationsmaßnahmen gilt, die die öffentlich zugänglichen Daten manuell erfassen und auswerten. Die Untersuchung soll daher überprüfen, inwiefern die Ansicht des BVerfG auch bei automatisierten Informationssystemen aufrechterhalten werden kann. Ausgangspunkt ist die Auffassung des BVerfG hinsichtlich der öffentlichen Zugänglichkeit und ihrer rechtlichen Konsequenzen.

(1) Bestimmung der öffentlichen Zugänglichkeit

Der Begriff der öffentlichen (bzw. allgemeinen) Zugänglichkeit wird rechtswissenschaftlich in unterschiedlichen Kontexten formuliert. Das BVerfG äußert sich erstens zur allgemeinen Zugänglichkeit bei seinen Entscheidungen zur Weite des Schutzbereichs der Informationsfreiheit, die gerade den Zugang zu allgemein zugänglichen Quellen gewährleistet. Eine nahezu gleiche Aussage wird in Entscheidungen zur Eingriffsqualität staatlicher Informationsmaßnahmen getroffen. Ferner findet sich der Terminus der öffentlichen Zugänglichkeit auch in zahlreichen anderen Rechtsnormen. Im Mittelpunkt dieser Untersuchung steht unter anderem dasjenige Begriffsverständnis, das das BVerfG in seiner Rechtsprechung zur Eingriffsqualität staatlicher Informationsmaßnahmen zugrunde legte.

1) Objektive Abgrenzung

Im Urteil zur Online-Durchsuchung befasste sich das BVerfG mit den staatlichen Informationsmaßnahmen, die auf öffentlich zugängliche Quellen im Internet zugreifen. Dort heißt es: Ein Grundrechtseingriff liege bei der Erhebung der Informationen nicht vor, „die sich an jedermann oder zumindest an einen nicht weiter abgegrenzten Personenkreis richten.“[262] Ohne Weiteres lässt sich daraus ablesen, dass das BVerfG für die Bestimmung öffentlicher Zugänglichkeit auf das Merkmal der Eröffnung gegenüber einem nicht individuell abgegrenzten Empfängerkreis der ausgesendeten Informationen zurückgreift. Nach dieser Auffassung ist der Begriff der öffentlichen Zugänglichkeit

262 BVerfGE 120, 274 (344 f.).

mit jenem der allgemeinen zugänglichen Quellen i.S.v. Art. 5 Abs. 1 S. 1 GG gleichzusetzen. Darunter versteht das BVerfG diejenige Informationsquelle, die „technisch geeignet und bestimmt ist, einem individuell nicht bestimmbaren Personenkreis Informationen zu verschaffen."[263] Für diese Sichtweise spricht auch, dass das BVerfG bei der Begründung die Literatur in Bezug nimmt, die die im Internet freigegebenen Informationen mit allgemein zugänglichen gleichsetzt.[264] Diese Auffassung hat zur Konsequenz, dass sich jene Bereiche miteinander überschneiden, zu denen sowohl der Einzelne als Resultat seiner grundrechtlichen Informationsfreiheit als auch der Staat im Rahmen seiner Aufgabenerfüllung Zugang hat. Dieselbe Auffassung findet sich auch in der fachgerichtlichen Rechtsprechung, wobei einfachgesetzlich normierter Begriff wie öffentlich zugänglich bzw. Öffentlichkeit thematisiert wird.[265] Die Informationen richten sich im Rahmen der Rechtspraxis an die Öffentlichkeit, wenn sie an einen nicht abgegrenzten Personenkreis gerichtet sind.

Die individuelle Abgrenzung eines für den Begriff der öffentlichen Zugänglichkeit zentralen Personenkreises erfolgt durch besondere Maßnahmen, die von dem bei den allgemein zugänglichen Quellen typischerweise wahrnehmbaren Merkmal geprägt sind. Das BVerfG führt im Urteil zur Online-Durchsuchung die allgemein zugänglichen Webseiten im WWW, eine offenstehende Mailingliste oder offene Chats als Beispiele für die öffentlich zugänglichen Quellen an.[266] Genannten Beispielen ist gemeinsam, dass für die Erlangung des Zugangs zu den dort vorhandenen Daten ein einseitiges Verhalten eines jeden Informationssuchenden genügt.[267] Mit anderen Worten: Die öffentlich zugänglichen Quellen koppeln den Zugang zu denselben an keine individuellen oder willkürlichen Bedingungen. Umgekehrt: Nicht öffentlich zugänglich sind diejenigen Quellen, zu denen nur unter individuellen oder willkürlichen Bedingungen Zugang gewährt wird. Die Informationssuchenden können dabei nur nach Freischaltung des Informationsbereitstellenden und unter dessen individuellen Bedingung Zugang erhalten.

Diese Einschätzung kann dort überzeugen, wo die Verwendung des Begriffs der allgemeinen Zugänglichkeit in anderen Normen in Betracht kommt. Ein

---

263 BVerfGE 27, 71 (83).

264 Vgl. *Zöller*, GA 147 (2000), S. 563 (569).

265 Vgl. OVG, Münster MMR 2002, S. 636 (636) (zum TKG); KG, JR 1984, S. 249 (249 f.) (zu § 111 StGB).

266 BVerfGE 120, 274 (345); vgl. für die Informationsfreiheit *Bethge*, in: Sachs, GG, Art. 5, Rn. 54; *Schemmer*, in: BeckOK GG, Art. 5, Rn. 26.

267 Vgl. *Bauer*, Soziale Netzwerke und strafprozessuale Ermittlungen, S. 126.

ähnliches Begriffsverständnis der allgemein zugänglichen Daten findet sich in § 10 Abs. 5 S. 2 BDSG a.F., wobei es sich um die Einrichtung automatisierter Ablaufverfahren handelt. Allgemein zugänglich sind dabei Daten, „die jedermann, sei es ohne oder nach vorheriger Anmeldung, Zulassung oder Entrichtung eines Entgelts, nutzen kann." Datenbestände, zu denen nur einem Personenkreis Zugang gewährt ist, gelten demgegenüber als nicht allgemein zugänglich, „[...] wenn die Zugehörigkeit zu diesem Kreis an Voraussetzungen geknüpft ist, die nicht jedermann erfüllen kann."[268] Insoweit deutet § 10 Abs. 5 S. 2 BDSG a.F. an, dass ein Registrierungserfordernis bei sozialen Medien nicht genügt, um sie als nichtöffentlichen Bereich einzuordnen.[269]

2) Ein subjektiver Vorbehalt?

In der Literatur wird allerdings ein Einwand erhoben, dass der Empfängerkreis unter Vorbehalt des Willens von Kommunizierenden subjektiv abgegrenzt werde. Verfolge man die oben dargestellte objektive Perspektive der öffentlichen Zugänglichkeit, würde ein Großteil der Kommunikationsinhalte in sozialen Medien als öffentlich zugänglich eingestuft.[270] Denn die betreffenden Informationen seien üblicherweise für einen individuell nicht abgegrenzten Empfängerkreis verfügbar. Es widerspreche aber dem Willen des Informationsbereitstellenden, wenn er subjektiv nicht davon ausgeht, dass seine Kommunikationsinhalte staatlicherseits etwa zu Zwecken der Strafverfolgung erfasst würden. Es entspräche vielmehr seinem konkludenten Willen, dass die freigegebenen Informationen nur für private Zwecke genutzt werden dürften. Der Empfängerkreis beschränke sich dabei nur auf Private. Eine solche Bestimmung hinsichtlich des Empfängerkreises könne sich ausdrücklich bzw. konkludent vollziehen.

Die Argumentation, subjektiven Vorbehalten hinsichtlich des Empfängerkreises Rechnung zu tragen, führt die Ausführungen des BVerfG im Urteil zur Online-Durchsuchung an. Dabei verneint das BVerfG die Eingriffsqualität der Datenerhebung, wenn sich die Kommunikationsinhalte an einen nicht weiter abgegrenzten Personenkreis *richten*.[271] Die Befürworter eines subjektiven Vorbehalts verstehen „richten" dahingehend, dass der Kommunizierende

268 Vgl. *Ehmann*, in: Simitis, BDSG, § 10, Rn. 121.

269 Vgl. *Henrichs*, Kriminalistik 2011, S. 622 (624); *Venzke-Caprarese*, DuD 2013, S. 775 (776).

270 Vgl. *Venzke-Caprarese*, DuD 2013, S. 775 (776).

271 Vgl. BVerfGE 120, 274 (344 f.).

bestimmt, an welchen Empfängerkreis sich seine Kommunikationsinhalte „richten sollen". Die Folge dieser Auffassung wird deutlich, wenn man einen Blick auf den Begriff von allgemeinen zugänglichen Quellen i.S.v. Art. 5 Abs. 1 S. 1 GG wirft. Die Einordnung einer Quelle als allgemein zugänglich ist nach dem BVerfG davon abhängig, dass diese objektiv dazu bestimmt ist, einen nicht individuell abgegrenzten Personenkreis zu unterrichten.[272] Eine (subjektive) Bestimmung, also eine Widmung könnte folglich der (objektiven) Bestimmung entgegenstehen.

Diese Argumentation ist aber nicht überzeugend. Zunächst findet sich im Urteil zur Online-Durchsuchung keine Erwähnung, dass subjektive Vorbehalte im Gegensatz zur Einordnung einer Quelle als öffentlich zugänglich stehen könnten. Das BVerfG verweist demgegenüber explizit auf die die Relevanz von Vorbehalte ablehnenden Aussagen jener Autoren, die einen entgegenstehenden Willen als irrelevant für die Bestimmung der öffentlichen Zugänglichkeit betrachten.[273] Die Nutzer richten ihre Kommunikationsinhalte an einen nicht abgegrenzten Empfängerkreis. Sie wollen jedoch gleichzeitig ihre Wahrnehmung durch den Staat ausschließen. Der Kommunizierende setzt sich dabei durch sein eigenes Handeln in Widerspruch zum eigenen Willen.[274] Es liegt dabei nahe zu vermuten, dass jeder die Reichweite seiner eigenen Privatsphäre durch seine Deklaration von betreffenden Informationen als nicht-öffentlich ungehindert bestimmen könnte. Der Empfängerkreis kann aber in Wirklichkeit dadurch kaum individuell bestimmbar eingegrenzt werden. Trotz einer solchen subjektiven Bestimmung bleibt dem anderen Nutzer die faktische Wahrnehmungsmöglichkeit. Aus der Tatsache, dass der Einzelne ein für jedermann zu empfangendes Medium wie soziale Medien verwendet hat, wird darüber hinaus erschlossen, dass er zugleich die Kenntnisnahme durch Dritte gebilligt hat, obwohl der jeweilige Kommunikationsinhalt an einen ausdrücklich benannten Empfängerkreis gerichtet ist.

(2) Übertragung auf soziale Medien

Öffentlich zugänglich sind Daten, die sich an jedermann oder zumindest an einen nicht weiter abgegrenzten Personenkreis richten. Die Bestimmung des Empfängerkreises richtet sich nicht nach dem Willen des Kommunizierenden,

---

272 Vgl. BVerfGE 27, 71 (83).

273 Vgl. *Zöller*, GA 147 (2000), S. 563 (569); *Böckenförde*, Die Ermittlung im Netz, S. 195.

274 Vgl. *Wolf*, Big Data und Innere Sicherheit, S. 73.

sondern danach, welche objektiven Maßnahmen ergriffen werden, um die individuelle Bestimmtheit des Empfängerkreises abzusichern. Auf dieser Grundlage ist nun zu ermitteln, welche Kommunikationsinhalte in sozialen Medien unter den Begriff der öffentlich zugänglichen Daten fallen. Besonders bemerkenswert hierbei ist, dass die bereitgestellten Inhalte bei einigen sozialen Medien gemeinhin erst ab einer vorherigen Registrierung beim Dienstanbieter abrufbar sind. Eine Ausnahme bilden die öffentlichen Inhalte der Blogging-Dienste und Multimediaplattformen wie Twitter, Tumblr und YouTube. Man muss im Regelfall eine Zulassungsentscheidung durch den Dienstanbieter erhalten, wenn man die darin vorhandenen Kommunikationsinhalte wahrnehmen und erheben will. Der Dienstanbieter entscheidet, welche Personen Zugriff auf sein Netzwerk haben. Dies deutet darauf hin, dass nur ein individuell bestimmter Personenkreis Zugang zu den Inhalten hat. Die betreffenden Informationsquellen scheinen nicht-öffentlich zugänglich zu sein.

Vor diesem Hintergrund soll nun eine Frage behandelt werden, ob eine solche Registrierungspflicht tatsächlich der Einordnung der bereitgestellten Daten als öffentlich zugänglich entgegensteht. Darauf folgend wird auf die Besonderheiten der jeweiligen Dienste eingegangen.

1) Registrierungspflicht

Soziale Medien sind meistens registrierungsbedürftige Webangebote. Bei der Registrierung muss der Nutzer normalerweise wenigstens seinen Klarnamen sowie eine gültige E-Mail-Adresse überlassen und die Allgemeinen Geschäftsbedingungen (AGB) des Dienstanbieters akzeptieren. Die Entscheidung seitens des Dienstanbieters, Personen den Zutritt zum eigenen Netzwerk zu gewähren bzw. zu verweigern, wird aber nicht individuell, sondern meistens automatisiert getroffen. Die Registrierung ist dabei tatsächlich allein der Gewinnung der Daten über die Person dienlich.[275] Es ist deshalb naheliegend, dass das Registrierungserfordernis bei sozialen Medien nicht dazu dient, den Empfängerkreis abzugrenzen bzw. individuell zu bestimmen.[276] Hinzu kommt, dass die

---

275 Vgl. für ein Limit einer negativen Abgrenzung *Wolf*, Big Data und Innere Sicherheit, S. 75; ebenso bei der positiven Abgrenzung *Henrichs*, Kriminalistik 2011, S. 622 (624).

276 Vgl. *Henrichs*, Kriminalistik 2011, S. 622 (626); *Brenneisen/Staack*, Kriminalistik 2012, S. 627 (628 f.); *Venzke-Caprarese*, DuD 2013, S. 775 (776); *Ihwas*, Strafverfolgung in Sozialen Netzwerken, S. 120; a.A. *Forst*, NZA 2010, S. 427 (431), der von einem geschlossenen Personenkreis ausgeht, selbst wenn die Netzwerköffentlichkeit mehrere Millionen Nutzer umfasst.

Identität des Registrierenden über persönliche Bekanntschaft oder mittels eines Ausweises grundsätzlich nicht überprüft bzw. verifiziert wird. Der Zugang zum Netzwerk ist daher sogar unter einem Pseudonym in den meisten Fällen problemlos möglich. Dies stellt zwar eventuell einen Verstoß gegen die AGB des Anbieters dar. Doch Privatpersonen können gleichwohl die in Netzwerken vorhandenen Daten de facto ungehindert wahrnehmen oder erheben.[277]

Dass der Registrierungsprozess nicht der Abgrenzung des Empfängerkreises dient, genügt bereits, um die öffentliche Zugänglichkeit der Daten i.S.d. Aussagen des Online-Durchsuchungsurteils zu begründen.[278] Für die Bestimmung der öffentlichen Zugänglichkeit kommt es nicht darauf an, ob der Einzelne die Inhalte bewusst dem Staat gewidmet hat, sondern darauf, ob der Empfängerkreis nicht individuell bestimmt bzw. nicht weiter abgegrenzt ist. Ist dies der Fall, sei es auch dem Staat nicht verwehrt, hierauf zuzugreifen.[279] Einige Web 2.0-Angebote haben überdies mittlerweile öffentlichen Einrichtungen den entsprechenden Zugang zu Netzwerken eröffnet. So können staatliche Stellen nun ohne Widerspruch gegen deren AGB[280] für offizielle Zwecke ausdrücklich ihre Profile, also sogenannte „Facebook-Seiten“ erstellen.[281] Somit bleibt festzuhalten, dass jene Kommunikationsinhalte in sozialen Medien öffentlich zugänglich sind, die nach einer Registrierung abrufbar sind.[282]

2) Privatsphäre-Einstellungen

Für die Untersuchung, welche Kommunikationsinhalte in sozialen Medien unter den Begriff der öffentlich zugänglichen Daten fallen, sind weiterhin die Benutzereinstellungen für ein eigenes Konto im Netzwerk von besonderer Bedeutung. Jeder Nutzer kann über Privatsphäre-Einstellungen selbst entscheiden, wer den Zugriff auf die von sich selbst preisgegebenen Inhalte haben kann – mit dem Vorbehalt abweichender Einstellungen für einzelne Beiträge.[283] Etwa

277 Vgl. *Henrichs*, Kriminalistik 2011, S. 622 (624).

278 Vgl. *Biemann*, „Streifenfahrten“ im Internet, S. 135 f.; für die Deutung des Online-Durchsuchungsurteils *Schulz/Hoffmann*, CR 2010, S. 131 (132).

279 BVerfGE 120, 274 (344).

280 Vgl. *Henrichs/Wilhelm*, Kriminalistik 2010, S. 218 (219).

281 Diese Funktion wird von deutschen Polizeibehörden genutzt: Polizei München (https://www.facebook.com/polizeimuenchen).

282 Vgl. *Venzke-Caprarese*, DuD 2013, S. 775 (776).

283 Vgl. *Ihwas*, Strafverfolgung in Sozialen Netzwerken, S. 119; *Stracke*, Die öffentliche Wiedergabe nach § 15 Abs. 2 UrhG am Beispiel sozialer Medien, S. 23; *Bauer*, Soziale Netzwerke und strafprozessuale Ermittlungen, S. 129.

Facebook stellt dem Nutzer eine solche Möglichkeit in Form von „öffentlich", „Freunde", „benutzerdefiniert" und „Nur ich" bereit. Verwendet der Nutzer die Einstellung „öffentlich", sind die auf seinem Profil verfügbaren Informationen gerade dazu bestimmt, von individuell nicht bestimmbaren Personen wahrgenommen zu werden. Wählt der Nutzer demgegenüber die Einstellung „Nur ich", sind alle in seinem Profil eingestellten Inhalte nur für diesen selbst sichtbar und an gar keinen Personenkreis gerichtet, sodass es hierbei selbstverständlich um nicht-öffentliche Daten. Fraglich bliebt jedoch, wie jene Informationen zu qualifizieren sind, die nur jemandem zugänglich sind, der auf der Freundesliste des Veröffentlichenden steht, oder der nach dem Belieben des Nutzers selektiert wird.

a. Für „Freunde" einsehbare Daten

Verwendet man die Einstellung „Freunde", sind Informationen nur eine Person auf der Freundesliste des Veröffentlichenden wahrzunehmen. Daran schließt sich die Frage an, ob eine „virtuelle Freundschaft" dazu geeignet ist, einen Empfängerkreis der Kommunikationsinhalte individuell zu bestimmen bzw. nicht weiter abzugrenzen. Das Phänomen der virtuellen Freundschaft ist aber nur schwer zu fassen, weil ihre Zwischenformen sich je nach Kommunikationssphären unterschiedlich differenzieren.[284] Es ist dennoch zu unterscheiden zwischen der Erscheinungsform einerseits, wobei reale Freundschaften sich lediglich mit Hilfe der Web 2.0-Funktionen fortsetzen, und der Erscheinungsform andererseits, wobei die Freundschaften rein internetbasierend und virtuell im Zuge der spielerischen Interaktion auf der Plattform geschlossen sind.[285] Zwischen beiden Erscheinungsformen unterscheiden die Dienstanbieter und die rechtlichen Anforderungen aber nicht. Derjenige, der zwar dem Nutzer eigentlich unbekannt ist, aber mit einem Mausklick der Freundesliste zugeordnet wird, hat ebenfalls Einblick in alle für Freunde einsehbaren Daten. Fraglich ist somit, ob zusätzliche Kriterien zum bloßen Vorliegen einer solchen „Freundschaft" hinzukommen müssen.

---

284 Vgl. zum Phänomen der virtuellen Freundschaft *Konrad/Manysová/Pichler*, FKW 2008, S. 79 (80 f.).

285 Vgl. *Heckmann*, K&R 2010, S. 1 (2 f.).

(a) Persönliche Nähebeziehung?

Zum Teil wird ein Versuch unternommen, den Begriff der öffentlichen Zugänglichkeit mitsamt einer persönlichen Nähebeziehung einzuschränken.[286] Die Datenverbreitung sei nur dann kontrollierbar bzw. begrenzt, wenn eine solche Beziehung zwischen Informationssuchenden vorliege. Die Forderung nach einer persönlichen Nähebeziehung stammt aus der Begriffsanalyse von Öffentlichkeit im materiellen Strafrecht.[287] Eine öffentliche Begehung liege danach vor, wenn entweder ein nach Zahl und Individualität unbestimmter Personenkreis oder ein bestimmter, aber nicht durch persönliche Beziehung innerlich verbundener Personenkreis das Geschehen bzw. die Inhalte wahrnehmen könne.[288] Bei geschlossenen Benutzergruppen könne nach diesem Verständnis eine öffentliche Begehung bejaht werden, es sei denn, dass der Zugang zu Gruppen willkürlich auf einen kleinen überschaubaren Personenkreis beschränkt werde. Entscheidend sei die Abgeschlossenheit der Gruppe und die damit verbundenen Kontrollmöglichkeiten über die Reichweite der Äußerung.[289] In den Fällen, in denen ein Foto mit Kennzeichen von verfassungswidrigen Organisationen in ein Facebook-Profil mit 844 Freunden eingestellt wurde, hat der BGH dahingehend entschieden, dass es unter die Tathandlung des öffentlichen Verwendens i.S.v. § 86a Abs. 1 Nr. 1 StGB fällt, weil „das Kennzeichen durch die Art seiner Verwendung für einen größeren, nicht durch persönliche Beziehungen zusammenhängenden Personenkreis wahrnehmbar ist."[290] Der in § 201 Abs. 1 S. 1 Nr. 1 StGB und § 100c Abs. 1 StPO deckungsgleiche Begriff der Nichtöffentlichkeit bezieht sich ebenso auf den persönlichen Beziehungen zueinander.[291]

Doch vor dem Hintergrund der Unterschiede zwischen grundrechtlichen- und strafrechtlichen Schutz überzeugt diese Argumentation nicht. Ein Vergleich zu § 100c Abs. 1 StPO ist zunächst nicht sachgemäß, weil das ihm zugrunde liegende Grundrecht aus Art. 13 Abs. 1 GG die räumliche Privatsphäre schützt, die nicht der persönlichen Beziehungen, sondern äußeren

286 Vgl. *Ihwas*, Strafverfolgung in Sozialen Netzwerken, S. 127 ff. unter Bezugnahme auf BVerfGE 34, 238 (247 f.).

287 Vgl. *Ihwas*, Strafverfolgung in Sozialen Netzwerken, S. 121 ff.; *Soiné*, NStZ 2014, S. 248 (248).

288 Vgl. *Eisele*, in: Schönke/Schröder, StGB, § 183, Rn. 4.

289 Vgl. *Fischer*, in: Fischer, StGB, § 201, Rn. 4.

290 BGH, NStZ 2015, 81 (83).

291 Vgl. *Henrichs*, Kriminalistik 2011, 622 (624); *Ihwas*, Strafverfolgung in Sozialen Netzwerken, S. 126 f.

Begrenzungen und somit faktischen Kontrollmöglichkeiten unterliegt. Ebenso wenig kann man sich auf § 201 Abs. 1 S. 1 Nr. 1 StGB berufen, weil es für das Fernmeldegeheimnis des Art. 10 Abs. 1 GG nicht auf persönlichen Nähebeziehungen zwischen Kommunizierenden, sondern auf einem Verhältnis zwischen dem Absender und den jeweiligen Empfängern ankommt, aufgrund dessen der Empfängerkreis individuell abgegrenzt werden kann.[292] Schließlich ist eine Parallelität der Begrifflichkeiten angesichts der unterschiedlichen Schutzzwecke nicht angezeigt. Bei Grundrechten handelt es sich um die umfassende Sicherung von Freiheitswahrnehmung der Bürger, wohingegen das Strafrecht nur auf besonders sozialschädliche Verhaltensweisen beschränkten Rechtsgüterschutz bietet.

(b) Individuell bestimmter Empfängerkreis

Die Bestimmung der öffentlichen Zugänglichkeit hängt davon ab, ob der Empfängerkreis der Informationen nicht individuell bestimmt bzw. abgegrenzt ist. Verwendet der Nutzer die Einstellung „Freunde", sind die Kommunikationsinhalte, die von ihm selbst in die sozialen Medien eingestellt werden, nur für den Nutzer auf der Freundesliste sichtbar. Sie können dann als öffentlich zugänglich bewertet werden, wenn eine solche Freundesliste den individuell bestimmten Empfängerkreis darstellt. Um dies zu beleuchten, soll zuerst berücksichtigt werden, wie Nutzer in sozialen Medien miteinander Freundschaft schließen. Ein Freundesstatus zwischen Nutzern wird bei sozialen Medien regelmäßig dann erreicht, wenn ein Nutzer die Freundesanfrage anderer annimmt. Die Annahme der Freundesanfrage zeichnet sich zwar von außen bloß durch einen Mausklick aus. Dies bedeutet jedoch nicht, dass der Nutzer darüber spontan entscheidet. Der Entscheidung, die Freundesanfrage anzunehmen, basiert häufig auf der geteilten Erfahrung, dass beide Nutzer ihre Meinung und Perspektive über gemeinsame Hobbys und Interessen miteinander ausgetauscht haben. Fehlt es an einer solchen Erfahrung, wird die Freundesanfrage mit Ausnahme von sogenannten Influencern in der Regel abgelehnt. Da der Betroffene nach seinem eigenen Kriterium die Adressaten selektiert hat, kann die Freundesliste als einen individuell bestimmten Empfängerkreis angesehen werden. Dies gilt auch, wenn die Liste mehrere hundert Freunde enthält. Es wird zwar vertreten, dass Daten als öffentlich zugänglich einzustufen sind, wenn ein Nutzer eine so umfangreiche Freundesliste hat, dass der Empfängerkreis für ihn nicht

292 Vgl. für die Kommunikation in einer Mailingliste *Brunst*, Anonymität im Internet, S. 205.

mehr überschaubar ist.[293] Bei sozialen Medien führen sehr große Freundeslisten allerdings nicht immer zur Unbestimmtheit des Empfängerkreises. Die Listen bestehen aus Personen, die ebenfalls vom Nutzer vorab bewusst ausgewählt werden. Die Einstellung „Freunde" in sozialen Medien hat somit zur Folge, dass der Empfängerkreis individuell bestimmt bzw. nicht weiter abgegrenzt wird. Die Kommunikationsinhalte sind deshalb als nicht öffentlich zugänglich zu bewerten.

b. Individuelle Einstellung: „Benutzerdefiniert"

Des Weiteren kann der Nutzer die Möglichkeit verwenden, die gewünschten Privatsphäreeinstellungen selbst durchzuführen und nach seinem Belieben zu verwalten. Davon umfasst sind etwa Freunde von Freunden, Freunde, bestimmte Personen oder (Freundes-)Listen und nur man selbst. Bei zweitgenannter Einstellung „Freunde" handelt es sich um dieselbe Einstellung, welche soeben erläutert wurde. Die Problematik liegt in der Einstellung „Freunde von Freunden", der zufolge die jeweiligen Inhalte für alle Freunde in den Freundeslisten seiner eigenen Freunde sichtbar sind. Der auf diese Weise erweiterte Empfängerkreis ist zwar auf den ersten Blick nicht unbestimmt, sondern auf die Freundesfreunde begrenzt. Der Nutzer kann aber nicht ersehen, wer wann neue Freunde zu seiner jeweils eigenen Freundesliste hinzufügt und diesen so den Zugriff auf die Inhalte ermöglicht. Dies führt dazu, dass der Empfängerkreis seitens des Nutzers nicht bestimmt werden kann. Der Nutzer begibt sich damit in die Situation, die tatsächlich jener von Veröffentlichung durch Dritte ähnelt.[294] Als Fazit ist festzuhalten, dass Kommunikationsinhalte, die mit der Einstellung Sichtbarkeit für „Freunde von Freunden" veröffentlicht werden, als öffentlich zugänglich einzustufen sind.

(3) Rechtliche Folgen

1) Das Urteil zur Internetaufklärung

In der umfassenden Rezeption des Urteils zur Online-Durchsuchung[295] weitgehend unbeachtet blieb dessen letzter Teil, der sich mit der anlasslosen Internetaufklärung befasst. Das BVerfG äußerte sich im Urteil wie folgt:

---

293 Vgl. *Weichert*, in: Kühling/Buchner, DSGVO, Art. 9, Rn. 78; *Petri*, in: Simitis/Hornung/Spiecker Döhmann, DSGVO, Art. 9, Rn. 58.

294 Vgl. *Hornung/Gilga*, CR 2020, S. 367 (369 f.); *Greve*, in: Eßer/Kramer/v. Lewinski, DSGVO, Art. 9, Rn. 26.

295 BVerfGE 120, 274 (344 ff.).

> „Eine Kenntnisnahme öffentlich zugänglicher Informationen ist dem Staat grundsätzlich nicht verwehrt. Dies gilt auch dann, wenn auf diese Weise im Einzelfall personenbezogene Informationen erhoben werden können [...]. Daher liegt kein Eingriff in das allgemeine Persönlichkeitsrecht vor, wenn eine staatliche Stelle im Internet verfügbare Kommunikationsinhalte erhebt, die sich an jedermann oder zumindest an einen nicht weiter abgegrenzten Personenkreis richten."[296]

Auf den ersten Blick unterliegen die öffentlich zugänglichen (personenbezogenen) Daten nicht dem Schutz des informationellen Selbstbestimmungsrechts. Die Aussage des fehlenden Schutzes bleibt gleichwohl nicht absolut, sondern wird bereits im Urteil zur Online-Durchsuchung relativiert:

> „Ein Eingriff in das Recht auf informationelle Selbstbestimmung kann allerdings gegeben sein, wenn Informationen, die durch die Sichtung allgemein zugänglicher Inhalte gewonnen wurden, gezielt zusammengetragen, gespeichert und gegebenenfalls unter Hinzuziehung weiterer Daten ausgewertet werden und sich daraus eine besondere Gefahrenlage für die Persönlichkeit des Betroffenen ergibt."[297]

In einer folgenden Entscheidung führt das BVerfG weiterhin folgendes aus:

> „Ein Eingriff in das Grundrecht auf informationelle Selbstbestimmung ist anzunehmen, wenn die aus öffentlich zugänglichen Quellen stammenden Daten durch ihre systematische Erfassung, Sammlung und Verarbeitung einen zusätzlichen Aussagewert erhalten, aus dem sich die für das Grundrecht auf informationelle Selbstbestimmung spezifische Gefährdungslage für die Freiheitsrechte oder die Privatheit des Betroffenen ergibt. So kann es etwa liegen, wenn diese Daten mit anderen Daten verbunden werden, die bereits für sich genommen dem Grundrechtsschutz unterfallen, und dadurch der Aussagegehalt der verknüpften Daten insgesamt zunimmt."[298]

Zusammenfassend ist festzuhalten, dass die anlassunabhängige Internetaufklärung keinen rechtfertigungsbedürftigen Grundrechtseingriff darstellt, soweit der Staat nur auf öffentlich zugängliche Inhalte zugreift.[299]

2) Entwicklungslinie

Für die im Urteil angeführten Argumente wird im Großteil auf die bis heute herrschende Meinung in der Literatur zurückgegriffen.[300] Sie bildete und

---

296 BVerfGE 120, 274 (344).

297 BVerfGE 120, 274 (345). Die Formulierung ähnelt der Entscheidung des EGMR zu Art. 8 EMRK in Rotaru v. Romania, Urt. vom 04.05.2000, Nr. 28341/95 Rn. 43.

298 BVerfGE 120, 351 (362).

299 BVerfGE 120, 274 (344 f.).

300 Vgl. *Böckenförde*, JZ 2008, S. 925 (935 f.); *Hoffmann-Riem*, AöR 134 (2009), S. 513 (529).

entwickelte sich ebenfalls ihrerseits unter Berücksichtigung der sich ändernden Nutzungsrealität des Internets. Betrachtet man jedoch den durch das Web 2.0 verursachten gesellschaftlichen Wandel, entsteht die Frage, ob die der Rechtsprechung des BVerfG zugrundeliegenden Argumente heute noch aufrechterhalten werden können. Es erscheint sinnvoll, die rechtspolitische Entwicklungslinie nachzuzeichnen, um herauszufinden, welche Nutzungsumstände des Internet dabei berücksichtigt wurden.

Politik und Polizei haben schon seit langem kriminelle und jugendgefährdende Inhalte im Internet als Herausforderung erkannt und darauf rechtspolitisch reagiert. In der Frühzeit wurden Gesetzesänderungen oder personelle Verstärkung der ausgebildeten Polizeibeamten als mögliche Lösungen betrachtet.[301] Im Lauf der Zeit wurde mehr auf polizeiliche Ermittlungsmaßnahmen im Internet aufmerksam gemacht. Die rechtspolitische Diskussion konzentrierte sich dennoch im hohen Maße nur auf die Praktikabilität und Effizienz der Maßnahmen. Dementsprechend beschränkten sich die entgegenzuwirkenden Gefährdungen auf die mittels des Internets begangenen Verletzungen. Als Ursache kam dabei unter anderem die vermeintlich komplette Anonymität in Frage.[302] Zudem lässt sich eine zurückhaltende Haltung des Gesetzgebers gegenüber dem Internet in seiner strafrechtlichen Reaktion herausfinden. Der Gesetzgeber erweiterte mittels Art. 4 IuKDG allein den in § 11 Abs. 3 StGB normierten Begriff. Die besonderen Eingriffsbefugnisse für die Internetaufklärung wurden bewusst nicht berücksichtigt. Die mögliche Grundrechtsrelevanz kam dabei nicht infrage. Nur die Sorge vor Überregulierung eines jungen Marktes kam maßgeblich in Betracht.

Das Internet wurde in der Mitte der 1990er Jahre unter dem Schlagwort „Multimedia“ diskutiert. Es zeichnete sich allerdings zunächst noch durch Mailbox-Systeme aus,[303] die in ihrem Funktionsumfang etwa den Internetforen ähnelten.[304] Der Teilnehmerkreis der Mailboxen[305] war einerseits wegen begrenzter Zugangsmöglichkeiten zum Internet und andererseits wegen eines weitaus geringeren Umfangs der Community eingeschränkt. Die herrschende

301 Vgl. *Mayer*, BT-PlPr. 13/182, 16347 während der Beratungen zum IuKDG.

302 Vgl. exemplarisch hierzu *Bär*, CR 1995, S. 489 (489 f.); *Harbort*, Kriminalistik 1996, S. 194 (195 f.); *Weitemeier*, Kriminalistik 1996, 401 (403 f.); *Stange*, CR 1996, S. 424 (426).

303 Im englischsprachigen Raum vor allem als Bulletin Board System (BBS) bekannt.

304 Vgl. *Stenger*, CR 1990, S. 786 (787); *Matzky*, Zugriff auf EDV im Strafprozeß, S. 239 ff.

305 Vgl. *Bär*, CR 1995, S. 489 (491); *Palm/Roy*, NJW 1996, S. 1791 (1791 f.).

Meinung über die Internetaufklärung tritt erst mit Beginn der Verbreitung des Internets auf: Der anlasslose Zugriff auf nicht individuell abgegrenzte Quellen bedurfte keiner Rechtfertigung. Diese Behauptung wurde aber kaum mit ausführlichen Argumenten untermauert. Dabei ist auffallend, dass eine differenzierte Auseinandersetzung mit der Thematik der anlasslosen Internetaufklärung oft ausblieb.

Daraufhin hat das BVerfG im Urteil zur Online-Durchsuchung festgestellt, dass es dem anlasslosen Zugriff auf öffentlich zugängliche Informationen keine Grundrechtsrelevanz beimisst. Eine ausführliche Begründung für dieser Schlussfolgerung blieb aus. Die Besonderheiten internetgestützter Kommunikation wurden übersehen. Dies ist nicht erstaunlich, weil die bis dahin in der Literatur vertretenen Lösungsansätze die technologische und damit verbundene soziale Weiterentwicklung gar nicht oder nicht hinreichend berücksichtigt hatten.[306] Folglich ist die verfassungsgerichtliche Entscheidung nur bedingt heranzuziehen, um die fehlende Grundrechtsrelevanz der anlasslosen Internetaufklärung unter den technischen und sozialen Rahmenbedingungen eines nutzerzentrierten Web 2.0 zu begründen.

3) Dogmatische Begründung

Die oben skizzierten Hintergründe zeigen, dass die in der Rechtsprechung vertretene Auffassung unter Berücksichtigung der modernen technischen und sozialen Bedingungen nur begrenzt auf die in der vorliegenden Untersuchung thematisierten Informationsmaßnahmen übertragen werden kann. Gleichwohl ist es sinnvoll, die für die fehlende Grundrechtsrelevanz angeführten Argumente zu analysieren. Denn daraus lässt sich ableiten, mit welcher Grundrechtsdogmatik sich diese Untersuchung weiterführend zu befassen hat, um die Eingriffsqualität der computergestützten staatlichen Informationsmaßnahmen in sozialen Medien zu beleuchten. Da eine nähere Begründung im Urteil zur Online-Durchsuchung unterbleibt, sollen im Folgenden die in der Literatur vorgebrachten Argumente dargestellt und diskutiert werden.

a. Öffentlichkeitsbezug

Zunächst könnte man der Ansicht sein, dass ein Eingriff wegen des Öffentlichkeitsbezugs der im Internet allgemein verfügbaren Daten von vornherein auszuschließen ist. Die Eingriffsqualität bei der Suche nach Informationen im

---

306 Vgl. ähnlichen Einwand gegenüber der Öffentlichkeitsfahndung im Internet *Baumhöfener*, K&R 2016, S. 625 (630).

Internet wird dabei auf der Eingriffsebene bewertet.[307] Die Bestimmung der Schwelle für einen Eingriff in das Recht auf informationelle Selbstbestimmung richtet sich nach einer Unterscheidung der Sphären. Böckenförde erarbeitet eine Unterteilung des virtuellen Raums in eine geschützte Privatsphäre und eine grundsätzlich ungeschützten Öffentlichkeitssphäre. Als Kriterium dafür wird der „Verteilungsmodus der Zugangsberechtigung" genannt.[308] Fehlt es an einem individualisierten Verteilungsmodus, liege die Öffentlichkeitssphäre vor. Die Privatsphäre hingegen bestehe nur dann, wenn Zugang zu Netzwerken mit einer persönlichen Bekanntschaft oder einer Vorgabe eines persönlichen Ausweises verbunden ist. In Anlehnung an die Sphärentheorie[309] zieht diese Ansicht den Schluss, dass ein Schutzbereich des allgemeinen Persönlichkeitsrechts nur im letzteren Fall eröffnet ist.[310] Böckenförde betont sogar, dass das BVerfG in seinem Urteil zur Online-Durchsuchung rekurrierend auf diese Sichtweise gerade den potenziell für jedermann sichtbaren Daten den Schutz versagt habe.[311]

Begründet wird diese Ansicht mit den früheren Ausführungen des BVerfG zu anderen Ausformungen des allgemeinen Persönlichkeitsrechts. Mit einem Einblick in die Tonband-Entscheidung wird zunächst konstatiert, dass ein Recht am gesprochenen Wort nur dann geschützt werde, wenn es in der Erwartung der Vertraulichkeit ausgesprochen worden sei.[312] Dagegen bestehe kein Schutz mehr, „wenn der sich Äußernde selber die Vertraulichkeit aufhebt, sodass die Gelegenheit für Dritte, seine Äußerungen wahrzunehmen, ihm zuzurechnen ist und nicht erst durch den staatlichen Eingriff geschaffen wird."[313] Es gebe daneben einen „allgemein zugänglichen" Bereich, der ebenfalls nicht vom Schutzbereich des allgemeinen Persönlichkeitsrechts umfasst sei.[314] Im Ergebnis sieht

307 Vgl. *Böckenförde*, JZ 2008, S. 925 (935); *Böckenförde*, Die Ermittlung im Netz, S. 184 ff.

308 Vgl. *Böckenförde*, Die Ermittlung im Netz, S. 195 ff.

309 Vgl. zu dieser Theorie etwa BVerfGE 34, 238 (245 ff.); zusammenfassend aus der Literatur *Gusy/Worms*, DuD 2012, S. 92 (93 f.).

310 Vgl. *Böckenförde*, JZ 2008, S. 925 (935).

311 Vgl. *Böckenförde*, JZ 2008, S. 925 (935).

312 Vgl. BVerfGE 34, 238 (247 f.).

313 BVerfGE 90, 255 (262).

314 Vgl. *Böckenförde*, Die Ermittlung im Netz, S. 189, unter Rückgriff auf die Entscheidung über die Verfassungsmäßigkeit des gemeinsamen Familiennamens (BVerfGE 78, 38 [38 ff.]); kritisch *Desoi*, Big Data und allgemein zugängliche Daten im Krisenmanagement, S. 78 f., nach dem der (inzwischen aufgehobene) Zwang

Böckenförde eine Öffentlichkeitssphäre bei allgemein zugänglichen Daten, bei denen es an Absicherungen gegen Kenntnisnahme Dritter fehlt.[315]

Der Ansicht Böckenfördes ist aber nicht zu folgen. Der Rückgriff auf die Sphärentheorie ist im Urteil zur Online-Durchsuchung nicht erkennbar. Das BVerfG äußerte dabei zwar, dass „eine Kenntnisnahme öffentlich zugänglicher Informationen dem Staat grundsätzlich nicht verwehrt [ist]",[316] erwähnt aber einen nach Sphären abgestuften Persönlichkeitsschutz durch das Recht auf informationelle Selbstbestimmung nicht.[317] Vielmehr wird eine strikte Unterteilung der Sphären durch das BVerfG bewusst abgelehnt, wenn dieses feststellt, dass ein Eingriff in das Recht auf informationelle Selbstbestimmung bestehen kann, „wenn Informationen, die durch die Sichtung allgemein zugänglicher Inhalte gewonnen wurden, gezielt zusammengetragen, gespeichert und gegebenenfalls unter Hinzuziehung weiterer Daten ausgewertet werden und sich daraus eine besondere Gefahrenlage für die Persönlichkeit des Betroffenen ergibt."[318] Durch Verarbeitungs- und Verknüpfungsmöglichkeiten „kann ein für sich gesehen belangloses Datum einen neuen Stellenwert bekommen".[319] Daher stellt die Datenerhebung aus der Öffentlichkeitssphäre einen Eingriff in das informationelle Selbstbestimmungsrecht dar.

b. Die (mutmaßliche) Einwilligung

Ein weiteres in der Literatur viel vertretenes Argument verweist auf die (mutmaßliche) Einwilligung der Betroffenen, aufgrund derer die Eingriffsqualität des Umgangs mit öffentlich zugänglichen Daten im Internet ausgeschlossen ist.[320] Dem liegt die folgende Annahme zugrunde: Wer bestimmte Informationen nicht kundgeben will, würde diese kaum veröffentlichen. Habe der Betreiber eines Angebotes den Zugang zu dort eingestellten Inhalten für jedermann eröffnet, so habe er sich von vornherein mit der Kenntnisnahme durch beliebige

zur Offenbarung der Ehe nicht bedeutet, dass alles was freiwillig offenbart wird, tatsächlich auch nicht von der informationellen Selbstbestimmung erfasst wird.

315 Vgl. *Böckenförde*, Die Ermittlung im Netz, S. 190 f.

316 BVerfGE 120, 274 (344).

317 Vgl. *Biemann*, „Streifenfahrten" im Internet, S. 110 f.; *Desoi*, Big Data und allgemein zugängliche Daten im Krisenmanagement, S. 78.

318 BVerfGE 120, 274 (345).

319 BVerfGE 65, 1 (45).

320 Vgl. *Bär*, MMR 1998, S. 463 (464); *Kudlich*, JA 2000, S. 227 (229); *Zöller*, GA 147 (2000), S. 563 (569); *Bär*, in: Wabnitz/Janovsky/Schmitt, HwsR, Kap. 28, Rn. 124; *Brunst*, in: Gerke/Brunst, Hdb.Internetstrafrecht, Kap. 5, Rn. 783.

Dritte (einschließlich der öffentlichen Hand) einverstanden erklärt.[321] Es ist dabei zu beachten, dass eine solche pauschale Einwilligung nicht mehr aufrechtzuerhalten ist, wenn der Betreiber nicht mit dem Autor identisch ist. Beim Auseinanderfallen von Betreiber und Autor, was in meisten Web 2.0-Angeboten wie etwa Foren und sozialen Netzwerken identifizierbar ist, kann allein der Nutzer wirksam einwilligen, der hinsichtlich der Kommunikationsinhalte dispositionsbefugt ist.[322]

Erklärungsbedürftig ist zunächst, wie eine solche Einwilligung dogmatisch einzuordnen ist.[323] So lässt sich die Einwilligung einerseits als Verzicht auf den grundrechtlichen Schutz einstufen,[324] andererseits als Grundrechtsausübung, nämlich als Ausdruck der Selbstdarstellung verstehen.[325] Diese Frage lässt sich mit Blick auf den Gewährleistungsgehalt des informationellen Selbstbestimmungsrechts beantworten.[326] Nimmt man die Ausführungen des BVerfG im Volkszählungsurteil als Ausgangspunkt, erweist sich, dass das informationelle Selbstbestimmungsrecht neben seinen abwehrrechtlichen einen dispositiven Gehalt hat. Es gewährt nämlich „die Befugnis des einzelnen, grundsätzlich selbst über die Preisgabe und Verwendung seiner persönlichen Daten zu bestimmen".[327] In seinem dispositiven Gehalt bietet das informationelle Selbstbestimmungsrecht die Gewährleistung, sich dem eigenen Selbstbild entsprechend nach außen darzustellen.[328] Die Entscheidung, persönliche Daten über eigene Person preiszugeben oder zurückzuhalten, ist eine persönlichkeitsrelevante Entscheidung, die das eigene Selbstverständnis und die Beziehungen des Einzelnen zu seiner Umwelt prägt.[329] Grundrechtlich geschützt ist somit die

321 Vgl. *Bär*, CR 1995, S. 489 (491); *Bär*, MMR 1998, S. 463 (464); *Zöller*, GA 147 (2000), S. 563 (569).

322 Vgl. *Eisenmenger*, Die Grundrechtsrelevanz „virtueller Streifenfahrten", S. 151.

323 Vgl. *Pietzcker*, Der Staat 17 (1978), S. 527 (540); *Geiger*, NVwZ 1989, S. 35 (37).

324 Vgl. *Robbers*, JuS 1985, S. 925 (928); in diese Richtung auch *Hufen*, Fehler im Verwaltungsverfahren, Rn. 151; *Eberle*, Zum Verwertungsverbot für rechtswidrig erlangte Informationen im Verwaltungsverfahren, S. 351 (364).

325 Vgl. *Bizer*, Forschungsfreiheit und informationelle Selbstbestimmung, S. 139 f.; *Hüsch*, Verwertungsverbote im Verwaltungsverfahren, S. 289.

326 Vgl. *Geiger*, NVwZ 1989, S. 35 (37); ferner die Nachweise bei *Eberle*, Zum Verwertungsverbot für rechtswidrig erlangte Informationen im Verwaltungsverfahren, S. 351 (364); *Hüsch*, Verwertungsverbote im Verwaltungsverfahren, S. 287.

327 BVerfGE 65, 1 (43).

328 Vgl. *Rudolf*, in: Merten/Papier, HBG IV, § 90, Rn. 24; *Gersdorf*, in: BeckOK InfoMedienR, Art. 2 GG, Rn. 17; *Rogosch*, Die Einwilligung im Datenschutzrecht, S. 36.

329 Vgl. grundlegend *Enders*, in: Merten/Papier, HBG IV, § 89, Rn. 46 f., 67.

Offenlegung persönlicher Daten durch den Betroffenen.[330] Eine Einwilligung in die staatlichen Informationsmaßnahmen stellt folglich eine „Bestimmung" des Einzelnen über seine personenbezogenen Informationen dar.[331] Eine Datenverarbeitung mit (wirksamer) Einwilligung des Betroffenen stellt keinen Eingriff in das informationelle Selbstbestimmungsrecht dar, weil die von diesem Recht geschützte Befugnis, „selbst über die Preisgabe und Verwendung seiner persönlichen Daten zu bestimmen",[332] vom Staat geachtet wird. Somit ist die Einwilligung des Betroffenen nicht der Verzicht auf den Schutz des informationellen Selbstbestimmungsrechts, sondern dessen Ausübung.

Doch die Einwilligungslösung ist hinsichtlich einer Pauschalität der (mutmaßlichen) Einwilligung nicht überzeugend. Allein der Umstand, dass der Nutzer selbst Daten in einem öffentlich zugänglichen Bereich des Internets eingestellt hat, deutet nicht zwangsläufig an, dass er mit der staatlichen Kenntnisnahme einverstanden ist.[333] Eine solche Einwilligung des Nutzers in eine staatliche Datenerhebung ist in sozialen Medien nicht beobachtbar, die hauptsächlich zum privaten Zweck benutzt werden. Zudem besteht keine pauschale Einwilligung bei den Betreibern, die den Zugang zum eigenen Netzwerk nur einer bestimmten Nutzergruppe eröffnen und auf einer Startseite deutlich deklarieren, eine Kenntnisnahme durch staatliche Stellen sei unerwünscht. Der Einwand, dass ein Vorbehalt des Betreibers, sei es ausdrücklich oder stillschweigend, irrelevant sei,[334] ist abzulehnen. Die Befürworter der Einwilligungslösung begründen ihre Argumente unter Verweis auf die Rechtsprechung in den sogenannten „Testkäufer"-Fällen,[335] in denen die Inhaber vorab mittels eines Aushangs ein Hausverbot gegenüber den Testkäufern ausgesprochen hatten. Der BGH äußerte sich dazu, dass eine Strafbarkeit wegen Hausfriedensbruchs (§ 123 Abs. 1 StGB) der Testkäufer nicht gegeben ist, die in den

330 Vgl. BVerfGE 65, 1 (43): „Das Grundrecht gewährleistet insoweit die Befugnis des Einzelnen, grundsätzlich selbst über die Preisgabe und Verwendung seiner persönlichen Daten zu bestimmen."; BVerfG, MMR 2007, 93 (93): „[D]ie Freiheit, persönliche Informationen zu offenbaren, ist grundrechtlich geschützt."; für Gesundheitsdaten BVerfG, NJW 2013, 3086 (3087); ferner *Geiger*, NVwZ 1989, S. 35 (36).

331 Vgl. *Geiger*, NVwZ 1989, S. 35 (37).

332 BVerfGE 65, 1 (43).

333 Vgl. *Schulz/Hoffmann*, DuD 2012, S. 7 (10).

334 So aber *Bär*, CR 1995, S. 489 (492); *Bär*, MMR 1998, S. 463 (464); *Bär*, in: Wabnitz/Janovsky/Schmitt, HwsR, Kap. 28, Rn. 123.

335 Vgl. zu den sog. Testkäufer-Fällen *Feilcke*, in: MünchKommStGB, § 123, Rn. 33.

Geschäften die Einhaltung von Preisbindungen prüfen wollten, weil dem Hausrecht der Geschäftsinhaber eine stärkere, dieses brechende Befugnis gegenüberstünde.[336] Vergegenwärtigt man sich jedoch, dass es bei „Testkäufer"-Fällen um die Strafbarkeit einer Privatperson geht, kann man erkennen, dass diese Argumentation nicht überzeugt. Bei staatlichen Informationsmaßnahmen im öffentlich zugänglichen Bereich des Internets muss der Fokus vielmehr auf der Zulässigkeit staatlichen Handelns liegen. Als Prüfungsmaßstab spielen dabei die Grundrechte und insbesondere das Recht auf informationelle Selbstbestimmung eine besondere Rolle. Der Staat kann nicht jede Möglichkeiten privaten Handelns verwenden, weil die staatliche Gewalt in ihrem Handeln nach Art. 1 Abs. 3 GG unmittelbar an die Grundrechte gebunden ist.[337] Im Rahmen der Datenerhebung unterliegen daher staatliche Stellen strengeren Regeln als Private.[338] Hinzu kommen die unterschiedlichen Einwilligungstatbestände.[339] Bei den „Testkäufer"-Fällen führt eine vertragliche, höherrangige Befugnis zur Verneinung der Widerrechtlichkeit mit Blick auf den Hausfriedensbruch. Doch für den Fall, in dem staatliche Stellen auf öffentlich zugängliche Daten im Internet zugreifen, ist die eingriffsausschließende Einwilligung relevant, die beim Auseinanderfallen von Betreiber und Autor nur durch den Letztgenannten erteilt wird. Ein Vergleich zu „Testkäufer"-Fällen kann damit weder einen Verzicht auf eine Einwilligung im Ganzen noch ein Übersehen eines entgegenstehenden Willen begründen. Die Einwilligungslösung kann folglich keine überzeugende grundrechtsdogmatische Begründung dafür liefern, dass öffentlich zugängliche Daten im Internet durch staatliche Stellen eingriffslos erhoben werden dürfen.

c. Geringe Eingriffsintensität

Ein anderer Lösungsansatz könnte vom sogenannten modernen Eingriffsbegriff ausgehen, dass die Grundrechte einer allgemeinen Geringfügigkeitsgrenze für Grundrechtsbeeinträchtigungen unterworfen wären. Vom Grundrechtsschutz sollen danach Belästigungen, bloße Bagatelleingriffe und geringfügige Beeinträchtigungen ausgeschlossen werden, welche die Eingriffsschwelle nicht

---

336 Vgl. BGH, NJW 1965, 1526 (1527); BGH, NJW 1966, 1558 (1558).

337 Vgl. *Herdegen*, in: Dürig/Herzog/Scholz, GG, Art. 1 Abs. 3 Rn. 1 ff.; *Hillgruber*, in: BeckOK GG, Art. 1, Rn. 61 ff.; *Böckenförde*, Die Ermittlung im Netz, S. 171.

338 Vgl. *Bull*, NJW 2009, S. 3279 (3282).

339 Vgl. *Biemann*, „Streifenfahrten" im Internet, S. 114.

überschreiten.[340] Die Forderung nach einer gewissen Intensität der Grundrechtsbeeinträchtigung wird im Kontext des allgemeinen Persönlichkeitsrechts durchaus aufgenommen.[341]

Ein Lösungsansatz einer Geringfügigkeitsgrenze sieht sich ebenfalls heftiger Kritik ausgesetzt. Zunächst wird diesem eine fehlende Rücksichtnahme auf die Grundfesten des informationellen Selbstbestimmungsrechts vorgeworfen. Die Intensität der Grundrechtsbeeinträchtigung besitze von vorn keine Relevanz bei der Entscheidung, ob ein rechtfertigungsbedürftiger Eingriff vorliegt. Kritiker verweisen in diesem Zusammenhang auf die Aussage des BVerfG im Volkszählungsurteil, nach der es im Hinblick auf die modernen Verarbeitungs- und Verknüpfungsmöglichkeiten kein „belangloses Datum" gibt.[342] Die durch selbstbestimmte Beherrschbarkeit der Daten geprägte Grundannahme soll weiterhin ihre Geltung behalten, obwohl der Schutzbereich mit Blick auf das „gesteigerte Gefährdungspotential bestimmter Maßnahmetypen" oder die „besondere Sensibilität bestimmter Informationen" begrenzt wird.[343] Die Überschreitung der Eingriffsschwelle liege daher bereits in dem Moment vor, wenn eine staatliche Stelle die Datenerhebung oder -verarbeitung vornimmt.[344] Hinzu kommt die Schwierigkeit bei der Bestimmung der Geringfügigkeit der Schwelle. Die Bestimmung klarer Konturen für eine rechtliche Bewertung wird häufig als faktisch unmöglich bewertet. Dies ist insbesondere der Fall, wenn es sich um eine einzelfallbezogene Tatsachenfrage handeln würde, die von der subjektiven Konstitution des Grundrechtsträger abhinge, ob und inwieweit eine staatliche Maßnahme die Persönlichkeitsentfaltung hemmen würde.[345] Die Lösung über eine Geringfügigkeitsgrenze könne daher zur grundrechtsdogmatischen Begründung nicht herangezogen werden.[346]

---

340 Vgl. *Isensee*, HStR IX, § 191, Rn. 119; *Eckhoff*, Der Grundrechtseingriff, S. 255 ff. So soll etwa bei bloßen Bagatellen, alltäglichen Lästigkeiten und subjektiven Empfindlichkeiten noch nicht von einem Eingriff zu reden sein. Vgl. hierzu *Kingreen/Poscher*, StaatsR II, Rn. 297 ff.; a.A. *Sachs*, in: Stern, Staatsrecht III/2, S. 204 ff.

341 Vgl. *Kloepfer*, Verfassungsrecht II, § 56, Rn. 82.

342 BVerfGE 65, 1 (45).

343 Vgl. *Schulz/Hoffmann*, CR 2010, S. 131 (135).

344 Vgl. BVerfGE 65, 1 (45); 78, 77 (84).

345 Vgl. *Kube*, HStR VII, § 148, Rn. 81.

346 Vgl. *Schulz/Hoffmann*, CR 2010, S. 131 (134 ff.); *Biemann*, „Streifenfahrten" im Internet, S. 110.

3. Fazit

Das BVerfG hat in seinem Urteil zur Online-Durchsuchung festgestellt, dass der anlassunabhängigen Internetaufklärung keine Grundrechtsrelevanz beizumessen ist, soweit es nur um den Zugriff auf öffentlich zugängliche Daten geht. Diese auf die reine Datenerhebung bezogene Auffassung des BVerfG konnte auf die im Schrifttum entwickelte und weitgehend geteilte Sichtweise zurückgeführt werden. Eine nähere Begründung für die fehlende Grundrechtsrelevanz wird nicht gegeben. In der Literatur werden verschiedene Lösungsansätze vertreten, um diese Lücke zu füllen. Keiner davon ist jedoch vollumfänglich überzeugend. Daraus kann man allenfalls ablesen, dass sich die erwähnten Argumente im Grunde mit dem Eingriffsbegriff befasst haben. Bedenken liegen allerdings darin, dass die in Betracht kommenden Argumente die durch das Web 2.0 und die Big-Data-Technologie verursachten Besonderheiten nicht zu erfassen vermögen. Der Einsatz von Social-Media-Monitoring erfüllt nicht die Anforderungen des klassischen Eingriffsbegriffs. Um die Eingriffsqualität staatlicher Informationsmaßnahmen zu überprüfen, muss deshalb auf den Schutzbereich des Rechts auf freie Entfaltung der Persönlichkeit (Art. 2 Abs. 1 i.V.m. Art. 1 Abs. 1 GG) näher eingegangen werden.

B. Grundrechtliche Neutralitätsgewährleistungen

Die bisher gefundenen Ergebnisse deuten darauf hin, dass die vorliegende Untersuchung den Eingriffsbegriff näher analysieren muss, weil die staatlichen Informationsmaßnahmen in öffentlich zugänglichen Bereichen des Netzes einerseits offensichtlich nicht die Anforderungen des klassischen Eingriffsbegriffes erfüllen, und weil eine verhaltenssteuernde Wirkung und damit eine mittelbare Verhaltensbeeinflussung andererseits nicht ohne Weiteres von der Hand zu weisen sind. Die Untersuchung wird sich zunächst mit dem Schutzbereich insbesondere des Rechts auf freie Entfaltung der Persönlichkeit (Art. 2 Abs. 1 GG) auseinandersetzen.

1. Recht auf freie Entfaltung der Persönlichkeit

Art. 2 Abs. 1 i.V.m. Art. 1 Abs. 1 GG gewährleistet das Recht auf freie Entfaltung der Persönlichkeit. Dieses Grundrecht wird weitgehend als eine allgemeinste bzw. umfassende Freiheitsgewährleistung des Grundgesetzes verstanden.[347]

---

347 Vgl. *Di Fabio*, in: Dürig/Herzog/Scholz, GG, Art. 2 Abs. 1, Rn. 1; *Dreier*, in: Dreier, GG, Art. 2 Abs. 1, Rn. 21 unter Bezugnahme auf BVerfGE 49, 15 (23).

Daher ist eine nähere Konkretisierung des Schutzgehaltes notwendig, um zu beurteilen, ob dieses Recht durch staatliche Informationsmaßnahmen in sozialen Medien beeinträchtigt wird. Die für diese Untersuchung relevanten Gehalte sind der Schutz einer privaten Lebenssphäre und das informationelle Selbstbestimmungsrecht. Auf das Letztere ist im Folgenden besondere Aufmerksamkeit zu legen, weil es zur Entwicklung der Persönlichkeit beitragen und zugleich mittelbaren Verhaltensbeeinflussungen entgegenwirken soll,[348] was genau zu hier thematisierten Informationsmaßnahmen einen engen Bezug hat.

Ausgangspunkt ist der Begriff der „Persönlichkeit“, der für das „Recht auf freie Entfaltung der Persönlichkeit“ zentral ist. Dennoch wird keine subsumtionsfähige Definition der Persönlichkeit in der Rechtswissenschaft geboten. Das BVerfG scheint damit zufrieden zu sein, Fallgruppen festzulegen, die durch das Recht erfasst sein sollen. Es stellt seit langem fest, dass der Inhalt dieses Rechts nicht abschließend umschrieben ist.[349] Die Selbstbeschränkung des BVerfG trägt zwar zur Entwicklungsoffenheit des allgemeinen Persönlichkeitsrechts bei. Es fehlt jedoch eine Richtschnur, was das allgemeine Persönlichkeitsrecht als Ganzes umfasst.

Beim Versuch, den Schutzbereich des allgemeinen Persönlichkeitsrechts abstrakt zu fassen, begegnet man häufig den folgenden Begriffen: Identität, Individualität, Autonomie und Selbstbestimmung. Zwar wird der Schwerpunkt jeweils unterschiedlich gesetzt. Im Zentrum steht jedoch das in den letzten Jahren in der sozialwissenschaftlichen Literatur viel diskutierte Konzept der „Identität“, das mit der „Persönlichkeit“ gleichgesetzt werden kann.

(1) Persönlichkeitsentfaltung

Der normative Grundsatz, „die freie Entfaltung der Persönlichkeit“, wird in Art. 2 Abs. 1 GG formuliert. Dabei wird unterstellt, dass eine „Persönlichkeit“ bereits vorhanden ist, die sich nur „entfalten“ müsste. Das BVerfG geht außerdem vom Menschen als einem sozialen Wesen aus und folgert daraus eine Dichotomie zwischen dem Einzelnen und der Gesellschaft.[350] Eine Konsequenz dieser Perspektive ist, dass die Freiheit des Einzelnen aufgrund dessen Gesellschaftsgebundenheit einschränkbar ist.[351] Gesellschaftliche Interessen stellen

348 Vgl. BVerfGE 65, 1 (42 f.).

349 Vgl. BVerfGE 54, 148 (153).

350 Vgl. BVerfGE 4, 7 (15 f.); 27, 1 (7); 33, 367 (376 f.); 65, 1 (44); 109, 133 (151); 125, 260 (369).

351 Vgl. BVerfGE 4, 7 (16); 33, 367 (376 f.); 109, 133 (151); 125, 260 (369); kritisch *Podlech*, in: AK-GG, Art. 2 Abs. 1 GG, Rn. 38, 53; *Vesting*, in: Götting/Schertz/Seitz,

hier einen Rechtfertigungsgrund für die Einschränkung der Grundrechte des Einzelnen dar. Der Mitmensch wird als „Grenze und Begrenzung der eigenen rechtlichen Freiheit“[352] betrachtet. Die Privatsphäre ist beispielsweise nach diesem Verständnis ein Ort, an dem sich der Einzelne von der Gesellschaft anderer „erholen“ kann. Deren verfassungsrechtliche Grundlage ist das allgemeine Persönlichkeitsrecht, das ein „Recht auf Einsamkeit“, nämlich darauf, in Ruhe gelassen zu werden, begründet.[353]

Ein Mensch ist aber ein soziales Wesen in dem Sinne, dass er mit anderen Menschen in Kontakt tritt, um seine Persönlichkeit zu entfalten. Aufbauend auf der „Entfaltung“ der „Persönlichkeit“ können soziale Zusammenhänge in das Verständnis des Art. 2 Abs. 1 GG einbezogen werden.[354] Die Persönlichkeitsentfaltung ist durch die Selbstdarstellung des Einzelnen in der sozialen Interaktion geprägt,[355] die möglichst authentisch nach außen getragen werden soll.[356] Der Einzelne bemüht sich dabei immer darum, seine personale und soziale Identität zu integrieren.[357] Dazu muss sich der Mensch beständig seinen Lebensentwurf und sein Verhalten reflektieren.[358] Der Selbstentwurf muss vorausgehen, um sich anschließend nach außen darzustellen.[359] Eine weitere Voraussetzung für die Persönlichkeitsentfaltung ist eine Möglichkeit, sich aus der Gesellschaft in die Privatheit zurückzuziehen.[360] „Denn erst die Abschirmung der Privatheit ermöglicht die Entwicklung, das Festigen und Wiedergewinnen personeller Identität und damit eine soziale Aktivität, die aus der Eigenartigkeit des Individuums heraus zu jener vielfältig-originellen Mitgestaltung des

---

HdbPR, § 6, Rn. 8; zur Dichotomie in der Verfassungsrechtswissenschaft *Benda*, in: Benda/Maihofer/Vogel, HdbVerfR, § 6, Rn. 5 f.; *Hufen*, FS 50 Jahre BVerfG, S. 105 (107).

352 Vgl. *Böckenförde*, Recht, Staat, Freiheit, S. 58 f.

353 BVerfGE 27, 1 (6); 44, 197 (203); *Boehme-Neßler*, DVBl. 2015, S. 1282 (1284); *Hufen*, FS 50 Jahre BVerfG, S. 105 (108); *Benda*, in: Benda/Maihofer/Vogel, HdbVerfR, § 6, Rn. 25 ff.

354 Vgl. *Albers*, Informationelle Selbstbestimmung, S. 455.

355 Vgl. *Mallmann*, Zielfunktionen des Datenschutzes, S. 68; *Suhr*, Entfaltung der Menschen durch die Menschen, S. 85; *Albers*, Informationelle Selbstbestimmung, S. 400 ff.

356 Vgl. *Horn*, HStR VII, § 149, Rn. 10.

357 Vgl. *Horn*, HStR VII, § 149, Rn. 10; zur Begrifflichkeit *Goffman*, Stigma, S. 9 f.

358 Vgl. *Horn*, HStR VII, § 149, Rn. 10.

359 Vgl. *Britz*, NVwZ 2019, S. 672 (673); *Britz*, Verfassungsrechtlicher Schutz, S. 353 (355 f.); *Britz*, Freie Entfaltung durch Selbstdarstellung, S. 10 f.

360 Vgl. *Horn*, HStR VII, § 149, Rn. 10.

Gemeinwesens führt, die eine lebendige Demokratie substantiell charakterisiert."[361]

Die Selbstdarstellung in der sozialen Kommunikation zeichnet sich über die „vorgesellschaftliche" Persönlichkeit hinaus durch die Orientierung an den gesellschaftlichen Verhaltenserwartungen aus, die in Rollenmustern Ausdruck finden. In diesem Sinne beruht die Selbstdarstellung wesentlich auf dem Informationsregime des Einzelnen.[362] Das Verhalten des Individuums stützt sich auf die Annahme, dass es abschätzen und kontrollieren kann, was das Gegenüber über es weiß und wie der Interaktionspartner auf das eigene Verhalten reagieren wird.[363] Dieses Wissen versetzt das Individuum in die Lage, Reaktionen einzuschätzen, Handlungsstrategien zu entwickeln und schließlich autonom mit anderen zu interagieren.[364] Fehlt es aber an Erwartungen über die Reaktionen des Gegenübers, entsteht der Kontrollverlust über personenbezogene Informationen.[365] Die Ungewissheit darüber, was bereits bekannt ist und wie das Gegenüber an seine Informationen gelangt, führt zu einer Störung der sozialen Interaktion[366] und somit zur unauthentischen Selbstdarstellung.[367] Die Selbstdarstellung entfernt sich folglich von der Freiheit.[368] Entsprechendes gilt auch beim Gefühl des Überwachtwerdens, das zu Verhaltensanpassungen des Individuums führt.[369] Alles im allen: Das autonome Agieren des Menschen setzt, wie Goffman hervorgehoben hat, die Möglichkeit des Rückzugs aus der sozialen Interaktion voraus, aufgrund derer der Mensch die Kontrolle über

361 Vgl. *Schmitt Glaeser*, HStR VI, § 129, Rn. 2.

362 Vgl. *Rössler*, Privatheit und Autonomie, S. 41 (45 f.); *Horn*, HStR VII, § 149, Rn. 11; *Hotter*, Privatsphäre, S. 83 f.; *Mallmann*, Datenschutz in Verwaltungsinformationssystemen, S. 36 ff.

363 Vgl. *Rössler*, Privatheit und Autonomie, S. 41 (45 f.); *Hotter*, Privatsphäre, S. 32 f.

364 Vgl. BVerfGE 65, 1 (43); ferner *Boehme-Neßler*, DVBl. 2015, S. 1282 (1284); *Boehme-Neßler*, IDPL 2016, S. 222 (223, 228); *Roßnagel*, FS Podlech, S. 227 (231 f.); *Podlech*, in: AK-GG, Art. 2 Abs. 1 GG, Rn. 45.

365 Vgl. *Boehme-Neßler*, IDPL 2016, S. 222 (224); *Rössler*, Privatheit und Autonomie, S. 41 (46); *Hotter*, Privatsphäre, S. 32 f.

366 Vgl. *Boehme-Neßler*, DVBl. 2015, S. 1282 (1284); *Rössler*, Privatheit und Autonomie, S. 41 (46).

367 Vgl. *Boehme-Neßler*, IDPL 2016, S. 222 (224); *Rössler*, Privatheit und Autonomie, S. 41 (46); *Hotter*, Privatsphäre, S. 32 f.

368 Vgl. *Boehme-Neßler*, IDPL 2016, S. 222 (224); *Hotter*, Privatsphäre, S. 32 f.

369 Vgl. *Rössler*, Privatheit und Autonomie, S. 41 (47). Das Gefühl des Überwachtwerdens ist thematisch verbunden mit der Hauptwirkung des Panoptikums. Vgl. zum Panoptikum *Foucault*, Überwachen und Strafen, S. 258 f.

eigene Informationen wiedergewinnen und sich mit sich selbst, also mit seinem Lebensentwurf und seinem Verhalten, auseinandersetzen kann, ohne dass er unter Beeinflussung steht.[370]

(2) Persönlichkeitsentwicklung

Die Persönlichkeit eines Menschen erfährt darüber hinaus in allen Lebensphasen eine permanente Veränderung.[371] Im psychologischen Bereich wird der Begriff „Persönlichkeit" je nach Perspektiven unterschiedlich verstanden. So wird er einerseits als „das zu jedem Entwicklungszeitpunkt eines bestimmten menschlichen Individuums einzigartiges Gesamtsystem" begriffen und andererseits als „die Entwicklung des Gesamtsystems der Persönlichkeit eines bestimmten menschlichen Individuums über die gesamte Lebensspanne"[372] begriffen. Ein gemeinsamer Nenner liegt darin, dass die Persönlichkeit sich in der konstanten sozialen Interaktion des Individuums entwickelt.[373] Die Interaktion mit der sozialen Umwelt ist damit ebenso für die Persönlichkeitsentwicklung wie -entfaltung von größter Bedeutung.[374] Die menschliche Identität wird nicht mehr als etwas Statisches, sondern als etwas Prozesshaftes verstanden.[375] Ein solches Verständnis der Persönlichkeit lässt sich in Auslegung des Art. 2 Abs. 1 GG heranziehen.[376]

---

370 Vgl. *Rössler*, Privatheit und Autonomie, S. 41 (43); *Hotter*, Privatsphäre, S. 83 f.

371 Vgl. *Eifert*, Autonomie und Sozialität, S. 365 (366 f.); *Erikson*, Identität und Lebenszyklus, S. 18.

372 *Schneewind*, „Persönlichkeit", in: Online-Lexikon der Psychologie (Spektrum). Vgl. aus der rechtswissenschaftlicher Literatur *Britz*, Freie Entfaltung durch Selbstdarstellung, S. 18 f.

373 Vgl. *Britz*, Verfassungsrechtlicher Schutz, S. 353 (356); *Britz*, Freie Entfaltung durch Selbstdarstellung, S. 12, 19; *Luhmann*, Grundrechte als Institution, S. 61: „Die Notwendigkeiten und Bedingungen der Interaktion individualisieren und sozialisieren den Menschen zugleich."; beachtlich *Podlech*, in: AK-GG, Art. 2 Abs. 1 GG, Rn. 39; im psychologischen Bereich *Butler/McManus*, Psychology, S. 79 ff.

374 Vgl. *Britz*, NVwZ 2019, S. 672 (673 f.); *Rossen-Stadtfeld*, Medien, S. 95 (100 f.); *Mallmann*, Zielfunktionen des Datenschutzes, S. 47 ff., 53; *Britz*, Freie Entfaltung durch Selbstdarstellung, S. 83; angedeutet auch bei *Podlech*, in: AK-GG, Art. 2 Abs. 1 GG, Rn. 38.

375 Im allgemeinen Sprachgebrauch wird „Entfalten" mit dem ersteren und „Entwickeln" mit letzterem konnotiert. Vgl. *Suhr*, Entfaltung der Menschen durch die Menschen, S. 78 f.

376 Vgl. *Britz*, Freie Entfaltung durch Selbstdarstellung, S. 18 f.

Die menschliche Persönlichkeit gelangt durch die Handlungen der Einzelnen zur Entfaltung, die sich wesentlich in der sozialen Interaktion vollzieht und wiederum zur Konstituierung der Persönlichkeit dient.[377] Dies deutet darauf hin, dass eine Erörterung der Persönlichkeit ohne Rückgriff auf ihre Entfaltung gar keinen Sinn macht. Somit ist von der „soziale[n] Konstitution [der] individuellen Persönlichkeit“[378] die Rede. Die Rekonstruktion der menschlichen Persönlichkeit vollzieht sich kontinuierlich in einem Wechselspiel aus der Selbstdarstellung des Einzelnen und der Reaktion seiner Mitmenschen.[379] Ein prägendes Element der sozialen Interaktion ist vor allem die Verhaltenserwartungen des Gegenübers,[380] die die Annahmen über den jeweiligen Interaktionspartner einerseits und die sozialen Normen und Konventionen andererseits zugrunde legen.[381] Nicht nur die Bestätigung, sondern auch der Bruch mit den Erwartungen der Mitmenschen trägt zur Persönlichkeitsentwicklung bei.[382] Die menschliche Persönlichkeit kann daher auf einer gesellschaftlichen Dimension betrachtet werden.

2. Recht auf den Schutz der Privatsphäre

Das Recht auf den Schutz der Privatsphäre ist die älteste Ausprägung des allgemeinen Persönlichkeitsrechts in der Rechtsprechung des BVerfG.

---

377 Vgl. *Podlech*, Recht auf Privatheit, S. 50 (51); *Vesting*, in: Götting/Schertz/Seitz, HdbPR, § 6, Rn. 9; *Podlech*, in: AK-GG, Art. 2 Abs. 1 GG, Rn. 38; *Mallmann*, Zielfunktionen des Datenschutzes, S. 67 f.; *Suhr*, Entfaltung der Menschen durch die Menschen, S. 80 ff., 84 ff.; allgemeiner *Abendroth*, Über den Zusammenhang von Grundrechtssystem und Demokratie, S. 249 (255).

378 *Luhmann*, Grundrechte als Institution, S. 66.

379 Vgl. *Podlech*, Recht auf Privatheit, S. 50 (57); *Eifert*, Autonomie und Sozialität, S. 365 (367); *Tinnefeld*, Grundfragen, S. 1 (64); *Luhmann*, Grundrechte als Institution, S. 61 f.; *Mallmann*, Zielfunktionen des Datenschutzes, S. 48; *Suhr*, Entfaltung der Menschen durch die Menschen, S. 82.

380 Vgl. *Rössler*, Privatheit und Autonomie, S. 41 (46); *Tinnefeld*, Grundfragen, S. 1 (64); *Luhmann*, Grundrechte als Institution, S. 61; *Rössler*, Der Wert des Privaten, S. 205.

381 Vgl. *Rössler*, Privatheit und Autonomie, S. 41 (46); *Tinnefeld*, Grundfragen, S. 1 (64); *Rössler*, Der Wert des Privaten, S. 212 f.; *Britz*, Freie Entfaltung durch Selbstdarstellung, S. 13 f., 52; *Goffman*, Stigma, S. 9 ff.

382 Vgl. *Luhmann*, Grundrechte als Institution, S. 61 ff., insb. S. 65.

(1) Privatheit als Garant für Autonomie

Die zugrunde liegende Überlegung ist ein liberales Verständnis der Freiheitsversprechen des Grundgesetzes. Die grundrechtlich geschützten Freiheiten gewährleisten nicht allein den physischen Handlungsvollzug, der unbehindert möglich sein soll. Ein solches Verhalten beruht auf der Entscheidung, die sich aus einer autonom gebildeten Persönlichkeit ergeben.[383] Ein autonomes Individuum ist dasjenige, das selbst die entscheidenden Kriterien zur Abwägung seiner unmittelbaren Bedürfnisse aufstellen kann.[384] Bei der Entwicklung dieser Kriterien ist eine Abstraktion der Situation erforderlich, damit das Individuum die Beeinflussung aus der sozialen Umgebung gewissermaßen aus der Distanz beobachten und reflektieren kann.[385] Die Entwicklung der Persönlichkeit kann somit nur dann als selbstbestimmt bewertet werden, wenn das Individuum die Einwirkungen auf den Entwicklungsprozess der Persönlichkeit kennt. Steht die Persönlichkeit demgegenüber fortlaufend unter Fremdbeeinflussung, lassen sich die einwirkenden Faktoren keinesfalls ausschließen.

Eine denkbare Möglichkeit ist der (weitgehende) Rückzug aus der sozialen Interaktion, die bei der Persönlichkeitskonstitution eine besondere Rolle spielt. So hat das BVerfG in der Mikrozensus-Entscheidung wie folgt ausgeführt: Dem Einzelnen müsse „um der freien und selbstverantwortlichen Entfaltung seiner Persönlichkeit willen ein ‚Innenraum' verbleiben [...], in dem er ‚sich selbst besitzt', und ‚in den er sich zurückziehen kann, zu dem die Umwelt keinen Zutritt hat, in dem man in Ruhe gelassen wird und ein Recht auf Einsamkeit genießt'".[386] Gemäß Art. 2 Abs. 1 i.V.m. Art. 1 Abs. 1 GG soll deshalb eine Sphäre gewährleistet werden, die vor staatlicher Einsichtnahme geschützt wird.[387] Eine solche Privatsphäre gründet „einen Raum [...], in dem der Einzelne unbeobachtet sich selbst überlassen ist oder mit Personen seines besonderen Vertrauens ohne Rücksicht auf gesellschaftliche Verhaltenserwartungen und

---

383 Vgl. *Jarass*, NJW 1989, S. 857 (859); *Germann*, JURA 2010, S. 734 (735); *Dreier*, in: Dreier, GG, Art. 2 Abs. 1, Rn. 24; *Stein*, StaatsR, S. 250; *Britz*, Freie Entfaltung durch Selbstdarstellung, S. 23 f.

384 Vgl. *Winter*, Demokratietheoretische Implikationen, S. 37 (43).

385 Vgl. BVerfGE 80, 367 (381) (ablehnendes Votum): „[Falls die Selbstreflexion] in der Einsamkeit des Selbstgesprächs, also geschützt vor fremden Augen und Ohren statt[findet]." Vgl. *Britz*, Verfassungsrechtlicher Schutz, S. 353 (357 f.); *Britz*, Freie Entfaltung durch Selbstdarstellung, S. 15 ff., 20.

386 BVerfGE 27, 1 (6). Vgl. *Wintrich*, Zur Problematik der Grundrechte, S. 15 f.

387 Vgl. BVerfGE 27, 1 (6); 35, 202 (220).

ohne Furcht vor staatlichen Sanktionen verkehren kann."[388] Der Schutzumfang begrenzt sich aber trotz ihrer Bezeichnung nicht auf den lokalen Rückzugsort. Der Einzelne kann auch im vertrauten Personenkreis, der durch Verständnis und Diskretion gekennzeichnet ist,[389] divergierende Ideen erproben und sich von sozialen Spannungen erholen.[390] In diesem Sinne wird der Begriff der Privatheit häufig aufgegriffen,[391] die als „mentaler Ort zum Durchatmen"[392] beschrieben werden kann. Der Einzelne kann nur in der Privatsphäre autonom und authentisch entscheiden, „was man will und wer man sein möchte",[393] um risikofrei in soziale Kontakte mit den Vertrauten zu treten.[394] Mangels der Privatheit müsste der Einzelne unter dem beständigen Druck stehen, darauf zu achten, ob sein Verhalten in Einklang mit den sozialen Normen und den Erwartungen anderer steht.[395] Daraus ergibt sich, dass der Schutz der Privatsphäre eine Grundbedingung für eine autonome Lebensführung des Einzelnen ist, die auf die ungestörten Momente der Selbstreflexion zurückgreift.[396]

(2) Unbestimmtheit des Privaten

Der Begriff des Privatsphärenschutzes wird zwar recht einheitlich verwendet, doch gehen die Auffassungen darüber stark auseinander, was genau privat ist und was nicht.[397] Privatheit wird regelmäßig anhand der Dichotomie von privat und öffentlich negativ definiert:[398] Was privat ist, soll nicht zugänglich

---

388 BVerfGE 90, 255 (260). Vgl. BVerfGE 27, 1 (6); 34, 269 (281).

389 Vgl. *Rohlf*, Der grundrechtliche Schutz der Privatsphäre, S. 24; zur Bedeutung des Schutzes der Privatheit für die Persönlichkeitsentfaltung *Albers*, DVBl. 2010, S. 1061 (1066).

390 Vgl. *Boehme-Neßler*, IDPL 2016, S. 222 (226).

391 Vgl. *Hotter*, Privatsphäre, S. 30 mit Bezug auf die Privatsphäre, nicht Privatheit.

392 Vgl. *Boehme-Neßler*, IDPL 2016, S. 222 (226) m.w.N.

393 *Rössler*, Der Wert des Privaten, S. 304.

394 Vgl. *Boehme-Neßler*, DVBl. 2015, S. 1282 (1285); *Boehme-Neßler*, IDPL 2016, S. 222 (228).

395 Vgl. BVerfGE 101, 361 (383).

396 Vgl. *Horn*, HStR VII, § 149, Rn. 10; kritisch zur auf Autonomie beschränkten Sichtweise *Rössler*, Der Wert des Privaten, S. 283 f.

397 Vgl. *Albers*, DVBl. 2010, S. 1061 (1061); *Rohlf*, Der grundrechtliche Schutz der Privatsphäre, S. 43 ff.; *Schiedermair*, Der Schutz des Privaten als internationales Grundrecht, S. 8 ff. m.w.N.

398 Vgl. *Horn*, HStR VII, § 149, Rn. 6; *Mühlichen*, Privatheit im Zeitalter vernetzter Systeme, S. 21 f.; *Rössler*, Der Wert des Privaten, S. 11, 17 f.; *Schiedermair*, Der Schutz des Privaten als internationales Grundrecht, S. 36 ff.; *Geuss*, Privatheit,

sein.[399] Etwas ist privat, wenn eine Person den Zugang zu diesem Raum kontrollieren kann.[400] Eine positive Definition dessen, was privat ist, bleibt dagegen noch unbestimmt. Die Schwierigkeit liegt darin, dass das Konzept von Privatheit je nach Zeitpunkt, Kultur oder Person sehr unterschiedlich ist.[401] Eine umfassende Reihe der Literatur hat versucht, eine wissenschaftliche, allgemeingültige Definition der Privatheit zu etablieren.[402] Eine besondere Erwähnung in der Rechtswissenschaft verdient das „Recht auf Privatheit", also das Recht darauf, in Ruhe gelassen zu werden.[403] Fasst man Privatheit dementsprechend als einen von anderen isolierten Bereich auf, so würde man die soziale Umwelt als ein entscheidender Faktor ansehen, der den Grundstein für die Einschränkung der Privatheit und für die Rechtfertigung der Eingriffe in den grundrechtlich geschützten Bereich legt.[404] Diese Sichtweise greift aber zu kurz, weil der privateste Bereich wie etwa die Sexualität[405] in der sozialen Realität nicht allein möglich ist.[406] Privatheit bedeutet nicht, dass jede Art von sozialer Interaktion (und damit Fremdbestimmung) abwesend ist,[407] sondern ist durch eine soziale Eigenschaft ausgezeichnet.[408] Die Vorstellung der Privatheit verändert sich dynamisch, je nachdem, mit wem der Einzelne in soziale Interaktion tritt. Etwas kann gegenüber bestimmten Menschen oder der Öffentlichkeit privat

---

S. 16, 18 f., wobei noch weitere Gegensätze zu öffentlich, wie „geheim", „arkan" genannt sind.

399 Vgl. *Rössler*, Privatheit und Autonomie, S. 41 (42); *Horn*, HStR VII, § 149, Rn. 4; *Geuss*, Privatheit, S. 17 f., 106.

400 Vgl. *Rössler*, Privatheit und Autonomie, S. 41 (42 f.); *Rössler*, Der Wert des Privaten, S. 23.

401 Vgl. *Gusy/Worms*, DuD 2012, S. 92 (93); *Boehme-Neßler*, DVBl. 2015, S. 1282 (1285) m.w.N.; *Rössler*, Privatheit und Autonomie, S. 41 (49 f.); *Horn*, HStR VII, § 149, Rn. 6 f.

402 Vgl. einen Kategorisierungsversuch bei *Rössler*, Der Wert des Privaten, S. 16 ff.

403 Vgl. *Boehme-Neßler*, DVBl. 2015, S. 1282 (1284); *Horn*, HStR VII, § 149, Rn. 14; *Rössler*, Der Wert des Privaten, S. 14, 20. Vgl. in räumlicher Hinsicht BVerfGE 89, 1 (12); 115, 166 (196); 120, 180 (199); ferner; kritisch *Mallmann*, Zielfunktionen des Datenschutzes, S. 67.

404 Vgl. *Podlech*, in: AK-GG, Art. 2 Abs. 1 GG, Rn. 53.

405 Vgl. *Benda*, in: Benda/Maihofer/Vogel, HdbVerfR, § 6, Rn. 25.

406 Vgl. *Podlech*, in: AK-GG, Art. 2 Abs. 1 GG, Rn. 38; *Rössler*, Der Wert des Privaten, S. 20 f.

407 Vgl. *Gusy*, KritV 2015, S. 430 (432 f.); *Podlech*, in: AK-GG, Art. 2 Abs. 1 GG, Rn. 38, 53.

408 Vgl. *Gusy/Worms*, DuD 2012, S. 92 (93); *Gusy*, KritV 2015, S. 430 (432 f.); *Podlech*, Recht auf Privatheit, S. 50 (S. 51); *Podlech*, in: AK-GG, Art. 2 Abs. 1 GG, Rn. 53.

sein und gegenüber anderen nicht.[409] Betrachtet man die Kontextabhängigkeit der Privatheit, so wird deutlich, dass eine genaue Grenzziehung zwischen Privaten und Öffentlichen kaum durchführbar ist. Beim Versuch der inhaltlichen Fassung des Privaten wird die Vielfalt und Dynamik der Vorstellungen, Erwartungen und Konventionen deutlich.[410] Nachfolgend sollen nur diejenigen Kriterien behandelt werden, die für die Eingrenzung des Schutzbereiches aufgestellt werden.

1) Dichotomie im Netz

Im Schrifttum wurden verschiedene Kriterien vorgegeben, anhand derer öffentliche von privaten Sphären im Netz unterschieden werden. So wurde vertreten, dass es auf einem objektiv bestimmten Geheimhaltungswille bezüglich privater Lebenssachverhalte ankomme.[411] Bei freigegebenen Informationen liege der Geheimhaltungswille nicht vor, unabhängig davon, ob ein offenbarter Sachverhalt den intimen Inhalt enthalte. Eine im Zivilrecht vertretene Sichtweise betont demgegenüber ein öffentliches Interesse an der Wahrnehmung.[412] Die Auffassung kann aber nicht in das öffentliche Recht übertragen werden. Demzufolge könnten auch die intimen Inhalte als öffentlich eingestuft werden, solange etwa in einem Strafverfahren ein öffentliches Interesse besteht.

Mit Blick auf die Entwicklungen der modernen Kommunikationsgesellschaft versucht eine neuere Betrachtung öffentliche von privaten Sphären im Netz zu unterscheiden. Dabei spielt der Unterschied zwischen der digitalen und analogen Umgebung[413] eine zentrale Rolle für den Schutz der Privatsphäre. Zwar sollen sich auch im Netz geschützte Bereiche finden, die der unbeschränkten Öffentlichkeit nicht zugänglich sind. Die irreversible Preisgabe privater Inhalte prägt die Kommunikation im Internet: Die mitgeteilten Informationen seien „unvergesslich" und außerdem leicht reproduzierbar. Darin liege der Unterschied zwischen der Privatsphäre im digitalen und analogen Umfeld. Anders als bei der analogen Umwelt sei der digitale Raum des Internets grundsätzlich öffentlich. Die Privatsphäre in der digitalen Umwelt wird demnach zumindest dann nicht in Frage gestellt, wenn der Betroffene eigene persönliche

---

409 Vgl. *Boehme-Neßler*, DVBl. 2015, S. 1282 (1285); *Podlech*, in: AK-GG, Art. 2 Abs. 1 GG, Rn. 53; *Hotter*, Privatsphäre, S. 30, 81 f.

410 Vgl. *Gusy/Worms*, DuD 2012, S. 92 (93); *Horn*, HStR VII, § 149, Rn. 6.

411 Vgl. *Evers*, Privatsphäre und Ämter, S. 44.

412 Vgl. die Darstellung der damaligen zivilrechtlichen Literatur bei *Maass*, Information und Geheimnis, S. 25 ff.

413 Vgl. *Kutscha/Thomé*, Grundrechtsschutz im Internet?, S. 23 f.

Informationen freiwillig in der Öffentlichkeit verbreitet.[414] Es erscheint kaum denkbar und auch sogar der Dichotomie zu widersprechen, die Privatsphäre in freigegebenen Inhalten einzusehen. Das Private ist, wie oben dargestellt, substanziell dadurch gekennzeichnet, eigene Angelegenheiten dem sowohl physischen als auch psychischen Zugang anderer zu entziehen.[415] Zentral für den Schutz der Privatsphäre ist der Gedanke, dass das Individuum einer von außen verschlossenen Sphäre bedarf, um sich zu entfalten.[416] Verbreitet man dennoch eigene persönliche Angelegenheiten im Internet, kann dies als ein bewusstes Verlassen des grundrechtlich geschützten Bereichs beurteilt werden.

2) Private Öffentlichkeit?

Ein anderes Ergebnis ist zu erwarten, wenn zu schützende Privatheit nicht als etwas von der Außenwelt Trennbares verstanden wird. Eine solche Argumentationslinie entwickelte sich zuerst im Rahmen der analogen Umwelt und unterstreicht dabei, dass Privatheit auch in der Öffentlichkeit auftreten kann.[417] Dafür wird oft ein Freizeitverhalten des Einzelnen herangezogen, das trotz seines Stattfindens in der Öffentlichkeit noch Privatsache sei.[418] Die Befürworter dieser Ansicht ziehen daraus den Schluss, es existiere eine geschützte private Öffentlichkeit.[419] Der Schutz der Privatheit umfasst daher auch jene Lebenssachverhalte, die in der Öffentlichkeit stattfinden und somit potenziell jedem zugänglich sind.

Hinsichtlich der Unterschiede zwischen dem digitalen und analogen Umfeld ist der Gedanke der öffentlichen Privatheit auf öffentlich zugängliche Inhalte im Netz[420] nicht übertragbar. Einem solchen Verständnis der Privatheit steht entgegen, dass bei der Informationsverbreitung im Netz eine bewusste Suche nach einem Rückzugsort von der Öffentlichkeit üblicherweise nicht beobachtbar ist. Eine Ausnahme bilden die durch etwa Privatsphäre-Einstellungen geschützten

---

414 Vgl. *Schiedermair*, Der Schutz des Privaten als internationales Grundrecht, S. 41 (Fn. 219).

415 Vgl. *Gusy/Worms*, DuD 2012, S. 92 (94); *Horn*, HStR VII, § 149, Rn. 3.

416 Vgl. *Evers*, Privatsphäre und Ämter, S. 39.

417 Vgl. den Beispiel bei *Kamlah*, DÖV 1970, S. 361 (362); *Mallmann*, Datenschutz in Verwaltungsinformationssystemen, S. 47 ff.

418 Vgl. EGMR, JZ 2004, S. 1015 (1017); kritisch BVerfGE 101, 361 (384 f.). Vgl. einen anderen Beispiel bei *Evers*, Privatsphäre und Ämter, S. 45.

419 Vgl. *Schmidt*, JZ 1974, S. 241 (244); *Albers*, DVBl. 2010, S. 1061 (1066); zum Begriff einer „persönlichen Öffentlichkeit" *Schmidt*, Social Media, S. 27 ff.

420 Vgl. allgemein zu öffentlich zugänglichen Daten *Hefendehl*, StV 2001, S. 700 (703).

Bereiche. Eine Bewegung zwischen geschützten und ungeschützten Bereichen ist für die Nutzer in der Digitalwelt technisch einfach durchführbar. In der analogen Umwelt hingegen steht dem Einzelnen die Zugangskontrolle zu als privat empfundenen, doch im öffentlichen Raum freigegebenen Angelegenheiten faktisch nicht zur Verfügung. Weiterhin ist darauf hinzuweisen, dass Informationen im Netz beständig aufrufbar, einfach reproduzierbar und digital durchsuchbar sind.[421] Begibt sich der Einzelne trotz der bisher kurz gezeichneten, wesentlichen Besonderheiten der digitalen Umwelt mit seinen persönlichen Lebenssachverhalten in die Öffentlichkeit, so äußert er sich in seinem Verhalten zumindest indirekt dazu, dass die Kenntnisnahme durch eine unbegrenzte Öffentlichkeit indifferent oder sogar intendiert ist.[422]

3) Inhaltliche Beurteilung der Daten?

Teilweise wird ebenfalls vertreten, dass öffentlich zugängliche Daten im Netz vom Privatsphärenschutz umfasst werden können, wenn sie zur Persönlichkeitssphäre einen engeren Bezug haben.[423] Die Beurteilung, ob die engere Persönlichkeitssphäre im Einzelfall betroffen ist, soll sich wiederum nach dem Inhalt der verbreiteten Information richten. So sei ein solcher Bezug beispielsweise gegeben, wenn ein Blogger seine Lebensumstände im eigenen Blog detailliert mitteile.[424]

Doch im Hinblick auf das Schutzgut der Privatheit überzeugt diese Auffassung nicht. Zunächst ist der Meinung zuzustimmen, dass öffentlich zugängliche Daten ebenfalls privat sein können. Die persönlichen Angelegenheiten sind ursprünglich privat.[425] Sie werden allein wegen ihrer öffentlichen Zugänglichkeit nicht zur Sache des öffentlichen Interesses. Legt man jedoch den Fokus auf den Inhalt der Informationen, so ließe sich kritisieren, dass der Privatsphärenschutz damit tatbestandlich von der am Subjekt orientierten Betrachtung entkoppelt wird.[426] Dies führte dazu, dass der Einzelne über die typischerweise als privat eingeordneten Bereiche nicht mehr disponieren könnte. Um dieses Problem zu umgehen, versucht Biemann auf der Eingriffsebene dieses Ergebnis zu

---

421 Vgl. *Schwabenbauer*, Heimliche Grundrechtseingriffe, S. 146 ff.

422 Vgl. *Böckenförde*, Die Ermittlung im Netz, S. 191.

423 Vgl. *Perrey*, Gefahrenabwehr und Internet, S. 136 ff.; *Biemann*, „Streifenfahrten" im Internet, S. 149 f.

424 Vgl. *Biemann*, „Streifenfahrten" im Internet, S. 149 f.

425 Vgl. *Horn*, HStR VII, § 149, Rn. 6 (Fn. 6).

426 Vgl. *Albers*, DVBl. 2010, S. 1061 (1062); *Biemann*, „Streifenfahrten" im Internet, S. 150.

korrigieren.[427] Eine solche Bestimmung des Schutzbereichs ist jedoch für den Schutz der Privatheit nicht geeignet, weil die Privatheit sich durch die Möglichkeit auszeichnet, Zugangsschranken selbst zu bestimmen.[428] Der rechtliche Schutz der Privatheit ist dementsprechend auf die subjektive Bestimmung des Einzelnen ausgerichtet, einen Sachverhalt als privat einzustufen.[429] Unter dem Schutz der Privatheit stehen daher diejenigen, die auf diese Weise den privaten Angelegenheiten inhärenten Anspruch auf Abstand und Achtung geltend machen.[430] Wer demgegenüber den Schutz nicht beansprucht, nämlich die typischerweise als privat markierten Angelegenheiten an die Öffentlichkeit gibt, muss damit rechnen, dass seine Privatheit selbst beim Zugang anderer nicht verletzt wird. Die Zugänglichmachung des Privaten ist infolgedessen als eine Wahrnehmung des Rechts auf den Schutz der Privatheit zu betrachten.[431] Eine Grundrechtsbeeinträchtigung wird folglich ausgeschlossen. Ansonsten bliebe das in der Informationsgesellschaft weit verbreitete Nutzungsverhalten, über die Privatsphäre weitgehend zu verfügen, unbeachtet.

(3) Datenverknüpfung

Weiterhin ist zu berücksichtigen, ob der Privatsphärenschutz beeinträchtigt wird, wenn die personenbezogenen Daten neu generiert werden. Der neue Aussagewert wird dabei mittels Verknüpfung und Auswertung bereits frei zugänglicher Daten geschaffen, wie dies bei den Inferenzmodellen der Fall ist. Dabei sind statistische Methoden auf Datenmengen mit personenbezogenen Informationen anzuwenden, um auf persönliche Eigenschaften zurückzuschließen. Dadurch ist etwa zu ermitteln, wie wahrscheinlich eine Person bestimmte politische Einstellung hat. Hierfür scheint die Aussage des BVerfG zutreffend zu sein, dass das gezielte Zusammentragen und Auswerten der vorab erhobenen Daten einen Grundrechtseingriff darstellen könne, wenn dadurch ein neuer Aussagewert geschaffen würde.[432]

---

427 Vgl. *Biemann*, „Streifenfahrten“ im Internet, S. 150.

428 Vgl. *Albers*, DVBl. 2010, S. 1061 (1062).

429 Vgl. *Horn*, HStR VII, § 149, Rn. 43.

430 Vgl. BVerfGE 65, 1 (42); *Schertz*, NJW 2013, S. 721 (722); *Horn*, HStR VII, § 149, Rn. 43.

431 Vgl. *Horn*, HStR VII, § 149, Rn. 45: „Form der (grundsätzlich zulässigen) Einwilligung“.

432 Vgl. BVerfGE 120, 274 (345); 120, 351 (362).

Das Recht auf den Privatsphärenschutz bietet aber keinen Schutz vor derartigen Informationsverarbeitungen. Nutzer verbreiten bestimmte Informationen in sozialen Medien, um sich selbst darzustellen. Für die Selbstdarstellung steht aber nicht allein die spezifische Information zur Verfügung. Exemplarisch ist ein Klicken auf den „Gefällt-mir" Button zu bestimmten Beiträgen zu benennen, das der Öffentlichkeit nonverbal eigene Werte und Anschauungen vermittelt. Durch die Auswertung solcher Daten lässt sich ein Merkmal der Persönlichkeit ermitteln, das regelmäßig als privat eingestuft wird. Die so gewonnenen neuen Erkenntnisse mögen Schamgefühl hervorrufen und darüber hinaus die Persönlichkeit des Betroffenen gefährden.[433] Dennoch ist dabei kein Eindringen in einen geschützten Bereich zu erblicken. Der Privatsphärenschutz umfasst, wie bereits oben ausgeführt, die Gewährleistung diskreter physischer sowie psychischer Räume. Die Privatheit ist maßgeblich vom subjektiven Bedürfnis nach der Kontrolle des Zugangs zu privaten Lebenssachverhalten geprägt. Spräche man bezüglich der Analyse der politischen Überzeugung von einer Beeinträchtigung der Privatheit, würde der Privatsphärenschutz missverständlich mit der persönlichen Angelegenheit im Zusammenhang stehen. Unter den Privatsphärenschutz fallen dagegen nur persönliche Angelegenheiten, die in nicht der Kenntnisnahme durch jedermann offenstehenden Bereich verbreitet werden. Die Privatsphäre desjenigen, der sich öffentlich bewegt, wird nicht durch staatliche Wahrnehmung der politischen Überzeugung verletzt. Daran ändert sich nichts, wenn aus öffentlich verbreiteten Informationen die typischerweise als privat bewerteten Merkmale der Persönlichkeit zu erschließen sind.

(4) Fazit

Somit bleibt festzuhalten, dass die öffentlich zugänglichen Daten nicht unter den Schutzbereich der Privatsphäre fallen. Rekurrierend auf die traditionelle Dichotomie von privat und öffentlich lassen sich auch im Netz die durch Art. 2 Abs. 1 i.V.m. Art. 1 Abs. 1 GG geschützten Sphären von der ungeschützten öffentlichen Sphäre abgrenzen. Die digitale Umgebung ist hinsichtlich der Irreversibilität der Informationsverbreitung im Grunde als öffentlich einzustufen. Wenn im digitalen Raum Informationen preisgegeben werden, ist die Beeinträchtigung der Privatsphäre durch staatliche Wahrnehmung ausgeschlossen. Denn das Spezifikum des Privaten besteht darin, eigene Lebenssachverhalte weg vom Zugang anderer zu verlagern.

---

433 Vgl. hinsichtlich des informationellen Selbstbestimmungsrechts *Poscher*, Die Zukunft der informationellen Selbstbestimmung S. 167 (175).

Die Gewährleistung der Privatheit wird zum Garant der Autonomie des Menschen. Die autonome Lebensführung des Einzelnen ist nach dem interaktionistischen Verständnis der Persönlichkeit wesentlich auf ungestörte Momente der Selbstreflexion im Privaten angewiesen. Das wird für den in Art. 2 Abs. 1 i.V.m. Art. 1 Abs. 1 GG verankerten Schutz der Privatsphäre zugrunde gelegt, dem eine diskrete, vor dem Eindringen anderer gesicherte Sphäre unterfällt. Das Private ist davon geprägt, persönliche Angelegenheiten dem Zugang anderer zu entziehen. Bei der bewussten Suche nach der unbeschränkten Öffentlichkeit hingegen wird der Schutz der Privatsphäre außer Acht gelassen. Daran ändert die Entwicklungen der modernen Kommunikationsgesellschaft nichts. Dabei muss aber der Unterschied zwischen dem digitalen und analogen Raum in den Blick genommen werden. Trägt man der irreversiblen Preisgabe der Informationen im Netz Rechnung, kommt man zu dem Schluss, dass die digitale Umgebung grundsätzlich als öffentlich kategorisiert werden kann. Nicht unter den Schutz der Privatsphäre fallen daher persönliche Angelegenheiten, die vom Betroffenen im digitalen Raum verbreitet werden. Deren Erhebung ist für die Privatsphäre irrelevant. Entsprechendes gilt auch für den Fall, dass den im Netz freigegebenen Daten durch die computergestützten Analysemethoden die sonst als privat bewerteten Merkmale der Persönlichkeit entnommen werden. Die Auswertung der in sozialen Medien frei vorhandenen Daten mag zu den Gefährdungen der Persönlichkeit führen, gegen die der Privatsphärenschutz sich funktional richtet, doch sie beeinträchtigt das Schutzgut der Privatsphäre nicht.

3. Recht auf informationelle Selbstbestimmung

Im Volkszählungsurteil hat das BVerfG das Recht auf informationelle Selbstbestimmung als spezielle Ausprägung des allgemeinen Persönlichkeitsrechts nach Art. 2 Abs. 1 i.V.m. Art. 1 Abs. 1 GG geschaffen.[434] Unter dem informationellen Selbstbestimmungsrecht werden heute alle auf Informationen über die Persönlichkeit und insbesondere über die Privatsphäre des Einzelnen hinaus bezogenen Aspekte des Persönlichkeitsschutzes zusammengefasst.[435]

434 Vgl. BVerfGE 65, 1. Trotz der unterschiedlichen Terminologie ist die Zugehörigkeit des Rechts auf informationelle Selbstbestimmung zum allgemeinen Persönlichkeitsrecht übereinstimmend anerkannt. Vgl. hierzu weiterführend *Wanckel*, Persönlichkeitsschutz in der Informationsgesellschaft, S. 129.

435 Vgl. zum Verständnis als Querschnitt bestehender Ausprägungen des allgemeinen Persönlichkeitsrechts *Horn*, HStR VII, § 149, Rn. 47; *Rixen*, in: Sachs, GG, Art. 2, Rn. 73; *Kunig/Kämmerer*, in: Münch/Kunig, GG, Art. 2, Rn. 73; ferner

Dessen Konsequenz ist, dass alle unterschiedlichen Arten der Informationsmaßnahmen grundsätzlich an einheitlichen Grundsätzen für die Prüfung von Grundrechtsbeschränkungen gemessen werden. Dieses Recht gewährleistet die Befugnis, grundsätzlich selbst über die Preisgabe und Verwendung seiner persönlichen Daten zu bestimmen.[436] Dadurch soll der Einzelne vor den Gefahren der Informationsgesellschaft geschützt werden, die auch durch den Einsatz von Social-Media-Monitoring entstehen. Damit taucht die Frage auf, ob diese Informationsmaßnahme das Recht auf informationelle Selbstbestimmung beeinträchtigt. Daran schließt sich weiterhin die Frage an, wie der Schutzbereich dieses Rechts und ein Eingriff in diesen Schutzbereich bestimmt werden können. Um diese Fragen zu beantworten, sollen im Folgenden die im Volkszählungsurteil getroffenen Aussagen unter Heranziehung der in der Literatur vertretenen Auffassungen reflektiert werden, die zeitlich der richterlichen Anerkennung des Rechts vorausgingen. Diese wegbereitenden Ansichten wurden für das Volkszählungsurteil des BVerfG zugrunde gelegt.

(1) Herleitung

Das BVerfG hat im Volkszählungsurteil vom 15.12.1983 das Recht auf informationelle Selbstbestimmung aus dem allgemeinen Persönlichkeitsrecht hergeleitet. Mit dem informationellen Selbstbestimmungsrecht antwortete das Gericht auf die schon in der Literatur begründeten Forderungen nach einer verfassungsrechtlichen Anerkennung des Datenschutzes. Das Urteil hatte das Volkszählungsgesetz von 25. März 1982 zum Gegenstand, mit dem der Bundesgesetzgeber anstrebte, eine umfangreiche Datenerhebung und -verarbeitung für statistische Zwecke durchzuführen. Das BVerfG erklärte es teilweise mit Art. 2 Abs. 1 i.V.m. Art. 1 Abs. 1 GG unvereinbar und nichtig.[437]

Das BVerfG stellt in seinem Volkszählungsurteil zunächst fest, dass der Inhalt des allgemeinen Persönlichkeitsrechts durch die bis dahin erfolgten Konkretisierungen nicht abschließend bestimmt ist.[438] Davon umfasst sei auch die sich aus dem Gedanken der Selbstbestimmung ergebende Befugnis des

---

zur Konzipierung als Fortentwicklung des Selbstdarstellungsschutzes *Di Fabio*, in: Dürig/Herzog/Scholz, GG, Art. 2 Abs. 1, Rn. 173 m.w.N.; *Dreier*, in: Dreier, GG, Art. 2 Abs. 1, Rn. 80, der mit Hinblick auf die „unbestreitbare normative Verselbständigung" dieser Debatte nur geringe Relevanz beimisst.

436 Vgl. BVerfGE 65, 1 (43); 84, 192 (194); 113, 29 (46); 115, 166 (188); 118, 168 (184).

437 Vgl. BVerfGE 65, 1 (3).

438 Vgl. BVerfGE 65, 1 (41).

Einzelnen, „grundsätzlich selbst zu entscheiden, wann und innerhalb welcher Grenzen persönliche Lebenssachverhalte offenbart werden."[439] Diese müsse unter Bedingungen der automatischen Datenverarbeitung in besonderem Maße geschützt werden. In ihren umfassenden Speicher- und Verknüpfungsmöglichkeiten sah das BVerfG die Gefahr, dass die „teilweise oder weitgehend vollständigen Persönlichkeitsbild[er]"[440] hergestellt werden, deren Richtigkeit und Verwendung aber der Einzelne nicht kontrollieren könne. Anhand derer seien die Möglichkeiten der Einflussnahme auf die freie Entfaltung der Persönlichkeit gewichtet.[441] Im Urteiltext heißt es dazu: „Wer nicht mit hinreichender Sicherheit überschauen kann, welche ihn betreffende Informationen in bestimmten Bereichen seiner sozialen Umwelt bekannt sind, und wer das Wissen möglicher Kommunikationspartner nicht einigermaßen abzuschätzen vermag, kann in seiner Freiheit wesentlich gehemmt werden, aus eigener Selbstbestimmung zu planen und zu entscheiden."[442]

So wurde das Recht auf informationelle Selbstbestimmung aus einer soziologischen Perspektive begründet. Die dafür notwendige, gelungene Kommunikation bezieht sich auf die eigenen Erwartungen über jene Erwartungen, die andere an die eigene Person stellen.[443] Die möglichen Reaktionen des Kommunikationspartners seien dann abschätzbar, wenn das Fremdbild vom Selbst möglichst genau antizipiert werden könne. Der Einzelne könne dann sein Bild vom Selbst darauf lenken und dementsprechend verändern.[444] Dies sei aber in der Gesellschaftsordnung nicht durchführbar, in der der Einzelne, „nicht mehr wissen [kann], wer was wann und bei welcher Gelegenheit über [ihn] weiß."[445] Die Erwartung über Erwartungen anderer vom Selbst soll daher immer von personenbezogenen Informationen abhängen.

Ferner wurde das vom BVerfG aufgegriffene Kommunikationsmodell im Volkszählungsurteil um eine auf konkrete staatliche Maßnahme, also die Verarbeitung personenbezogener Daten gerichtete Sichtweise weiterentwickelt.[446]

---

439 BVerfGE 65, 1 (42).

440 BVerfGE 65, 1 (42).

441 Vgl. BVerfGE 65, 1 (42); bereits bei BVerfGE 27, 1 (6); hierzu *Albers*, Informationelle Selbstbestimmung, S. 195 ff.

442 BVerfGE 65, 1 (43).

443 Vgl. *Luhmann*, Soziale Systeme, S. 198: „Antezipation und der Antezipation von Antezipationen".

444 Vgl. *Albers*, Informationelle Selbstbestimmung, S. 400 ff.

445 BVerfGE 65, 1 (43).

446 Vgl. *Simitis*, NJW 1984, S. 398 (399).

Zur Begründung des Informationsschutzes wurde auf den Anpassungsdruck zurückgegriffen, der durch umfassende staatliche Beobachtungen ausgelöst wird: „Wer damit rechnet, daß etwa die Teilnahme an einer Versammlung oder einer Bürgerinitiative behördlich registriert wird und daß ihm dadurch Risiken entstehen können, wird möglicherweise auf eine Ausübung seiner entsprechenden Grundrechte (Art. 8, 9 GG) verzichten."[447] Aus den vom BVerfG getroffenen Aussagen kann man herauslesen, dass für das BVerfG das Recht auf informationelle Selbstbestimmung nur Mittel zum Zweck ist. Das Grundrecht soll Entscheidungsfreiheit und Persönlichkeitsentfaltung des Einzelnen durch den Schutz vor Gefahren möglich machen. Die Gefahren in diesem Kontext bestehen in Verhaltensanpassungen aus der Angst, dass sein Verhalten behördlich wahrgenommen und möglicherweise sanktioniert werden könnte.[448] Der Einschüchterungseffekt auf die autonome Entscheidungsfindung verstärkt sich,[449] wenn das Ob und Wie staatlicher Beobachtungen ungewiss sind: „Wer unsicher ist, ob abweichende Verhaltensweisen jederzeit notiert und als Information dauerhaft gespeichert, verwendet oder weitergegeben werden, wird versuchen, nicht durch solche Verhaltensweisen aufzufallen."[450]

Das BVerfG hat somit den unter Art. 2 Abs. 1 i.V.m. Art. 1 Abs. 1 GG verorteten Schutzbedarf dadurch umgesetzt, jegliche personenbezogene Daten umfassend zu schützen. Dem Einzelnen wird demnach die Befugnis gewährleistet, „grundsätzlich selbst über die Preisgabe und Verwendung seiner persönlichen Daten zu bestimmen."[451]

(2) Ansätze in der Literatur

1) Limitationen des Privatsphärenschutzes

Der Privatsphärenschutz wird, wie oben ausgeführt, aus Art. 2 Abs. 1 i.V.m. Art. 1 Abs. 1 GG abgeleitet,[452] an dem der Datenschutz jedenfalls geknüpft wurde.[453] Aufgrund dessen konnte die staatliche Informationserhebung zwar

447 BVerfGE 65, 1 (43).

448 Vgl. *Albers*, Informationelle Selbstbestimmung, S. 154 f.

449 Vgl. zur Unsicherheit über behördliches Informationsverhalten *Podlech*, DVR 1976, S. 23 (24 f.).

450 BVerfGE 65, 1 (43).

451 BVerfGE 65, 1 (43).

452 Hier wird die Garantie der Menschenwürde des Art. 1 Abs. 1 GG als eine „programmatische Leit- und Auslegungsrichtlinie" verstanden. Vgl. *Dreier*, in: Dreier, GG, Art. 2 Abs. 1, Rn. 69; *Lang*, in: BeckOK GG, Art. 2, Rn. 70.

453 Vgl. *Benda*, FS Geiger, S. 23 (35).

als Grundrechtseingriff bewertet werden, obwohl sie die durch Art. 10 Abs. 1 und Art. 13 Abs. 1 GG geschützten Bereiche nicht berühren.[454] Für den Datenschutz wurde zugrunde gelegt, dass für die Existenz des Individuums ein Bereich der Ruhe unerlässlich sei.[455] Der Schutz richtete sich demnach besonders gegen staatliche Erhebung der Informationen, die negative Empfindungen wie Schamgefühl hervorrufen können.[456] Dieselbe Schutzrichtung ist in der Warnung vor der herabsetzenden Erhebung intimer Daten zu sehen,[457] die von sich aus Geheimnischarakter hätten.[458] Doch dabei wurde der Bereich unantastbarer persönlicher Angelegenheiten als sehr begrenzt eingeschätzt.[459]

Diese Handhabung hat aber dort ihre Grenze gefunden, wo eine gesamte Persönlichkeit eines Menschen anhand der integrierten Datensysteme erfasst wird.[460] Der Privatsphärenschutz beschränkt sich tatbestandlich nur auf die schwer zu fassenden, engeren persönlichen Lebenssphären.[461] Doch bei der modernen Datenintegrierung können neben Informationen aus der engeren persönlichen Lebenssphäre belanglose Informationen zur informationellen Ermittlung der Persönlichkeit führen, wenn sie zu Persönlichkeitsprofilen[462] zusammengestellt werden.[463] Dem Schutz der Privatsphäre unterfallen öffentlich zugänglichen Daten nicht,[464] obwohl daraus Persönlichkeitsprofile erstellt werden könnten. Dies kann dazu führen, dass ein unvollständiges und gegebenenfalls inaktuelles, aber trotzdem festgefügtes Bild von einer Person vermittelt wird.[465] Daneben wurde darauf hingewiesen, dass eine faktische informationelle Gewaltenteilung innerhalb der Verwaltung aufgehoben würde, weil es das integrierte Datensystem staatlichen Stellen ermögliche, auf sämtliche

---

454 Vgl. *Albers*, Informationelle Selbstbestimmung, S. 195 ff.

455 Vgl. *Benda*, FS Geiger, S. 23 (32 f.).

456 Vgl. *Albers*, Informationelle Selbstbestimmung, S. 117 f. m.w.N.

457 Vgl. BVerfGE 27, 1 (7).

458 Vgl. *Wintrich*, Zur Problematik der Grundrechte, S. 15.

459 Vgl. *Benda*, FS Geiger, S. 23 (31).

460 Vgl. für die Literatur vor dem Volkszählungsurteil *Di Fabio*, in: Dürig/Herzog/Scholz, GG, Art. 2 Abs. 1, Rn. 173; *Benda*, FS Geiger, S. 23 (36 f.); *Haft*, NJW 1979, S. 1194 (1197).

461 Vgl. BVerfGE 27, 1 (7).

462 Vgl. zum Terminus BVerfGE 109, 279 (323); 112, 304 (319); 115, 320 (351); 125, 260 (334); 130, 1 (24).

463 Vgl. die Warnung vor Gefahren des gläsernen Menschen bei Haft, NJW 1979, 1194 (1197).

464 Vgl. BVerfGE 27, 1 (7).

465 Vgl. *Albers*, Informationelle Selbstbestimmung, S. 457.

Informationen zuzugreifen.[466] Die Persönlichkeit des Einzelnen könne folglich in Gefahr geraten, weil sich ein unrichtiges Bild des Einzelnen in der Verwaltung verfestigen und der Einzelne aufgrund bestimmter Charaktereigenschaft stigmatisiert werden könnte.[467] Sachwidrige Verwaltungsentscheidungen könnten die Folge davon sein.[468] Vor diesem Hintergrund wurde der Schutz der Privatsphäre als unzureichend für die Gewährleistung der freien Persönlichkeitsentfaltung erachtet.[469]

2) Soziologische Perspektive

Die Forderung nach einem weitergehenden Schutz der personenbezogenen Daten wurde durch soziologische Erkenntnisse gestützt,[470] die primär auf soziologische Untersuchungen Luhmanns[471] zurückgehen. Die Persönlichkeit entfaltet sich demnach nicht bloß in, sondern durch ihr gesellschaftliches Umfeld.[472] Die Entwicklung und Entfaltung der Persönlichkeit vollziehe sich in der sozialen Interaktion. Für die gelungene Kommunikation seien ausreichende Erwartungen über gesellschaftliche Verhaltenserwartungen notwendig. Weitere Voraussetzung sei, dass der Einzelne sich in selbstbestimmter Weise gegenüber dem Kommunikationspartner darstellen und so das Bild des anderen vom eigenen Selbst beeinflussen kann.[473] Die soziale Umgebung nehme das Handeln des Einzelnen wahr, informiere sich über den Einzelnen und gebe positive oder negative Reaktionen darauf.[474] Anhand derer finde der Einzelne wiederum heraus, ob seine Selbstdarstellung in der gewünschten Weise zu erreichen sei. Anschließend richte er sein künftiges Verhalten darauf aus.[475]

---

466 Vgl. *Schmidt*, JZ 1974, S. 241 (242).

467 Vgl. *Mallmann*, Zielfunktionen des Datenschutzes, S. 75 ff.

468 Vgl. *Mallmann*, Zielfunktionen des Datenschutzes, S. 75 ff.; ausführlich *Albers*, Informationelle Selbstbestimmung, S. 457.

469 Vgl. für eine weitere Auslegung des Schutzbereichs der Privatsphäre *Benda*, FS Geiger, S. 23 (32 f.).

470 Vgl. *Steinmüller*, Grundfragen des Datenschutzes, S. 86; zur Kritik an den daraus entwickelten rechtlichen Folgen *Ehmann*, AcP 188 (1988), S. 230 (335 ff.).

471 Vgl. *Luhmann*, Grundrechte als Institution, S. 53 ff.

472 Vgl. *Schlink*, Der Staat 25 (1986), S. 233 (242 f.); *Ehmann*, AcP 188 (1988), S. 230 (333 ff.); *Riepl*, Informationelle Selbstbestimmung, S. 23 f.

473 Vgl. *Britz*, Freie Entfaltung durch Selbstdarstellung, S. 13 ff.

474 Vgl. *Steinmüller*, Grundfragen des Datenschutzes, S. 87; *Mallmann*, Datenschutz in Verwaltungsinformationssystemen, S. 56.

475 Vgl. *Schlink*, Der Staat 25 (1986), S. 233 (243); *Mallmann*, Datenschutz in Verwaltungsinformationssystemen, S. 70.

In Anlehnung an diese Erkenntnisse wird besonders betont, dass für persönlichkeitsbeeinflussende Reaktionen des sozialen Umfelds die Information über den Einzelnen zentral ist.[476] Jede individuelle personenbezogene Information sei insoweit schutzbedürftig, als der Einzelne über seine Persönlichkeit selbst bestimmen können solle. Der Datenschutz wurde demnach als notwendig für die freie Entfaltung der Persönlichkeit betrachtet und damit unmittelbar aus Art. 2 Abs. 1 i.V.m. Art. 1 Abs. 1 GG hergeleitet.

Die soziologisch orientierten Konzeptionen entwickelten sich in der Literatur zu einem Recht auf Selbstdarstellung.[477] Die Bilder, die das soziale Umfeld vom Einzelnen habe, können so verfestigt werden, dass sein Bild, das sich andere von ihm gemacht haben, durch eine eigene Selbstdarstellung nicht mehr hinreichend verändert werden könne. Die individuelle Persönlichkeit lasse sich so kaum mehr in der Weise entfalten, wie sich der Einzelne selbst sehe. Eine Selbstdarstellung, die nicht auf die Fremdbilder ausgerichtet ist, ziehe keine soziale Anerkennung nach sich. Der Einzelne müsse demnach durch das informationelle Selbstbestimmungsrecht in die Lage versetzt werden, die Entstehung und Verbreitung solcher Fremdbilder zu steuern, die sich durch personenbezogene Informationen verfestigten. Andernfalls könne die Persönlichkeit des Individuums im Laufe der Selbstveränderung hin zur Selbstfindung nicht durchgesetzt werden.

3) Einschüchterung und Anpassungsdruck

Die letzte Perspektive legte besondere Aufmerksamkeit auf die drohende Beeinflussung der Entscheidungsautonomie durch staatliche Überwachungsmaßnahmen.[478] Dabei steht die Autonomie des Individuums – ebenso wie bei der soziologisch orientierten Perspektive – im Mittelpunkt. Doch der Schwerpunkt wird jeweils unterschiedlich gesetzt. Die soziologische Betrachtungsweise befasst sich primär mit der Frage, wie die Entwicklung der Persönlichkeit durch soziales Umfeld beeinflusst wird, was im Wesentlichen das horizontale Verhältnis der Bürger zueinander betrachtet und damit grundrechtliche Drittwirkung hindeutet.[479] Demgegenüber legt der hier anzuführende

---

476 Vgl. *Schlink*, Der Staat 25 (1986), S. 233 (243); *Steinmüller*, Grundfragen des Datenschutzes, S. 87; *Mallmann*, Datenschutz in Verwaltungsinformationssystemen, S. 56.

477 Vgl. *Schlink*, Der Staat 25 (1986), S. 233 (243 f.); *Rüpke*, Der verfassungsrechtliche Schutz der Privatheit, S. 75 ff.; *Britz*, Freie Entfaltung durch Selbstdarstellung, S. 13 ff.

478 Vgl. *Schmidt*, JZ 1974, S. 241 (241); ferner *Bull*, GS Sasse, S. 869 (875 ff.).

479 Vgl. *Bull*, Informationelle Selbstbestimmung, S. 30 f.

Gesichtspunkt den besonderen Fokus auf unmittelbare Auswirkungen staatlicher Überwachungsmaßnahmen auf konkrete Entscheidungssituationen. Die am Einschüchterungseffekt orientierte Sichtweise stellt in diesem Zusammenhang auf die drohenden Nachteile ab, die durch ein gerade nicht angepasstes Verhalten bedingt sind. Dem Einzelnen steht mit dem Staat ein potenziell repressiver Akteur gegenüber.

Nach dieser Perspektive gerät die Handlungsfreiheit in der konkreten Situation durch staatliche Überwachungsmaßnahmen in Gefahr, die individuelle Autonomie psychisch beeinträchtigen können.[480] Dies sei zum Beispiel der Fall, wenn der Staat erlaubte politische Handlungen registriert und damit politische Teilnahme des Einzelnen gefährdet. Die einschlägigen Grundrechte würden in diesem Fall ins Leere laufen, wenn das Verhalten des Einzelnen, wie bei der Informationssuche in allgemein zugänglichen Quellen, umfassend unter staatliche Beobachtung gestellt würden, die zur Ermittlung seiner persönlichen Einstellung durchgeführt wird.[481] Diese umfangreiche Überwachungsmaßnahme könne das Verhalten des Einzelnen steuernd beeinflussen und zur Folge haben, dass er die politische Handlungsfreiheit nur beschränkt wahrnehme. Die hinsichtlich der politischen Rechte zum Ausdruck gebrachte Besorgnis wird auch allgemein dahingehend formuliert, dass (heimliche) Überwachungsmaßnahmen den Einzelnen von normabweichendem Verhalten abschrecken können. Wer sich beobachtet wisse, passe sein Verhalten an diese Umstände an.[482] Der Einzelne müsse dabei stets mit der Überwachung und damit verbundenen Nachteilen rechnen,[483] aus denen anschließend die Gefahr der Verhaltensanpassung resultieren könne. Nicht nur jene Nachteile, die mit unmittelbaren Sanktionsmaßnahmen einhergehen, die wegen der missbilligten Verhaltensweisen durch den Staat verhängt werden können, sondern auch jene, die die Informationserhebungen mittelbar mit sich bringen, könnten eine solche Verhaltensanpassung bewirken. Beispielhaft könne die Gefahr sachwidriger Entscheidungen angeführt werden, die sich aus unvollständigen oder inaktuellen Informationen ergeben könne, was durch die dauerhafte Speicherung einmal erhobener Informationen bedingt sei. Daraus können sich Stigmatisierungseffekte ergeben.[484]

---

480 Vgl. *Mallmann*, JZ 1973, S. 274 (275 f.); ähnlich *Bull*, GS Sasse, S. 869 (882).
481 Vgl. *Heussner*, FS Wannagat, S. 179 (179 f.).
482 Vgl. *Schmidt*, JZ 1974, S. 241 (241).
483 Vgl. *Arndt*, Der Rechtsstaat und sein polizeilicher Verfassungsschutz, S. 157 (168).
484 Vgl. *Mallmann*, Zielfunktionen des Datenschutzes, S. 56.

(3) Öffentlich zugängliche Daten

Aus dem durch die Rechtsprechung konkretisierten Schutzgehalt ist herzuleiten, dass das BVerfG personenbezogene Daten aus öffentlich zugänglichen Quellen als schutzbedürftig anerkennt. Das BVerfG hat im Urteil zur Online-Durchsuchung festgestellt, dass die Eingriffsqualität der Datenerhebung zumindest dann bejaht werden müsse, wenn die so erhobenen Daten gezielt zusammengetragen, gespeichert und ausgewertet würden.[485] Das impliziert, dass öffentlich zugängliche Daten jedenfalls in den Schutzbereich des Rechts auf informationelle Selbstbestimmung fallen. Dieselbe Tendenz zeigt sich auch bei den Entscheidungen, die sich mit derartigen Daten im analogen Umfeld auseinandersetzen. So hat das BVerfG die Überwachungsmaßnahmen wie die Aufnahmen auf öffentlichen Plätzen[486] und die Kfz-Kennzeichenüberwachung[487] im Hinblick auf Art. 2 Abs. 1 i.V.m. Art. 1 Abs. 1 GG rechtlich bewertet. Denn das Interesse des Einzelnen am Schutz personenbezogenen Informationen ende nicht, wenn er sich in die Öffentlichkeit begebe. Eine derartige Schutzbereichsbestimmung wäre dann verfassungsrechtlich legitimierbar, wenn der Schutz personenbezogener Daten aus öffentlich zugänglichen Quellen erforderlich ist, um den Datenschutzzielen gerecht zu werden.

1) Personenbezogenen Daten

Das Recht auf informationelle Selbstbestimmung gewährt dem Einzelnen die Befugnis, selbst über die Preisgabe und Verwendung seiner persönlichen Daten zu bestimmen.[488] Die persönlichen Daten werden im Rahmen des Rechts auf informationelle Selbstbestimmung in Anlehnung an die einfachgesetzliche Definition der personenbezogenen Daten ausgelegt. Dazu zählen Einzelangaben über persönliche oder sachliche Verhältnisse einer bestimmten oder bestimmbaren natürlichen Person.[489] Persönliche Daten sind nach dem Volkszählungsurteil ausdrücklich losgelöst von etwaigen Sphären zu verstehen, wie sie sonst im Persönlichkeitsrecht anzutreffen sind.[490] Denn es gibt wegen der

---

485 Vgl. BVerfGE 120, 274 (345).

486 Vgl. BVerfG, NVwZ 2007, S. 688 (690).

487 Vgl. BVerfGE 120, 378 (399).

488 Vgl. BVerfGE 65, 1 (43); 120, 274 (311 f.).

489 Vgl. BVerfGE 65, 1 (42), wobei die Definition in § 2 Abs. 1 BDSG a.F. herangezogen wurde; zum Begriff „personenbezogene Daten" i.S.v. BDSG a.F. *Gola/Schomerus*, in: BDSG, § 3, Rn. 3. Vgl. auch *Schaar*, Datenschutz im Internet, S. 46 ff.

490 Vgl. *Desoi/Knierim*, DÖV 2011, S. 398 (399); *Geminn/Roßnagel*, JZ 2015, S. 703 (706).

technischen Möglichkeiten kein schlechthin belangloses personenbezogenes Datum mehr.[491] Es existiert keine Unterscheidung mehr zwischen schützenswerten und weniger schutzwerten Sphären. Für den Schutzbereich des Rechts auf informationelle Selbstbestimmung kommt es eher darauf an, ob sich die Daten auf eine bestimmte Person beziehen oder geeignet sind, einen Bezug zu ihr herzustellen.[492]

Betrachtet man den Schutzbereich des Rechts auf informationelle Selbstbestimmung, so fällt auf, dass dieser im Vergleich zu dem anderer Rechten oder Ausprägungen sehr weit gezogen ist. Mit der Einbeziehung beinahe jeder Art von Erhebung oder Verarbeitung personenbezogener Daten gebe es fast keine digitale Kommunikation mehr, die nicht das Recht auf informationelle Selbstbestimmung tangieren würde. Ein derart weit gezogener Schutzbereich, unter den alle über das Internet ermittelbaren Informationen fallen können, wird zum Teil kritisiert:[493] In der digitalen Welt würde dies eine „kaum überschaubare Intensität gesetzlicher Regelungen hervorrufen" und mangels der Abgrenzung zu einem ungeschützten Bereich selbst gar keine Schutzwirkung mehr entfalten können.[494] Die verfassungsrechtliche Rechtsprechung differenziere ferner zwischen nicht veröffentlichten und entäußerten Informationen. Ein Schutz bestehe nur für die bisher nicht veröffentlichten Informationen.[495]

Der Kritik ist zunächst zuzugeben, dass der Schutzbereich tatsächlich sehr weit bestimmt wird. Doch allein ein derart weit gefasster Schutzbereich vermag den Gefährdungen ausreichend entgegenzuwirken, die sich aus der elektronischen und automatischen Datenverarbeitung ergehen.[496] Mittels elektronischer Datenverarbeitung ist selbst aus veröffentlichten, vermeintlich belanglosen

491 Vgl. BVerfGE 65, 1 (45); zur neueren Rechtsprechung BVerfGE 118, 168 (185); 120, 274 (312); aus der Literatur *Dreier*, in: Dreier, GG, Art. 2 Abs. 1, Rn. 81; *Di Fabio*, in: Dürig/Herzog/Scholz, GG, Art. 2 Abs. 1, Rn. 174; kritisch *Böckenförde*, Die Ermittlung im Netz, S. 183 ff., insb. S. 185.

492 Vgl. *Poscher*, Die Zukunft der informationellen Selbstbestimmung S. 167 (180): „Schutzbereich, der nur durch das Merkmal der Personenbezogenheit der Daten beschränkt ist […]."

493 Vgl. *Böckenförde*, Die Ermittlung im Netz, S. 182 ff., wobei der sachliche Schutzbereich anhand des Sphärenmodells bestimmt wird.

494 Vgl. *Böckenförde*, Die Ermittlung im Netz, S. 183.

495 Vgl. *Böckenförde*, Die Ermittlung im Netz, S. 184.

496 Vgl. BVerfGE 65, 1 (45); zur neueren Rechtsprechung BVerfGE 118, 168 (185); 120, 274 (311 f.); ausführlich *Brunst*, Anonymität im Internet, S. 227. Dies bedeutet aber nicht, dass der Schutz der informationellen Selbstbestimmung sich auf solche Gefährdungen beschränkt. Vgl. hierzu *Rixen*, in: Sachs, GG, Art. 2, Rn. 73.

Daten ebenfalls die Erstellung von umfangreichen Persönlichkeitsprofilen möglich.[497] Daraus kann sich eine besondere Gefahrenlage für die Persönlichkeit des Betroffenen ergeben.[498] Gleiches gilt für den Fall, wenn veröffentlichte Daten – wie bei der Videoüberwachung, der Kfz-Kennzeichenerfassung[499] und der Erhebung von allgemein zugänglichen, aber rechtswidrig veröffentlichten Daten gezeigt – nicht willentlich entäußert werden, sondern allein aufgrund der Handlungen des Einzelnen entstehen.[500] Zwar handelt es sich in beiden Fällen um Daten, die ihrer Art nach nicht unter die grundsätzlich geschützte Privatsphäre fallen. Dennoch ergibt sich daraus ebenfalls eine Persönlichkeitsgefährdung, die gerade in den Verwendungsmöglichkeiten personenbezogener Daten besteht.[501] Es liegt somit nahe, dass die informationelle Selbstbestimmung nicht daten-, sondern verwendungsorientiert ist,[502] was eine Kategorisierung oder Privilegierung bestimmter Arten von Daten ausschließt.

So bleibt festzustellen, dass der Schutzbereich des Rechts auf informationelle Selbstbestimmung im Hinblick auf die elektronische Datenverarbeitung weit gefasst werden muss, um vielfältigen Gefährdungen der Persönlichkeit entgegenzutreten. Dazu gehören auch Gefahren, die von der staatlichen Erhebung und Verarbeitung der öffentlich zugänglichen Daten ausgehen.

2) Gewährleistung der freien Kommunikation

Der aus dem soziologischen Kommunikationsmodell hergeleitete Ansatz zum Datenschutz soll genauer betrachtet werden. Die Verfügungsbefugnis über personenbezogene Daten wird dabei als unerlässlich für die Selbstdarstellung und Persönlichkeitsentfaltung angesehen. Personenbezogene Daten werden durch

---

497 Vgl. BVerfGE 118, 168 (184 f.); 120, 274 (312); 120, 378 (398 f.); *Di Fabio*, in: Dürig/Herzog/Scholz, GG, Art. 2 Abs. 1, Rn. 174.

498 Vgl. BVerfGE 120, 274 (344): „Ein Eingriff in das Recht auf informationelle Selbstbestimmung kann allerdings gegeben sein, wenn Informationen, die durch die Sicherung allgemein zugänglicher Inhalte gewonnen wurden, gezielt zusammengetragen, gespeichert und gegebenenfalls unter Hinzuziehung weiterer Daten ausgewertet werden und sich daraus eine besondere Gefahrenlage für die Persönlichkeit des Betroffenen ergibt."

499 Vgl. BVerfGE 120, 378.

500 Vgl. *Brunst*, Anonymität im Internet, S. 227: „Datenemission".

501 Vgl. BVerfGE 120, 351 (361 f.); 120, 378 (398 f.); aus der Literatur *Germann*, Gefahrenabwehr und Strafverfolgung im Internet, S. 471 f.

502 Vgl. BVerfGE 120, 274 (312); 120, 378 (398 f.); *Simitis*, NJW 1984, S. 398 (402); *Trute*, in: Roßnagel, HdbDatenschutzR, Kap. 2.5, Rn. 10 f.; *Di Fabio*, in: Dürig/Herzog/Scholz, GG, Art. 2 Abs. 1, Rn. 175.

den Einzelnen selbstbestimmt an einen unbegrenzten Empfängerkreis preisegeben. Der Einzelne beabsichtigt damit gerade die Wahrnehmung dieser Informationen durch einen breiten Personenkreis und orientiert sich anhand der Information und Reaktion der sozialen Umgebung auf die Darstellung der eigenen Persönlichkeit. Der Einzelne nimmt dabei zwar die Risiken seiner Selbstdarstellung hin, von seinem sozialen Umfeld etwa als negativ wahrgenommen zu werden.[503] Solche Reaktionen stellen aber keine ungewollte Fremdbeeinflussung dar, sondern die Gegenseite der chancen-, aber auch risikoreichen Selbstdarstellung. Wer eigene persönliche Daten einem unbegrenzten Empfängerkreis willentlich zugänglich gemacht hat, entscheidet sich bewusst für die unsichere Bewertung fremder Erwartungen. Der Schutz der informationellen Selbstbestimmung würde andernfalls in einen Schutz des Individuums vor sich selbst transformiert.[504]

Hieraus könnte man nun folgern, dass die freie Kommunikation und die damit verbundene Selbstdarstellung nicht durch die Erhebung der persönlichen Daten in sozialen Medien gehindert werden. Die Verbreitung persönlicher Daten in sozialen Medien ist dabei als ein selbstbestimmter Akt zur Selbstdarstellung anzusehen, mit dem selbstbestimmte Risiken einhergehen. Diese Schlussfolgerung kann aber nur unter der spezifischen Prämisse zutreffen, die allein vom horizontalen Verhältnis der Bürger untereinander ausgeht. Anders verhält es sich, wenn persönliche Daten in sozialen Medien durch den Staat erhoben und verarbeitet werden. Der soziologische Ansatz ist insoweit nicht hinreichend geeignet, potenzielle Nachteile staatlicher Überwachungsmaßnahmen zu erklären. Denn in diesem Fall bleibt unberücksichtigt, dass Nutzer mit der Selbstdarstellung in sozialen Medien auch staatliche Reaktionen bewusst in Kauf nehmen.[505]

Der Kommunikationsprozess mit dem Staat verläuft nicht in der gleichen Weise wie mit der Gesellschaft.[506] Erstens entstehen die Unsicherheiten in der

503 Vgl. *Schlink*, Der Staat 25 (1986), S. 233 (243); *Peifer*, JZ 2013, S. 853 (860); ähnlich *Benda*, FS Geiger, S. 23 (34).

504 Vgl. *Kutscha/Thomé*, Grundrechtsschutz im Internet?, S. 47: „Diese Schutzpflicht darf freilich nicht als verfassungsrechtliche Einladung zur Bevormundung des Einzelnen durch den Staat missverstanden werden."

505 Vgl. *Schulz/Hoffmann*, DuD 2012, S. 7 (10), die die Annahme einer konkludenten Einwilligung in die staatliche Datenerhebung bei der Verbreitung von Inhalten in sozialen Medien verneinen.

506 Vgl. einschränkend *Britz*, Freie Entfaltung durch Selbstdarstellung, S. 32: „das allgemeine Persönlichkeitsrecht [hat] neben einer schmalen abwehrrechtlichen Dimension eine breite leistungsrechtliche Schutzdimension".

Kommunikation von Staat und Bürger anders als jene von Bürgern untereinander. Der Staat ist grundsätzlich verpflichtet, in der Kommunikation mit dem Bürger – etwa bei der Eingriffsverwaltung – offen aufzutreten, und muss die Entscheidungen gegenüber dem Bürger rechtfertigen.[507] Dazu müssen die im Einzelfall relevanten Informationen veröffentlicht werden. Zweitens vollzieht sich die Entwicklung der Persönlichkeit im Verhältnis zum Staat nicht in derselben Weise wie im Verhältnis zur Gesellschaft.[508] Die Persönlichkeit bildet sich prinzipiell im Umgang mit anderen sozialen Kontakten, die wiederum an den Kommunikations- und Interaktionspartnern ihre Erwartungen und ihr Verhalten orientieren. Der Staat bemüht sich dagegen keinesfalls um die Bildung einer eigenen Persönlichkeit und hat kein Interesse an den Persönlichkeitsfacetten des Einzelnen,[509] solange normierte Tatbestandsmerkmale erfüllt sind. Der Einzelne ist ebenso wenig an der eigenen Selbstdarstellung gegenüber dem Staat interessiert, weil die Bewertung und Reaktion des Staates sich stets nach verbindlichen Maßstäben vollziehen.

Aus dem soziologisch orientierten Ansatz lässt sich kein Schutzbedarf der öffentlich zugänglichen Daten im Verhältnis zum Staat ableiten. Man sollte aber nicht voreilig zu dem Schluss kommen, dass solche Daten nicht dem Schutzbereich des Rechts auf informationelle Selbstbestimmung unterfallen. Denn dieser Ansatz ist nicht dazu geeignet, das Kommunikationsverhältnis zwischen Staat und Bürger zu erfassen. Es bleibt somit erklärungsbedürftig, wie Persönlichkeitsentfaltung des Einzelnen durch staatliche Informationsmaßnahmen beeinflusst wird. Andernfalls würde sich das Recht auf informationelle Selbstbestimmung allein in den Ausführungen zum horizontalen Verhältnis von Bürgern untereinander erschöpfen.

3) Schutz äußerer Handlungsfreiheit

Das Kommunikationsmodell ist im Hinblick auf die Existenz staatlicher Überwachungsmaßnahmen auf ein Dreieckverhältnis zu erweitern. Soziale Medien sind ein sehr effektives Mittel zur Selbstdarstellung. Der Prozess der Selbstdarstellung in sozialen Medien wurde schon anhand des soziologischen Kommunikationsmodells illustriert. Diese Sichtweise ist aber nicht ausreichend,

---

507 Vgl. *Wolf*, Big Data und Innere Sicherheit, S. 120.

508 Vgl. *Schlink*, Der Staat 25 (1986), S. 233 (244); zustimmend *Albers*, Informationelle Selbstbestimmung, S. 406.

509 Vgl. *Schlink*, Der Staat 25 (1986), S. 233 (244); a.A. *Britz*, Freie Entfaltung durch Selbstdarstellung, S. 48.

wenn der Einzelne damit rechnen muss, dass der Staat seine Selbstdarstellung wahrnimmt. In diesem Fall müsste er neben gesellschaftlichen Erwartungen zugleich auch staatliche Erwartungen an sein Verhalten erfüllen bzw. sich mit diesen auseinandersetzen. Stünde der Einzelne in diesem erweiterten Verhältnis vor divergierenden Erwartungen, die er mit seinem Verhalten nicht in beiden Fällen erfüllen kann, bliebe ihm keine andere Wahl, als sein Verhalten an einer der beiden Erwartungen auszurichten.

Staatliche Erwartungen an das individuelle Verhalten sind im Idealfall klar normiert. Behörden sollen die vom Gesetz ihnen zugewiesenen Aufgaben erfüllen. Für das, was darüber hinausgeht, dürfen sie sich nicht interessieren. Grundsätzlich sollen staatliche Erwartungen für das Verhalten des Einzelnen neutral sein, soweit es für die Rechtsordnung unbeachtlich ist. Erst wenn der Einzelne sich rechtswidrig verhält, wirken staatliche Erwartungen als eine erwünschte Abschreckungsform. Verstöße gegen die Rechtsordnung werden zwar dadurch verhindert. Doch das informationelle Selbstbestimmungsrecht schützt nicht vor solchen Abschreckungsmaßnahmen, weil dieses Verhalten weder der freien Entfaltung der Persönlichkeit noch dem Schutz der Menschenwürde dient.[510]

Beachtlich ist, dass das oben Geschriebene nur eine Idealvorstellung ist, wie sich das staatliche Belauschen und Registrieren auf das individuelle Verhalten auswirken kann. Tatsächlich sind die Erwartungserwartungen, von denen die gelungene Kommunikation und Interaktion abhängig ist, eher rein subjektiv. Sie bilden sich danach, was der Einzelne vom Staat erwartet, müssen aber nicht zwangsläufig den idealerweise objektivierten staatlichen Erwartungen entsprechen. Wer mit dem Recht und seiner hoheitlichen Durchsetzung nicht vertraut ist, wird die völlige Objektivität staatlicher Überwachung anzweifeln und andere Vorstellungen von staatlichen Erwartungen entwickeln. Denn hinter dem staatlichen Gesetzesvollzug stehen stets die Akteure, die sich nur in ihrer jeweiligen Funktion vom Bürger unterscheiden. Sie würden eventuell mit idealen Vorstellungen vom rein objektiven staatlichen Beobachter überfordert.

Angesichts des Bedrohungspotentials durch die staatlichen Machtstrukturen orientiert sich dieses daher regelmäßig an den subjektiv empfundenen staatlichen Erwartungen. Der Einzelne mag seine vorgezeichnete Selbstdarstellung etwa als Vertreter für die bestimmte politische Einstellung unterlassen,

510 Vgl. *Poscher*, Die Zukunft der informationellen Selbstbestimmung S. 167 (S. 173 f.); *Albers*, Informationelle Selbstbestimmung, S. 433; für die videogestützten Geschwindigkeitskontrolle *Bull*, NJW 2009, S. 3279 (3281).

wenn diese solchen staatlichen Erwartungen entgegensteht. Obwohl dadurch gerade nur ein der Rechtsordnung entgegenstehendes Verhalten unterbunden werden soll, wird der Einzelne in „sein Verhalten einen Sicherheitsabstand zu dem noch Erlaubten einbauen."[511] Dies kann zur Konsequenz haben, dass der Einzelne sich im sozialen Umfeld nicht wie vorab geplant verhalten kann. In diesem Zusammenhang kommt Erwartungserwartungen eine verhaltenssteuernde Wirkung zu, die staatlichen Überwachungsmaßnahmen entspringen kann.[512] Diese Argumentationslinie schließt sich letztlich an die nun zu vertiefende Theorie der Einschüchterungseffekte an.

(4) Theorie der Einschüchterungseffekte

Die Grundannahme der Theorie der Einschüchterungseffekte ist, dass jegliches Verhalten des Einzelnen durch staatliche Maßnahmen beeinflusst werden kann. Staatliche Maßnahmen in diesem Sinne sind diejenigen, die belastend wirken, aber dennoch legitimen Zwecken dienen. Der Einzelne könnte somit davon abgeschreckt werden, nicht nur verbotene, sondern auch grundsätzlich erlaubte Verhaltensweisen wahrzunehmen, weil er Nachteile, also nachfolgende Sanktionen für sich befürchtet. So könnten staatliche Maßnahmen – gegebenenfalls unabsichtlich – die Wahrnehmung der Grundrechte beeinflussen. Doch mit dem Terminus „Einschüchterungseffekt" ist nicht die übliche Wirkung gemeint, die durch Sanktionen für verbotenes Verhalten bedingt ist. Diese Abschreckung entfaltet vielmehr die erwünschte Wirkung. Beim Einschüchterungseffekt geht es dagegen um negative Auswirkungen auf rechtmäßiges, also zulässiges Verhalten.[513]

Die Konsequenz ist, dass der Einzelne sein Verhalten aufgrund der Besorgnis, Nachteile zu erleiden, an eine bestimmte Norm anpasst.[514] Diese verhaltenssteuernde Wirkung entspringt in der Regel jenen Sanktionen, die in ähnlichen Fällen schon verhängt wurden. Wurde eine strafrechtliche Sanktion wegen Verletzung des Persönlichkeitsrechts oder wegen Beleidigung auferlegt,

---

511 Vgl. für eine exzessive Überwachung *Poscher*, Die Zukunft der informationellen Selbstbestimmung S. 167 (177).

512 Vgl. *Kral*, Die polizeilichen Vorfeldbefugnisse als Herausforderung, S. 87, der den Schutz vor Verhaltensbeeinflussungen als Ziel des informationellen Selbstbestimmungsrechts betont.

513 Vgl. *Schauer*, B.U. L. Rev. 1978, S. 685 (689 f.); *Kendrick*, WM & Mary L. Rev. 2013, S. 1633 (1649); *Rath*, Karlsruhe und der Einschüchterungseffekt, S. 65 (65).

514 Vgl. *Rath*, Karlsruhe und der Einschüchterungseffekt, S. 65 (68).

wird der Nächste dies in die Abwägung für oder gegen eine Aussage mit einbeziehen.[515] Er könnte daher in seinem Verhalten eingeschüchtert werden, weil er sich davor fürchtet, selbst Adressat der Sanktion zu werden. Insoweit ist die Unbestimmtheit der sanktionierenden Normen ein Auslöser des Einschüchterungseffekts, weil dies die Unsicherheit über die Rechtsfolgen eines Handelns begründet.[516] Die Konsequenzen werden üblicherweise auf zwei Dimensionen bewertet. Die verfassungsrechtliche Freiheit des Individuums könne einerseits durch indirekte Hemmungen der Freiheitswahrnehmung eingeschränkt werden. Auch für die Gesellschaft sei dies andererseits gefährlich, und zwar insbesondere dann, wenn Freiheiten wie die Meinungsfreiheit nicht ausgeübt werden, die in demokratischen Staaten von besonderer und kollektiver Bedeutung sind.[517]

1) Entstehung und Entwicklung

Die US-amerikanische Rechtsprechung zum Verfassungsrecht der Vereinigten Staaten nahm das theoretische Konzept des Einschüchterungseffekts bereits in den frühen 1950er Jahren in den Blick. Die Idee, dass fundamentale Freiheitsrechte nicht nur durch unmittelbare Verbote bzw. Sanktionen, sondern auch durch mittelbare Hemmung der Freiheitsausübung beschränkt werden können, wird unter dem Begriff der *chilling effect*-Doktrin behandelt.[518] Diese Denkweise entwickelte sich früh in einer engen Verbindung mit den Auswirkungen der staatlichen Sanktionen. Die Sanktionen in diesem Sinne sind diejenigen, die sich auf die bestimmten Äußerungen beziehen und die Meinungsfreiheit beeinträchtigen.[519] Der US-Supreme Court befasste sich etwa mit Gerichtsentscheidungen, die Schadensersatz in Zivilklagen wegen verleumderischer Äußerungen zuerkannten. Er erklärte diese Entscheidungen insoweit für mit der

---

515 Vgl. *Kendrick*, WM & Mary L. Rev. 2013, S. 1633 (1637).

516 Vgl. *Schauer*, B.U. L. Rev. 1978, S. 685 (695); *Kendrick*, WM & Mary L. Rev. 2013, S. 1633 (1652): „Chilling may arise from different sources, foremost among which is uncertainty in the legal process. “

517 Vgl. *Schauer*, B.U. L. Rev. 1978, S. 685 (693): „This is to be feared not only because of the harm that flows from the non-exercise of a constitutional right, but also because of general social loss […].“; *Richards*, Harv. L. Rev. 2013, S. 1934 (1951): „Shadowy regimes of surveillance corrode the constitutional commitment to intellectual freedom that lies at the heart of most theories of political freedom in a democracy.“

518 Vgl. *Schauer*, B.U. L. Rev. 1978, S. 685 (693).

519 Vgl. Baird v. State Bar of Arizona, 401 U.S. 1 (1971); Laird v. Tatum, 408 U.S. 1. (1972); hierzu *Kendrick*, WM & Mary L. Rev. 2013, S. 1633 (1652 f.).

Meinungsfreiheit unvereinbar, als diese einen verfassungsrechtlich zu fordernden Schädigungsvorsatz nicht berücksichtigten. Denn der für die Gewährleistung der Meinungsfreiheit notwendige Freiheitsraum würde sonst weitgehend beschränkt.[520] Diese Argumentation wurde auf den Fall übertragen, in dem eine strafrechtliche Sanktion wegen einer Zugehörigkeit zu bestimmten politischen Gruppierungen verhängt wurde. Sieht sich der sich Äußernde mit seinen bestimmten Meinungsäußerungen belastenden Maßnahmen ausgesetzt, werde er gänzlich davon absehen.[521]

Es wurde teilweise versucht, die Grundsätze der Theorie vom einschüchternden Effekte der sanktionierenden Maßnahmen loszulösen und auf rein faktische Überwachungsmaßnahmen zu übertragen.[522] Die Grundannahme ist, dass der Einschüchterungseffekt auch durch die Überwachungsmaßnahmen ausgelöst werden kann, die ebenfalls zu einem angepassten, unauffälligen Verhalten führen.[523] Die Besorgnis, dass eigene Kommunikation unter staatlicher Überwachung stehen könne, halte den Einzelnen von bestimmten Aussagen und Verhaltensweisen ab, weil diese potenziell zur anschließenden staatlichen Ermittlung führen könnten. Wer fürchtet, in ein staatliches Überwachungsnetz zu geraten, wird von Anfang an auf die Verbreitung der bestimmten Aussagen verzichten.[524] Folglich werden die divergierenden oder normabweichenden Meinungen kaum mehr mitgeteilt.[525] Dabei ist somit hervorzuheben, dass verfassungsrechtliche Freiheiten, insbesondere die Meinungsfreiheit, durch faktische Überwachungsmaßnahmen in der gleichen Weise beschränkt werden, wie durch sanktionierende Maßnahmen.[526]

Einer solchen Beurteilung steht allerdings der Supreme Court kritisch entgegen.[527] Die relevante Aussage wurde in Bezug auf die Vorfrage getroffen, ob Betroffenen eine Klagebefugnis zusteht. Der Supreme Court hat entschieden, dass objektiv wahrnehmbare und rechtlich greifbare Freiheitsbeschränkungen nicht begründet werden, obwohl der Betroffene wegen eines Überwachungsprogramms – wenngleich rein subjektiv – in seinem Verhalten eingeschüchtert

520 Vgl. New York Times Co. v. Sullivan, 376 U.S. 2544, 271 (1964).
521 Vgl. Dombrowski v. Pfister, 380 U.S. 479, 487 (1965).
522 Vgl. etwa *Richards*, Harv. L. Rev. 2013, S. 1934 (1950).
523 Vgl. *Richards*, Harv. L. Rev. 2013, S. 1934 (1947 ff.) m.w.N.
524 Vgl. *Michelman*, UCLA L. Rev. 2009, S. 71 (78).
525 Vgl. *Richards*, Harv. L. Rev. 2013, S. 1934 (1935).
526 Vgl. *Richards*, Harv. L. Rev. 2013, S. 1934 (1951).
527 Vgl. Laird v. Tatum, 408 U.S. 1 (1972); aus neuester Zeit Clapper v. Amnesty International, 568 U. S. 398 (2013).

und faktisch von bestimmten Verhaltensweisen abgehalten wurde.[528] Die Angst vor Überwachung und damit einhergehende Verhaltensweisen sind daher nicht geeignet, den Rechtsweg zu eröffnen. Diese Auffassung gilt bis heute noch.[529]

Die *chilling effect*-Doktrin ist zwar hinsichtlich der verhaltenssteuernden Auswirkungen von Sanktionen schon seit langem im Verfassungsrecht der Vereinigten Staaten anerkannt. Doch der Versuch, die Grundsätze auch auf faktische Überwachungsmaßnahmen anzuwenden, wird durch den Supreme Court mit der Begründung abgelehnt, dass rein subjektive Angst vor Überwachung und dadurch bedingte Verhaltensweise nicht die Freiheitsbeschränkungen betreffen.

2) Rechtsprechung

Zahlreiche Entscheidungen in der deutschen verfassungsrechtlichen Rechtsprechung scheinen die Grundideen der Theorie der Einschüchterungseffekte aufzunehmen.[530] Diese kamen zunächst in Bezug auf die Meinungsfreiheit in Betracht und wurden erstmals im Lüth-Urteil herangezogen. Eine den Einzelnen belastende, mit der Wahrnehmung der Meinungsfreiheit zusammenhängende Maßnahme schrecke andere von derer Ausübung des einschlägigen Grundrechts ab.[531] Das BVerfG hatte sich fast 20 Jahre später wieder mit der Auswirkung der strafrechtlichen Sanktionen wegen der üblen Nachrede zu befassen, die auf freie Meinungsäußerung und -bildung empfindlichen Einfluss haben konnte.[532] Beim Vergleich mit der US-amerikanischen Rechtsprechung fällt auf, dass dabei neben der unmittelbaren Wirkung der belastenden Sanktionen auch die durch staatliche Überwachungsmaßnahme bedingten Einschüchterungseffekte berücksichtigt wurden.[533] Das BVerfG erachtete etwa exzessive Observationen und Aufzeichnungen als Eingriff in die Versammlungsfreiheit.[534] Denn dadurch könnten die Kommunikation und Interaktion der Teilnehmer ermittelt werden, und der Staat könne daraus die Informationen über deren politischen Einstellungen ableiten. Dies führe dazu, dass der

---

528 Vgl. Laird v. Tatum, 408 U.S. 1, 13 (1972).

529 Vgl. Clapper v. Amnesty International, 568 U.S. 398 (2013).

530 Vgl. BVerfGE 65, 1 (43); hierzu *Rath*, Karlsruhe und der Einschüchterungseffekt, S. 65 (65); *Schwabenbauer*, Heimliche Grundrechtseingriffe, 140 ff.

531 Vgl. BVerfGE 7, 198 (211).

532 Vgl. BVerfGE 43, 130 (136); *Rath*, Karlsruhe und der Einschüchterungseffekt, S. 65 (66).

533 Vgl. *Rath*, Karlsruhe und der Einschüchterungseffekt, S. 65 (67).

534 Vgl. BVerfGE 69, 315 (349).

Einzelne von der Teilnahme an der Versammlung abgehalten werde.[535] Die Theorie der Einschüchterungseffekte bezüglich der Überwachungsmaßnahmen ist auch eine prägende Grundlage des Volkszählungsurteils und damit des Rechts auf informationelle Selbstbestimmung.[536] Das BVerfG hat in seinem Urteil zur Volkszählung ausgeführt, dass der Einzelne „versuchen wird, nicht durch abweichende Verhaltensweisen aufzufallen", wenn er sich darum sorgen müsse, dass solche „Verhaltensweisen jederzeit notiert [...] werden."[537] Dies treffe auch auf denjenigen zu, der auf die Wahrnehmung seiner politischen Grundrechte in der Befürchtung verzichte, dass die Teilnahme an Versammlungen oder Bürgerinitiativen durch Staat registriert werde.[538] Es zeichnet sich somit ab, dass die Idee der Einschüchterungseffekte auch in der deutschen verfassungsrechtlichen Judikatur anerkannt und – im Unterschied von der US-amerikanischen Judikatur – auf rein faktische Überwachungsmaßnahmen Anwendung findet.

(5) Einschüchterungseffekte durch Überwachung sozialer Medien

Die Theorie der Einschüchterungseffekte liefert eine hilfreiche Basis für diese Untersuchung, ob und wie das hier thematisierte Social-Media-Monitoring die soziale Interaktion mit Mitmenschen und damit Entfaltung und Entwicklung der Persönlichkeit beeinflussen kann. Dafür muss man sich zunächst die an die Leitideen der Theorie anknüpfenden Besonderheiten der Informationsmaßnahme mittels Big Data-Technologien vergegenwärtigen. Erstens ist die systematische Erfassung der Kommunikationsinhalte in sozialen Medien zu nennen, welche gerade einer flächendeckenden Beobachtung i.S.d. Theorie der Einschüchterungseffekte entspricht. Nicht nur normabweichende, sondern auch erwünschte Formen der Selbstdarstellung in sozialen Medien werden damit durch den Staat erfasst. Der Inferentialität von Analysemaßnahmen zufolge erstreckt sich der Gegenstand der Überwachung – zweitens – auf die typischerweise als trivial betrachteten Informationen. Bei einer staatlichen Aggregation und Auswertung solcher Informationen können sich folglich die für den Nutzer unvorhersehbaren Aussagewerte ergeben. Sieht sich der Einzelne der Überwachung seiner Kommunikationsinhalte ausgesetzt, so würde sich er zumindest

535 Vgl. BVerfGE 122, 342 (369).

536 Vgl. *Rath*, Karlsruhe und der Einschüchterungseffekt, S. 65 (65).

537 BVerfGE 65, 1 (43). Vgl. *Kutscha/Thomé*, Grundrechtsschutz im Internet?, S. 33, die bemängeln, dass Einschüchterungseffekte bei der Beurteilung der Internetaufklärung im Urteil zur Online-Durchsuchung nicht hinreichend beachtet wurden.

538 Vgl. BVerfGE 65, 1 (43).

unbewusst mit der Frage auseinandersetzen, in welcher Hinsicht er sich äußert und welche Gedanken er lieber verschweigt. Daraus wäre zu folgern, dass sich eine mit Einschüchterungseffekten einhergehende, faktische Beeinträchtigung des vorab geplanten Verhaltens aus der systematischen Erfassung und inferentiellen Analyse der sozialen Medien ergibt. Die nachteiligen Auswirkungen, die potenziell durch staatliche Überwachung ausgelöst werden können, bedürfen allerdings näherer Betrachtung. Im Folgenden soll daher untersucht werden, welche Befürchtungen hinsichtlich der Überwachung berechtigt sind – genauer gesagt – welche Nachteile den Einzelnen so beeinflussen können, dass er vom eigenen vorab geplanten Verhalten in sozialen Medien absieht.

1) Mögliche Nachteile

a. Mannigfaltige Verwendungskontexte

Zunächst ist der Blick auf die Kommunikationsinhalte zu richten, die in sozialen Medien von Nutzern selbst freigegeben bzw. daraus technikbedingt hergestellt werden. Es ist nicht erstaunlich, dass Nachteile für das Recht auf informationelle Selbstbestimmung sehr vielfältig sind, wenn man die verschiedenen Verwendungskontexte betrachtet.[539] Auch in allen exekutiven Bereichen können die zur Selbstdarstellung verbreiteten Daten potenziell verwendet werden.[540] Aus Informationen über persönliche Lebenssachverhalte lassen sich Normverstöße folgern. So können etwa Verstöße gegen Meldepflichten aufgrund der in sozialen Netzwerken preisgegebenen Daten über den Wohnort festgestellt werden. Die Angaben zur beruflichen Tätigkeit können dort besonders nützlich sein, wo die abzuführenden Abgaben ermittelt oder der Anspruch auf Sozialleistungen überprüft werden müssen. Auch für die Ermessens- und Abwägungsentscheidungen lassen sich solche Informationen zugrunde legen. Bei einer Bewerbung auf Stellen im Staatsdienst kann die politische Anschauung kritisch geprüft werden, die sich in der sozialen Interaktion herausstellte.[541] Zudem können die Kommunikationsinhalte in sozialen Medien Indizien für strafrechtliche Ermittlungen liefern. Eine derweilen unberücksichtigte Person könnte in das Visier der Ermittlung geraten, wenn die intensive Kommunikation

539 Vgl. *Poscher*, Die Zukunft der informationellen Selbstbestimmung S. 167 (174 f.), der die potenziellen Nachteile vornehmlich an die Verwendungskontexte anknüpft; zur Taxonomie der Gefahren *Solove*, Univ. Pa. L. Rev. 2006, S. 477 (525 ff.).

540 Vgl. zum Folgenden *Poscher*, Die Zukunft der informationellen Selbstbestimmung S. 167 (172).

541 Vgl. den Fall bei OVG Münster, NJW 1995, S. 1979 (1979).

mit strafrechtlich in Erscheinung getretenen Personen entdeckt wird.[542] Alles in allem ist festzuhalten, dass die Zwecke mannigfaltig sind, zu denen die personenbezogenen Daten staatlicherseits nachteilig gegenüber dem Grundrechtsträger verwendet werden können. Der Nutzer sollte damit rechnen, dass er in einer nicht überschaubaren Vielfalt staatlicher Handlungsbereiche mit seinen eigenen Daten konfrontiert werden kann.

b. Dauerhafte Speicherung

Einen weiteren Nachteil offenbart eine umfassende und dauerhafte Datenspeicherung, die auf die riesige Speicherkapazität von „Data Warehouses"[543] angewiesen ist. Die stetig sinkenden Speicherkosten führen dazu, dass veraltete Daten unter dem ökonomischen Aspekt nicht mehr danach überprüft und bewertet werden, ob eine weitere Speicherung erforderlich ist.[544] Ohne eine selbst begrenzende Technikgestaltung sind die bereits gespeicherten personenbezogenen Daten dauerhaft abrufbar.[545]

Die dauerhafte Speicherung kann sich an die nachteiligen Folgen für die freie Entfaltung der Persönlichkeit anschließen. Der Einzelne könnte sich zu einem späteren Zeitpunkt in denselben Kontexten jenen Inhalten gegenüber sehen, die seiner Persönlichkeitsentwicklung veraltet sind und daher seit langem nicht mehr für die Öffentlichkeit bereitgestellt werden.[546] Die einmal freiwillig offenbarten Inhalte sind dazu geeignet, Schamgefühl und mithin eine emotionale Belastung hervorzurufen. Er sieht sich zunächst der Gefahr von erheblich beeinträchtigenden und gegebenenfalls negativen Sachentscheidungen ausgesetzt – ungeachtet, wie harmlos die zugrunde liegenden Daten sind. Exemplarisch dafür steht die verweigerte Zulassung zum Schuldienst, die auf den in sozialen Netzwerken präsentierten, ausschweifenden Bildern beruhte.[547] Es besteht außerdem die Gefahr, dass Behörde wegen obsoleter Daten bemerkenswert fehlinformiert werden und somit zur sachwidrigen Verwaltungsentscheidung kommen können. Die Fehlinformation der Behörde wirkt sich

542 Vgl. zu Gefahr, einem ungerechtfertigten Verdacht ausgesetzt zu werden, BVerfGE 125, 260 (320).

543 Vgl. zum Begriff *Wolf*, Big Data und Innere Sicherheit, S. 49 f.

544 Vgl. *Diesterhöft*, Das Recht auf medialen Neubeginn, S. 26.

545 Vgl. zur Methode, schon im Rahmen der Technikgestaltung die Gefahrpotentiale für das informationelle Selbstbestimmungsrecht zu minimieren, *Schulz*, CR 2012, S. 204 (204); *BfDI*, Tätigkeitsbericht zum Datenschutz 2009–2010, S. 35.

546 Vgl. zum Recht auf Vergessen im Internet EuGH, NJW 2014, S. 2257 (2257).

547 Vgl. *Diesterhöft*, Das Recht auf medialen Neubeginn, S. 38 f.

dahingehend aus, dass ein Betroffener seitens der Behörde andauernd in Bezug auf jenes Persönlichkeitsbild erfasst wird, auf das er trotz seiner neu justierten Überzeugungen keine Einflussmöglichkeit (mehr) hat.[548] Nur eine strenge Datensparsamkeit bei der Verbreitung der personenbezogenen Daten in sozialen Medien mag die Nachteile verhindern, denen sich der Betroffene ausgesetzt sehen kann.

c. Verknüpfung der Daten

In den folgenden Abschnitten sollen weitere für Big Data-Anwendungen typische Belastungen konkret beschrieben werden, die im Zusammenhang mit der Möglichkeit zeitlich unbegrenzter Speicherdauer stehen. Diese Belastungen sind vor allem dadurch gekennzeichnet, dass Nachteile in Verbindung mit der dauerhaft gespeicherten Daten verstärkt werden können. Die inferentielle Verknüpfung von selbst unsensiblen Inhalten kann dazu führen, dass aussagekräftige Informationen generiert werden. Der Umgang mit diesen statistischen Ergebnissen in den exekutiven Bereichen mag Gefahren für die Persönlichkeitsentfaltung hervorrufen. Aufgrund derer kann der Staat - erstens - die für Betroffenen nachteiligen Sachentscheidungen treffen. Zweitens können die Analyseergebnisse die Belastungen mit sich bringen, die mit nachteiligen Anschlussmaßnahmen verbunden sind. Die Anwendung der Big Data-Technologien zeitigt schließlich wegen ihrer Inferentialität ein erhebliches Einschüchterungspotenzial in Bezug auf die Formen der Selbstdarstellung, die doch keinesfalls als normabweichend beurteilt werden können.

(a) Gefahr sachwidriger Entscheidungen

Die inferentiell ermittelten Informationen können zu nicht nur belastenden, sondern auch fehlerhaften Entscheidungen führen. Die Inferenzanalyse liefert zwar im Regelfall mit hoher Wahrscheinlichkeit ein korrektes Ergebnis. Sie ist aber nur eine statistische Vermutung über die Wahrheit, die mitunter fehlerhaft und schwammig sein kann. Die Präzision ihrer Resultate ist maßgeblich von der Menge der öffentlich zugänglichen Daten in sozialen Medien abhängig. Falls ein Nutzer nur passiv an sozialen Medien teilnimmt und nur wenig seine Spuren hinterlässt, so müsste sich er darum sorgen, dass die Analysen auf entsprechend begrenzte Daten reduziert werden und damit die inferentiell

---

548 Vgl. für die Deutung der neuen Startchancen als Grundbedingung der Persönlichkeitsentfaltung *Dreier*, in: Dreier, GG, Art. 2 Abs. 1, Rn. 78.

berechneten Ergebnisse sehr vage ausfallen.[549] Verwendet ein Nutzer soziale Medien z. B. nur als Mittel zum Zwecke, um mit einer bestimmten politischen Gruppe zu kontaktieren, so werden die Analysen zum Ergebnis kommen, dass er jener bestimmten Gruppe zugehörig sein dürfte. Dabei können persönliche Eigenschaften von deren Mitgliedern in die Betrachtung mit einbezogen werden, um die politischen Einstellungen des Betroffenen abzuschätzen. Von der Datenmenge werden aber sonstige Äußerungen ausgeklammert, die der Betroffene hinsichtlich politischer Angelegenheiten nicht in sozialen Medien verbreitet, sondern in alltäglichen Diskussionen oder Versammlungen getroffen hat. Diese Aussage lässt sich auf alle Arten von zugreifbaren Daten verallgemeinern. Das Resultat der Inferenzanalyse hinsichtlich der persönlichen Eigenschaft mag höchstwahrscheinlich fehlerhaft sein, wenn sich die virtuelle (Selbst-)Darstellung von der authentischen Persönlichkeit unterscheidet. Dies ist etwa der Fall, wenn die meistens als unerheblich bewerteten Informationen des Nutzers auswertet werden, die doch zahlreiche persönliche Eigenschaften erhalten. Dazu gehören etwa die Informationen, die sich auf die Freizeitgestaltung oder die musikalischen Neigungen beziehen. Beim Umgang mit diesen Informationen muss der Nutzer damit rechnen, dass die Analysen sich nur auf einen begrenzten Datenumfang stützen, die nur eine begrenzte Facette seiner Lebenswirklichkeit abbilden. Diese technisch unvermeidbare Vagheit des inferentiellen Schlusses kann mitsamt der Möglichkeit der dauerhaften Speicherung zur Konsequenz haben, dass sich die Gefahr einer Persönlichkeitsrechtsverletzung letztlich verstärkt. Denn die ermittelten, aber fehlerhaften Informationen werden ohne nachträgliche Korrekturmöglichkeit langfristig von den ursprünglichen Kontexten getrennt verarbeitet.

Angesichts der Befürchtung vor belastenden bzw. fehlerhaften Sachentscheidungen, die wesentlich von der Nutzung der sozialen Medien kommt, sind zwei einander entgegenstehende Verhaltensweisen denkbar. Zum einen wäre es eine Möglichkeit, im öffentlich zugänglichen Bereich der sozialen Medien nur wenig aufzutreten oder möglichst unauffällig zu verhalten, um den Prozess der Inferenzanalyse zu erschweren. Gerade im Gegensatz dazu könnte der Nutzer mehr Daten über sich selbst in sozialen Medien verbreiten, um die Gefahr der fehlerhaften Ermittlung zu minimieren und die unzutreffenden Entscheidungen zu vermeiden. Vor dem Hintergrund des Datenschutzgrundsatzes der

549 Vgl. für die Gefährdungen aus sog. „big data's exclusions" *Lerman*, Stan. L. Rev. Online 2013, S. 55 (57, insb. 59 ff.).

Datensparsamkeit[550] werden beide Strategien aber in Zweifel gezogen. Folgt man einer erheblichen Selbstbeschränkung bei der Nutzung der sozialen Medien, würde der Grundsatz der Datensparsamkeit – unvereinbar mit dem eigentlichen Zweck – nicht an die datenverarbeitenden Stellen, sondern an die Betroffenen adressiert. Der Datensparsamkeit steht ebenfalls einer Auswertung der Nutzung der sozialen Medien entgegen, weil der dahinter stehende Wille des Nutzers darauf gerichtet ist, dass die datenverarbeitende Stelle personenbezogene Daten möglichst umfassend erheben und verarbeiten sollte.

(b) Stigmatisierung und Diskriminierung

Weiterhin können die Stigmatisierungseffekte und Diskriminierungen entstehen, die das Persönlichkeitsbild des Einzelnen reduzieren und damit zu nachteiligen sowie sachwidrigen Entscheidungen führen können.[551] Mit dem Begriff des Stigmas ist ein personenbezogenes Attribut gemeint, das ihrer gänzlichen Anerkennung durch andere Personen entgegenstehen kann, wie beispielsweise sexuelle Orientierung, aber auch die politische oder religiöse Überzeugung.[552] Das Attribut ist wegen seiner engen Verbindung mit den Vorurteilen diskreditierbar.[553] Gerät dieses besonders nicht sofort ersichtliche Attribut an die Öffentlichkeit, so werden andere Personen üblicherweise den Blick allein darauf lenken und sonstige Eigenschaften der Person ignorieren.[554] Infolge der Stigmatisierung werden Einzelnen die verallgemeinerten Persönlichkeitsmerkmale zugeschrieben. Dies ist beispielsweise der Fall, wenn die Eigenschaften der einigen Mitglieder von einer Gruppe auf jedes Mitglied derselben übertragen werden. Nur darauf werden die Menge der Daten beschränkt, die den Analysen zugrunde liegen. Die Folge ist, das Gesamtbild der vielfältigen Persönlichkeit ausschließlich auf das jeweilige diskreditierende Attribut reduziert und vorgefestigt werden kann.[555]

Neben den nachteiligen und sachwidrigen Entscheidungen kann der Betroffene aufgrund der Reduktion der Persönlichkeit auch mittelbar und psychisch

550 Vgl. *Weichert*, ZD 2013, S. 251 (256); zu Datensparsamkeit *Gola/Schomerus/Körffer*, in: BDSG § 3a, Rn. 2.

551 Vgl. zur Stigmatisierung durch das Bekanntwerden der staatlichen Ermittlungsmaßnahme BVerfGE 115, 320 (351).

552 Vgl. *Hyers/Brown/Sullivan*, Stigma, S. 461 (461).

553 Vgl. *Britz*, Freie Entfaltung durch Selbstdarstellung, S. 55.

554 Vgl. *Hyers/Brown/Sullivan*, Stigma, S. 461 (461).

555 Vgl. *Britz*, Freie Entfaltung durch Selbstdarstellung, S. 54 f.

belastet werden.[556] Sieht man sich selbst von der Stigmatisierung bedroht, so wird man sich im Voraus schützend verhalten, um die Gefahr der diskriminierenden Entscheidungen zu vermeiden. Geht es etwa um die nicht gleich sichtbaren Attribute wie die politischen Einstellungen, wird der Betroffene möglichst Abstand von sozialen Netzwerken nehmen, um das diskreditierende Attribut zu vermeiden und damit der Gefahr der Stigmatisierung zu entgehen. Es genügt aber nicht in Bezug auf die Inferenzanalysen, weil stigmatisierende Attribute auch aus den scheinbar vorurteilsfreien Kommunikationsinhalten ermittelt werden können. Insofern ist ebenfalls die bereits oben angesprochene, allgemeine Datensparsamkeit des Nutzers geboten: Nicht nur das diskreditierende Attribut, sondern auch jedes einzelne Datum über sich selbst sollte so wenig wie nötig in der Öffentlichkeit verbreitet werden. Infolgedessen verzichtet der Einzelne weitgehend auf die Teilnahme an politischen Diskurs. Zugleich ist er wegen einer sozialen Ausgrenzung psychischen Belastungen unterworfen. So wirkt sich die Ermittlung der diskreditierenden Attribute in gleicher Weise auf die Darstellung des Einzelnen in sozialen Medien aus.

Diskreditierende Attribute können den Blick anderer weit weg von den tatsächlichen Persönlichkeitsmerkmalen wenden und in verschiedentlichen Situationen sachwidrige Entscheidungen verursachen. Darüber hinaus können psychische Belastungen auftreten, wenn der Betroffene sich einem unverrückbaren, durch stereotypen gekennzeichneten Fremdbild ausgesetzt sieht, dessen Beeinflussung mühselig erscheint.[557]

(c) Informationelle Begründungslast

Die Inferenzanalysen können den Betroffenen schließlich in Gefahr bringen, die informationelle Begründungslast zu tragen. Dadurch ist bedingt, dass der Betroffene nun dem mithilfe der Algorithmen ermittelten Fremdbild gegenübersteht. Anders als bei überkommenen Formen der Ermittlung sind ihm gleichwohl keine Möglichkeiten eröffnet, das inferentiell berechnete Resultat zu einem Merkmal der Persönlichkeit vorab zu beeinflussen. Soziale Medien bieten grundsätzlich den Personen umfassende Möglichkeiten zur Selbstdarstellung gegenüber anderen und damit zur Prägung des Bildes des Selbst. Es erscheint jedoch beim Einsatz der Inferenzanalysen zweifelhaft, weil dabei der Betroffene nicht einem menschlichen Kommunikationspartner, sondern unüberschaubaren Algorithmen gegenübersteht. Nicht mehr absehbar ist, wie die Empfänger,

556 Vgl. zu folgenden Nachteilen *Hyers/Brown/Sullivan*, Stigma, S. 461 (461 ff.).
557 Vgl. *Britz*, Freie Entfaltung durch Selbstdarstellung, S. 54.

also die Algorithmen, die vom Betroffenen abgesendeten Daten wahrnimmt und wie das Bild des Staates vom Selbst dadurch geprägt wird. Mangels der Erwartung über die Erwartungen anderer vermag sich der Betroffene gegenüber dem Kommunikationspartner nicht mehr in einer zuvor geplanten Weise darzustellen.[558] Zudem setzt eine gelungene Kommunikation voraus, dass der Betroffene auf ein positives wie negatives Feedback der sozialen Umgebung mit jener Möglichkeit reagieren können soll, auf das Bild anderer über sich selbst im Prozess der Informationsverarbeitung einzuwirken. Andernfalls würde der Betroffene zu einem Objekt der mathematischen Entscheidungen. Er hätte dabei keine andere Wahl, als auf ein so entstandenes Fremdbild zu reagieren. Um ein davon abweichendes Bild zu gestalten, müsste der Betroffene zwingend zusätzliche Informationen über sich selbst angeben. Eine solche nachträgliche Beeinflussung würde jedoch erheblich erschwert werden, wenn es sich um das Fremdbild handelt, das aufgrund diskreditierender Attribute hergestellt wurde. Ohnmachtsgefühle sind die Folge.[559]

Beim Einsatz der algorithmischen Analysen drohen zudem zahlreiche verfahrensrechtliche Garantien ins Leere zu laufen, die die potenziellen Gefahren für die Selbstdarstellung verringern können. Relevant dafür ist der Grundsatz der Amtsermittlung des § 24 Abs. 1 und 2 VwVfG, durch den das Verwaltungsverfahren gekennzeichnet wird.[560] Demnach sind Behörden dazu verpflichtet, den betreffenden Sachverhalt möglichst umfassend zu ermitteln. Diese Verpflichtung kann jedoch bei algorithmischen Entscheidungen weitgehend umgegangen werden. Da die Abwägungsprozesse durch den Algorithmus umfassend ersetzt werden können, müssen Behörde nun nicht alle betreffende Eigenschaft des Betroffenen zwingend persönlich klassifizieren, wodurch die erhebliche Beschleunigung des Verfahrens erreicht wird. Hinzu kommen die in das Entscheidungssystem einfließenden Beweismittel, die durch Algorithmen objektiviert erscheinen und damit vermeintlich keinem ähnlichen Irrtum mehr unterliegen, wie die subjektive menschliche Abwägung. Dies deutet für die handelnde Behörde darauf hin, dass das daraus ermittelte Resultat eine besonders hohe Zuverlässigkeit haben und damit als Basis für die Entscheidungen dienen kann. Der Betroffene ist deshalb faktisch dazu gezwungen, die

558 Vgl. zur Begründung der Empfangskomponente für eine wirksame Selbstdarstellung *Britz*, Freie Entfaltung durch Selbstdarstellung, S. 47 f.

559 Vgl. zu automatisierten Einzelentscheidungen, wie etwa dem Kredit-Scoring, *Scholz*, in: Simitis, BDSG, § 6a, Rn. 3.

560 Vgl. *Huschens/Marwinski*, in: Brandt/Domgörgen, HdbVwVf, Kap. B, Rn. 127 ff.

Behörde über seine Umstände zu informieren, um eine abweichende Entscheidung zu induzieren.

Das rechtsstaatlich gewährleistete faire Verfahren (Art. 20 Abs. 3 GG) und die Menschenwürdegarantie (Art. 1 Abs. 1 GG) gewähren dem Betroffenen den Schutz vor Entscheidungsprozessen, die ihn als reines Objekt der staatlichen Entscheidungen behandeln.[561] Er würde dem staatlichen Entscheidungsträger schlicht ausgeliefert, wenn ihm weder das rechtliche Gehör gewährt noch eine Einwirkungsmöglichkeit eingeräumt wird.[562] Zwar hängen die Gefahrenpotenziale erheblich von der prozessualen Ausgestaltung der algorithmischen Datenverarbeitung ab. Soweit der Betroffene jedoch die Entscheidungsprozesse beeinflussen und damit so steuern kann, dass Umstände des Einzelfalles berücksichtigt werden können, wird die einschüchternde Wirkung der inferentiellen Analyse abgeschwächt. Aber hierbei ist beachtlich, dass das algorithmische Entscheidungssystem dennoch die skizzierten Gefährdungsmomente erhält: Das inferentiell ermittelte Resultat trägt nur eine rein wahrscheinliche Aussage, auch wenn es auf eine vermeintlich objektivierte Datenbasis abstellt. Folglich können die Umstände des Einzelfalles in seinen ganzen Facetten nicht erfasst werden.

d. *Systematische Erfassung*

Des Weiteren bildet die systematische Erfassung der Kommunikationsinhalte in sozialen Medien einen weiteren Umstand, der für die abschreckende Wirkung wesentlich ist. Die versammlungsrechtliche Rechtsprechung hat zum Beispiel in Abgrenzung von der individuellen Überwachung das umfangreichere Potenzial der Einschüchterung thematisiert, das aus den raumgreifenden und streubreiten Überwachungsmaßnahmen resultiert.[563] Dabei wurde davon ausgegangen, dass eine technische Überwachung über die Videoerfassung nicht anders beurteilt werden soll als eine schlichte, grundrechtsindifferente Beobachtung durch Polizeibeamte vor Ort. Darauf aufbauend wurden Bedenken an der Eingriffsqualität der Videoüberwachung wegen des größeren Einschüchterungspotenzials der Übersichtsaufnahme verworfen. Somit ist ersichtlich, dass die systematische Überwachung dieselbe Konsequenz wie in traditionellen

561 Vgl. *Kallerhoff/Mayen*, in: Stelkens/Bonk/Sachs, VwVfG, § 28, Rn. 2.

562 Vgl. *Scholz*, in: Simitis, BDSG, § 6a, Rn. 3 ff.; *Kallerhoff/Mayen*, in: Stelkens/Bonk/Sachs, VwVfG, § 28, Rn. 5.

563 Vgl. zum Folgenden VG Berlin, NVwZ 2010, S. 1442 (1443).

Überwachungsformen hat. Davon ausgehend zieht auch das BVerfG die Theorie der Einschüchterungseffekte umfassend in Betracht.[564]

Eine umfangreiche Überwachung des Lebensbereiches entzieht dem Einzelnen die Rückzugsmöglichkeit aus dem überwachten Bereich.[565] Dabei muss er absehen, dass seine Kommunikationsinhalte beim Einsatz der Techniken, wie etwa des Crawlings, als Teil des erfassten Datenstroms ständig erhoben werden können. Es wäre demgegenüber für ihn nicht ersichtlich, welche der von ihm offenbarten Lebenssachen zu welcher Gelegenheit nachteilig ausgenutzt würden. Dem Einzelnen ist nur erkennbar, dass jedes deviante Verhalten durch Ermittler aufgespürt und aufgrund dessen sanktioniert werden kann. Folglich fühlt er sich bei den automatisierten Ermittlungsprozessen ohnmächtig und ständig von der unberechenbaren Gefahr bedroht, für etwaige Regelverstöße belangt zu werden. So wird das Verhalten des Einzelnen letztlich durch diese Unsicherheit steuernd beeinflusst.[566] Davon betroffen ist nebst dem regelmäßig abweichend agierenden Einzelnen derjenige, der sich üblicherweise schützend verhält. Er mag sich darum sorgen, dass seine gewagten Darstellungen durch Big Data-Technologien durchweg systematisch erfasst und anschließend registriert werden. Die mit der umfassenden Überwachung einhergehenden Nachteile reichen weit über Sanktionen hinaus. Sie können eine irrige Verdächtigung und damit verbundene Ermittlungsmaßnahmen einbeziehen.[567] Ist das Verlassen eines überwachten Bereichs de facto nicht möglich, so verbleibt dem Betroffenen nur die Alternative, sich bei der Kommunikation mit seinen sozialen Netzwerken selbst zu regulieren, um unabsehbare Nachteile aus seinen Aussagen und Verhalten in sozialen Medien möglichst weitgehend zu vermeiden. Die technische Entwicklung kann insofern eine ambivalente Rolle spielen, weil sie die daraus resultierenden Einschüchterungseffekte verstärken bzw. verringern kann. Falls das Big Data-System unter Rückgriff auf datenschutzfreundliche Technologien (PET) zurückhaltend gestaltet ist, kann der Einzelne der einschüchternden Wirkung mit einer begrenzten Informationsverbreitung entgegentreten. So können die Gefahrenpotenziale des inferentiellen Entscheidungssystems gemildert werden. Als Beispiel hierfür dient dem thematisch

564 Vgl. BVerfGE 65, 1 (43); 69, 315 (349); 122, 342 (369).

565 Vgl. für die Darstellung eines solchen Umstandes *Lerman*, Stan. L. Rev. Online 2013, S. 55 (58 f.).

566 Vgl. *Oermann/Staben*, Der Staat 52 (2013), S. 630 (644): „Grundlage hierfür ist die Furcht der Betroffenen vor den Konsequenzen eines etwaigen Regelverstoßes vor dem Hintergrund der elementaren Unsicherheit über das Risiko.“

567 Vgl. BVerfGE 107, 299 (321); für die Fallgestaltung BVerfGE 115, 320 (352).

begrenzten Wortfilter, durch den die Datenerhebung auf ein erforderliches Mindestmaß beschränkt wird.

e. Missbrauchsrisiko von Informationen

Einen weiteren, mit einem Einschüchterungspotenzial verbundenen Umstand stellt das Risiko des Missbrauchs von Datenverwendung dar, das entweder Schamgefühle hervorrufen oder den psychischen Druck auf den Betroffenen erhöhen mag. Die Gefahr der missbräuchlichen Datenverwendung ist nicht neu, hat aber mit der sozialen und technologischen Entwicklung neue Bedeutung erhalten. Die beträchtliche Erhöhung des Missbrauchspotenzials ist sowohl durch die gesellschaftliche Tendenz, typischerweise als privat eingestufte Lebenssache zu veröffentlichen, als auch durch die Verwendung der vielversprechenden Big Data-Anwendungen bedingt. Mittels der Techniken können personenbezogene Daten dauerhaft gespeichert und damit jederzeit verfügbar werden, selbst wenn der Betroffene diese später auf den betreffenden Plattformen gelöscht hat. Die dadurch gesammelten Daten werden durch Inferenzanalysen ausgewertet, um besonders die Merkmale der Persönlichkeit zu ermitteln. Das algorithmisch ermittelte Resultat kann unter Berücksichtigung der gesellschaftlich verbreiteten Erwartungen missbräuchlich gegenüber dem Betroffenen angewendet werden.[568] Damit übt es einen psychischen Druck auch auf jene Nutzer dahingehend aus, sodass die Betroffenen üblicherweise von der Verbreitung der Informationen Abstand nehmen. Hier kann man wiederum an die selbstregulierenden Verhaltensweisen denken, um das Missbrauchspotenzial zu mildern. Somit kann eine von den Einschüchterungseffekten kommenden Einschränkung des Verhaltens die Folge sein.

f. Überschießende Überwachungsfurcht

Die einschüchternden Effekte können auch dann bestehen, wenn der Betroffene vorher über die Funktionsweise und die Einsatzkontexte von Analyseinstrumenten nicht hinreichend in Kenntnis gesetzt ist. Seit dem Auftreten der sozialen Medien wird in verschiedenen Fachgebieten mehrfach berichtet, dass Daten in sozialen Medien auch im öffentlichen Bereich zu unterschiedlichen Zwecken benutzt werden. Doch selbst wer schon davon weiß, ist sich keineswegs automatisch auch bewusst, wie die von sich selbst offenbarten Informationen zu welcher Gelegenheit erhoben und verarbeitet werden. Umso größer wäre diese Angst, wenn die algorithmische Analyse der personenbezogenen

568 Vgl. *Spiecker gen. Döhmann*, K&R 2014, S. 549 (553).

Daten aus sozialen Medien nicht als Grundrechtseingriff beurteilt und somit nicht gesetzlich geregelt werden müsse.

Diese rein subjektive Furcht des Einzelnen kann und muss auch rechtlich zu berücksichtigen sein. Einen relevanten Hinweis darauf bietet die versammlungsrechtliche Rechtsprechung, die sich mit Übersichtsaufnahmen bei Demonstrationen befasste.[569] Bei der Beurteilung der Eingriffsintensität einer solchen Maßnahme hat das Gericht nicht allein darauf abgestellt, welche objektiven nachteiligen Folgen die Maßnahme bei vollständiger Transparenz hätte. Vielmehr wurde auch in die Betrachtung mit einbezogen, was der Einzelne über die staatliche Handlung wissen kann. So hat das Gericht festgehalten, dass bereits die reine Videoüberwachung einer friedlichen Versammlung in Art. 8 Abs. 1 GG eingreife. Daran ändere sich nichts, wenn es sich dabei allein um die Übersichtsaufnahme der Demonstration handelte. Denn der Einzelne könne nicht wissen, ob nachteilige Folgen mit einer solchen Maßnahme einhergehen würden.[570] Gerade diese Unsicherheit könne den betroffenen Grundrechtsträger dazu veranlassen, von rechtmäßigen Verhaltensweisen Abstand zu nehmen, und damit restriktiv auf seine Grundrechtsausübung einwirken. Eine solche einschüchternde Wirkung könne genügen, die „Schwelle zur eingriffsgleichen Belastung" zu überschreiten.[571]

Diese auf Übersichtsaufnahmen bei Demonstrationen bezogene Sichtweise ist auf die Problematik der umfassenden, automatisierten Datenerhebung und -analyse der Kommunikationsinhalte übertragbar. Anknüpfungspunkt ist die Angst vor staatlicher Überwachung, der zufolge ein Nutzer versuchen mag, seine Persönlichkeitsmerkmale gar nicht offenzulegen, um die nachfolgenden Ermittlungen von vornherein zu vermeiden. Der Anlass ist, gleich wie oben angegeben, die Unsicherheit darüber, aus welchem Anlass und auf welche Weise solche Informationsmaßnahmen durchgeführt werden. Besonders angesichts der technischen Komplexität können sich die meisten Nutzer nicht bewusst sein, welche Kommunikationsinhalte erfasst, auf welche Weise sie analysiert und zu welchem Aussagewert sie gebracht werden. Die Furcht vor staatlicher Überwachung kann erst dann gemildert werden, wenn die Verwendungszwecke transparent bestimmt werden. Andernfalls können sich die befürchteten

569 Vgl. VG Münster, NWVBl 2009, S. 487 (487 f.); VG Berlin, DVBl. 2010, S. 1245 (1245 f.); kritisch *Söllner*, Anm. zu VG Berlin, DVBl. 2010, S. 1248 (1248).

570 Vgl. VG Münster, NWVBl 2009, S. 487 (487); VG Berlin, DVBl. 2010, S. 1245 (1245).

571 Vgl. VG Münster, NWVBl 2009, S. 487 (487); *Kral*, Die polizeilichen Vorfeldbefugnisse als Herausforderung, S. 86.

Nachteile in der Regel über die drohenden Belastungen hinaus intensivieren, wenn sich die staatlichen Informationsmaßnahmen für den Grundrechtsträger nicht hinreichend transparent vollziehen. Hier kann man die pseudonyme Nutzung der sozialen Medien in den Blick nehmen. In diesem Fall wäre die Sorge vor staatlicher Ermittlung der Persönlichkeitsmerkmale als nicht zwingend anzusehen, weil die Identifizierung des pseudonym auftretenden Autors regelmäßig mit weiteren Anschlussmaßnahmen verbunden ist.[572] Es bleibt aber dennoch die Unsicherheit, die das Verhalten des Einzelnen beeinflussen kann, weil die meisten Nutzer die technischen Bedingungen für die Identifizierung nicht genau kennen. Für die Intensität der Überwachungsfurcht ist irrelevant, ob die nachfolgenden Ermittlungen bzw. andere Nachteile tatsächlich drohen.[573]

2) *Empirisch beweisbare Nachteile?*

Die Theorie der Einschüchterungseffekte begegnet aber der Kritik, dass die einschüchternde Wirkung als solche nicht unmittelbar wahrnehmbar und messbar ist.[574] Das Plädoyer für die Theorie rechtfertigt dessen Existenz häufig unter Heranziehung von Figuren wie Bentham's Panoptikum, dessen einschüchternde Wirkung selbstverständlich sei.[575] Die Sichtweise in Bezug auf einem kreisförmig aufgebauten Gefängnis sei auch im Rahmen der anderen Überwachungsmaßnahmen wie die Videoüberwachungen von Plätzen von zunehmender Bedeutung.[576] Dabei sei der Einzelne sich ebenfalls nicht bewusst, wann er beobachtet werde, was ihn zur Reflexion seiner Verhaltensfolgen veranlasse und vor abweichenden Verhaltensweisen abschrecke.[577] Diese theoretische Erläuterung wird aber durch empirische Nachweise zumindest nicht ausreichend gestützt.[578] Die Theorie scheint somit durchaus ihr Fundament zu verlieren, weil deren Grundannahme auf die Prognosen über die Veränderungen menschlichen Verhaltens unter bestimmten Bedingungen zurückgreift.[579]

---

572 Vgl. BVerfGE 118, 168 (186).

573 Vgl. BVerfGE 100, 313 (376); 118, 168 (197).

574 Vgl. *Schauer*, B.U. L. Rev. 1978, S. 685 (730); *Kendrick*, WM & Mary L. Rev. 2013, S. 1633 (1675 ff.).

575 Vgl. *Richards*, Harv. L. Rev. 2013, S. 1934 (1948); ferner *Oermann/Staben*, Der Staat 52 (2013), S. 630 (644), die ebenfalls von panoptischen Effekten sprechen.

576 Vgl. *Ullrich*, Gesundheitsdiskurse und Sozialkritik, S. 37 f.

577 Vgl. *Foucault*, Überwachen und Strafen, S. 263, der das Panoptikum als ein „verallgemeinerungsfähiges Funktionsmodell" bezeichnet.

578 Vgl. *Ullrich*, Gesundheitsdiskurse und Sozialkritik, S. 36.

579 Vgl. *Schauer*, B.U. L. Rev. 1978, S. 685 (730).

Dieselbe Situation ist hinsichtlich der automatisierten Informationsmaßnahmen auf sozialen Medien zu beobachten. Ob und wie genau das staatliche Social-Media-Monitoring auf die Verhaltensweisen des Nutzers einwirkt, ist bisher noch kaum empirisch untersucht. Es bestehen vergleichbare Fallkonstellationen, die es erlauben, belastbare Nachweise für die hier thematisierten Überwachungsmaßnahmen zu finden.

Fallstudien, die sich mit staatlicher Überwachung in der analogen Welt befassten, verdeutlichen, dass dadurch der Einzelne in seinem Verhalten steuernd beeinflusst wird. In Bezug auf die Videoaufzeichnungen bei Versammlungen sind die Untersuchungen besonders auf die Verhaltensweisen der Versammlungsteilnehmer eingegangen, die zwar die ständige Erfassung über Videoaufnahmen wissen, doch deren Verwendungszwecke nicht erkennen. Dabei handelt es sich um die Frage, ob der Grundrechtsträger in seiner Grundrechtsausübung durch die staatliche Herstellung der Übersichtsaufnahmen von der Versammlung beeinflusst oder zumindest vom normabweichenden Verhalten abgehalten wird.[580] Die Studien zogen damit den Schluss, dass entsprechende Maßnahmen die bedrohenden und verunsichernden Auswirkungen auf die Teilnehmer mit sich bringen, weil die spätere Verwendung des Videomaterials für den Einzelnen nicht transparent ist.[581] Der Untersuchung zufolge werde der Einzelne von der Teilnahme an videoüberwachten Versammlungen Abstand nehmen und eine nicht überwachte Alternative auswählen.[582] Zusammenfassend sei festzuhalten, dass solche Videoaufnahmen die abschreckende Wirkung auf die Verhaltensweisen des Betroffenen mit sich bringen.[583] Weitere Untersuchungen haben bewiesen, dass die Videoüberwachung öffentlicher Plätze in derselben Weise auf das Verhalten des Einzelnen wirkt. Bei Kenntnisnahme der Überwachung würde der Einzelne videoüberwachten Plätzen bewusst ausweichen. Diese Auswirkungen werden teilweise in der fachgerichtlichen Rechtsprechung sogar für „empirisch gesichert" gehalten.[584]

Hinsichtlich der Digitalisierung der sozialen Umwelt werden die Auswirkungen der modernen Formen von Überwachungsmaßnahmen zunehmend in den Fokus gerückt. Bezogen auf die hier thematisierten Informationsmaßnahmen verdient die Studie eine besondere Erwähnung, die sich mit der Frage

580 Vgl. *Ullrich*, Gesundheitsdiskurse und Sozialkritik, S. 40 ff.
581 Vgl. *Ullrich*, Gesundheitsdiskurse und Sozialkritik, S. 42.
582 Vgl. *Ullrich*, Gesundheitsdiskurse und Sozialkritik, S. 48.
583 Vgl. *Ullrich*, Gesundheitsdiskurse und Sozialkritik, S. 50.
584 Vgl. VG Wiesbaden, NJW 2010, S. 1220 (1221); zustimmend *Klotz*, NJW 2011, S. 1186 (1189).

auseinandergesetzt hat, wie das NSA-Überwachungsprogramms-Prism auf das Nutzerverhalten in sozialen Medien wirkt.[585] Der Untersuchung zufolge hat ein Drittel der Nutzer seit den erschreckenden Enthüllungen den Umgang mit den sozialen Medien skeptisch gesehen. Das Umfrageergebnis weist darauf hin, dass das Verhalten des Einzelnen durch das streubreite Überwachungsprogramm weitestgehend beeinflusst wird. Daneben zeigt ein Fünftel der Nutzer die Absicht, auf die Verwendung der Kommunikationsmöglichkeiten zu verzichten. Daraus kann man schlussfolgern, dass die Überwachung der sozialen Medien das Verhalten des Einzelnen mittelbar und faktisch unterbindet.

(6) Fazit

Es bleibt somit festzuhalten, dass Einschüchterungseffekte dort berücksichtigt werden müssen, wo die Überwachung der öffentlich zugänglichen Quellen grundrechtlich überprüft wird. Allerdings darf man voreilig zu dem Schluss kommen, dass diese staatliche Informationsmaßnahme einen Eingriff in das informationelle Selbstbestimmungsrecht darstellt. Zu konstatieren ist nur, dass Erfassung und Ermittlung der (öffentlich zugänglichen) personenbezogenen Daten die Einschüchterungseffekte hervorrufen mögen. Gerade vor diesen Effekten soll das informationelle Selbstbestimmungsrecht schützen,[586] weil eine solche Informationsmaßnahme auf das Verhalten des Einzelnen unmittelbar, aber auch mittelbar beeinflussend einwirken kann. Das Schutzziel dieses Rechts kann nur dann hinreichend in die Betrachtung mit einbezogen werden, wenn öffentlich zugängliche Daten als vom Schutzbereich umfasst betrachtet werden.

C. Eingriffsqualität von Social-Media-Monitoring

Im Folgenden wird darauf einzugehen, ob die computergestützte Erfassung und Analyse sozialer Medien aufgrund der damit verbundenen Einschüchterungseffekte Grundrechtseingriffe darstellen. Müsste dies nicht bejaht werden, sollte die Einschüchterungseffekte im Rahmen der objektiv-rechtlichen Gewährleistungsgehalte behandelt werden. Für die hier zu untersuchende Frage kommt es darauf an, welche Funktion und welcher Inhalt dem Eingriffsbegriff

585 Vgl. *Wittmann/Stahl/Weinfurtner/Torunsky*, Digitalisierung der Gesellschaft, S. 26.

586 Vgl. *Kral*, Die polizeilichen Vorfeldbefugnisse als Herausforderung, S. 87, der den Schutz vor Verhaltensbeeinflussungen als Ziel des informationellen Selbstbestimmungsrechts betont.

zugemessen werden. Unter einem Grundrechtseingriff soll hier eine gegen grundrechtlich geschützte Freiheiten gerichtete staatliche Maßnahme verstanden werden, die den grundrechtlichen Gesetzesvorbehalt auslöst.[587] Anknüpfungspunkt ist aus einer abwehrrechtlichen Perspektive das staatliche Handeln in Bezug zum grundrechtlichen Schutzbereich. Nicht alle staatlichen Maßnahmen aktivieren aber den abwehrrechtlichen Grundrechtsschutz, sondern allein bestimmte staatliche Handlungsformen, die in einer qualifizierten Beziehung zu betroffenem Schutzbereich stehen.[588] Gegen welche Formen der staatlichen Maßnahmen der subjektive Grundrechtsschutz aktiviert wird, hängt damit auch von der Auslegung des betroffenen Freiheitsbereichs ab. Eine weite Auffassung der Schutzgegenstände von Freiheitsrechten bewirkt eine Vergrößerung der Anzahl potenzieller Eingriffe.[589] Die Auffassungen darüber, wann ein staatliches Handeln als Eingriff einzuordnen ist, differieren demnach erheblich, weil sich im jeweiligen Eingriffsbegriff allgemeine Grundrechtslehren verdichten.

1. Eingriffsbegriff

Das klassische Eingriffsverständnis geht von einer imperativen, finalen, rechtsförmlichen und unmittelbaren Maßnahme aus.[590] Die Abgrenzung richtet sich nicht nach den Wirkungen bei einem Grundrechtsträger, sondern nach den Merkmalen der staatlichen Maßnahme selbst. Diese starren Kriterien eines Eingriffsbegriffs haben im Laufe der Zeit eine deutliche Abschwächung erfahren.[591] Zunächst ist der gänzliche Verzicht auf jene Anforderung an den Grundrechtseingriff zu erblicken, dass überhaupt eines der Kriterien des klassischen Eingriffsbegriffes erfüllt werden soll. Dies wird mit dem Argument begründet, dass sich die Verfassung darüber ausschweigt, welche Merkmale eine grundrechtsbeeinträchtigende staatliche Maßnahme kennzeichnen. Umso bedeutsamer ist dieser Vorwurf gegen das klassische Eingriffsverständnis, wenn man sich mit der automatisierten Erfassung und Analyse der öffentlich zugänglichen Daten in sozialen Medien befasst. Dabei wird der Schutzbereich des

---

587 Vgl. zu Auffassungen, die den Gesetzesvorbehalt gänzlich vom Eingriffsbegriff entkoppeln, *Eckhoff*, Der Grundrechtseingriff, S. 40 ff. m.w.N.

588 Vgl. *Albers*, Informationelle Selbstbestimmung, S. 34.

589 Vgl. *Albers*, Informationelle Selbstbestimmung, S. 34 f.

590 Vgl. BVerfGE 105, 279 (299 f.); aus der Literatur *Starck*, in: Mangoldt/Klein/Starck, GG, Art. 1, Rn. 265; *Eckhoff*, Der Grundrechtseingriff, S. 176, der um das Kriterium der Vorhersehbarkeit der Folgen ergänzt; dagegen *Hillgruber*, HStR IX, § 200, Rn. 93.

591 Vgl. *Eckhoff*, Der Grundrechtseingriff, S. 175.

Rechts auf informationelle Selbstbestimmung in einer Weise verkürzt, dass das Verhalten des Grundrechtsträgers durch die Informationsmaßnahme beeinflusst wird. Gleichwohl bleibt die Entschlussfreiheit zur selbstdarstellerischen Kommunikation oder zur Meinungsverbreitung weiter bei dem Grundrechtsträger. Er unterliegt scheinbar keinem tatsächlichen Zwang. Daraus folgt, dass Social-Media-Monitoring durch den Staat eine faktisch-mittelbare Maßnahme darstellt und somit nicht in das informationelle Selbstbestimmungsrecht eingreift.

Folgt man demgegenüber dem modernen Eingriffsbegriff, sind auch rein faktisch-mittelbare Maßnahmen als Grundrechtseingriff zu berücksichtigen.[592] Im Mittelpunkt dieses Verständnisses steht mindestens die Problematik, ob und wann überhaupt eine Kausalität zwischen einem staatlichen Handeln und einer Verkürzung der grundrechtlichen Freiheiten vorliegt. In diesem Zusammenhang hat das BVerfG auf unterschiedliche Kriterien, wie etwa die (Mindest-)Intensität[593] bzw. die soziale Adäquanz[594] bestimmter Belastungen, abgestellt. In der Literatur werden ebenfalls zahlreiche inhaltliche Kriterien vertreten, denen etwa die Vorhersehbarkeit,[595] die Intensität,[596] die Finalität[597] oder die Zurechenbarkeit[598] der Beeinträchtigung zugehören. Bei allen Unterschieden ist festzustellen, dass keines dieser Kriterien einen ausschließlichen Geltungsanspruch erheben kann. Jedes Kriterium schließt sich wiederum an weitere Erwägungen an. Daher kann man nicht von einem einheitlichen Eingriffsbegriff sprechen.[599] Misst man aber die in dieser Untersuchung thematisierten Überwachungsmaßnahmen an diesem modernen Verständnis, so kann man zumindest zum Schluss kommen, dass diese Maßnahmen nicht

---

592 Vgl. BVerfGE 105, 279 (300 f.); dazu statt vieler *Sachs*, in: Sachs, GG, Vor. Art. 1, Rn. 83 ff. m.w.N.

593 Vgl. zu sog. Bagatellgrenze *Kingreen/Poscher*, StaatsR II, Rn. 301; Zweifel an hinreichender Eingriffsintensität im Einzelfall etwa bei BVerfG, NJW 1982, S. 1276 (1276); BVerfGE 17, 108 (115).

594 Vgl. BVerfGE 49, 89 (143).

595 Vgl. *Gallwas*, Faktische Beeinträchtigungen, S. 94 ff.

596 Vgl. *Jarass*, NVwZ 1984, S. 473 (476); *Scherzberg*, Grundrechtsschutz und „Eingriffsintensität", S. 206 f.; *Eckhoff*, Der Grundrechtseingriff, S. 255 ff.; *Kingreen/Poscher*, StaatsR II, Rn. 301; a.A. *Sachs*, in: Stern, Staatsrecht III/2, S. 205 ff. m.w.N.

597 Vgl. *Di Fabio*, JZ 1993, S. 689 (695 ff.).

598 Vgl. *Stern*, in: Stern, Staatsrecht III/1, § 72 III 4, S. 1207; ausführlich *Eckhoff*, Der Grundrechtseingriff, S. 270 ff.

599 Vgl. *Eckhoff*, Der Grundrechtseingriff, S. 229.

eingriffsindifferent sind, obwohl sie weder rechtsförmig noch final sind, sowie es am imperativen Element mangelt.

Problematisch beim abstrakten Gesichtspunkt des Eingriffsbegriffs ist – wie oben dargestellt – die Bestimmung von allgemeinen Eingriffskriterien. Um diese Schwierigkeiten zu bewältigen, entwickelten sich im Schrifttum die Ansätze, die vornehmlich darauf beruhen, den jeweiligen grundrechtlichen Norminhalt zu konkretisieren.[600] Grundidee ist, dass je genauer der Schutzbereich der einschlägigen Grundrechtsnorm bestimmt wird, umso einfacher sich die grundrechtliche Relevanz einer staatlichen Maßnahme begründen lässt. Staatliche Produktwarnungen werden dabei als Beispiel angeführt.[601] Die Berufsfreiheit könne als dadurch final und unmittelbar beeinträchtigt angesehen werden, soweit unter deren Schutzbereich nicht nur allgemein die freie Berufsausübung, sondern auch konkret die durch das Image eines vertriebenen Produktes vermittelten Wettbewerbschancen fallen. In derselben Richtung habe auch die Rechtsprechung bereichsspezifische Eingriffskriterien für das jeweilige Grundrecht aufgestellt. Da das Social-Media-Monitoring den Schutzbereich des Rechts auf informationelle Selbstbestimmung berühren kann, soll im Folgenden dessen Eingriffsqualität unter Berücksichtigung des informationsbezogenen Eingriffsbegriffs gewürdigt werden.

2. Informationelles Selbstbestimmungsrecht

(1) Informationsbezogener Eingriffsbegriff

In der Rechtsprechung des BVerfG entwickelten sich spezifische Ansätze zum informationsbezogenen Eingriffsbegriff.[602] Dies veranlassten die Gewährleistungsgehalte des Rechts auf informationellen Selbstbestimmung. Die Freiheitsgewährungen des Grundgesetzes schützen üblicherweise den Einzelnen davor, die Wahrnehmung der jeweiligen Freiheitsgarantie zu beschränken. So stellt staatliches Handeln einen Grundrechtseingriff dar, wenn die Ausübung des grundrechtlich geschützten Verhaltens mittel- oder unmittelbar, rechtlich oder faktisch verhindert wird.[603] Beim Recht auf informationelle Selbstbestimmung

600 Vgl. *Isensee*, HStR IX, § 191, Rn. 66.

601 Vgl. den Beispiel bei *Albers*, Informationelle Selbstbestimmung, S. 79 f.; *Bleckmann/Eckhoff*, DVBl. 1988, S. 373 (377).

602 Vgl. *Bumke/Voßkuhle*, Casebook Verfassungsrecht, S. 98 unter Verweis auf BVerfG 150, 244 (266 ff.): „Bei der Datenerhebung ist eine schutzzweckbezogene Eingrenzung des Eingriffsbegriffs nötig."

603 Vgl. *Poscher*, Grundrechte als Abwehrrechte, S. 163 ff.

hingegen steht weder ein Verhaltensschutz noch ein eigentumsähnlich konzipiertes Dispositionsrecht über persönliche Daten[604] im Mittelpunkt. Es begrenzt vielmehr den staatlichen Umgang mit personenbezogenen Daten, um Gefährdungen der Persönlichkeitsentfaltung entgegenzutreten. Die Entwicklung des spezifischen Konzepts zum Eingriffsverständnis dient somit wesentlich dazu, ihn nahtlos an den Gewährleistungsbereich anzuknüpfen.[605] Die im Rahmen der sonstigen Freiheitsrechte entwickelten Kriterien darauf anzuwenden, wäre nicht hilfreich,[606] weil das informationelle Selbstbestimmungsrecht im Regelfall durch staatliche Datenerhebung und -verwertung faktisch und mittelbar beeinträchtigt wird.[607] Das klassische Eingriffsverständnis ist daher beim Recht auf informationelle Selbstbestimmung, mit der Ausnahme eines Handlungsgebots zur Informationspreisgabe, nicht gleich denkbar wie bei sonstigen Freiheiten.[608] Das BVerfG hat damit bereits im Volkszählungsurteil festgestellt, dass jede Erhebung, Speicherung, Verwendung und Weitergabe der vom Schutzbereich umfassten personenbezogenen Daten[609] einen Eingriff darstellt.[610] Der informationsbezogene Eingriffsbegriff wird in Bezug auf die Informationsmaßnahmen konkretisiert.[611] Somit schützt das Recht auf informationelle Selbstbestimmung bereits vor Gefährdungen der Persönlichkeit und der Verhaltensfreiheit.[612]

Das Social-Media-Monitoring könnte anhand des informationsbezogenen Eingriffsbegriffs durchaus als Grundrechtseingriff bewertet werden, weil von seinem Prozess die Datenerhebung, -speicherung und -analyse umfasst sind. Vergegenwärtigt man sich aber, dass die Bestimmung des Schutzbereichs eng mit dem Verständnis des Eingriffsbegriffs beim informationellen

---

604 Vgl. BVerfGE 65, 1 (43 f.); *Hoffmann-Riem*, AöR 123 (1998), S. 513 (521); *Poscher*, Die Zukunft der informationellen Selbstbestimmung S. 167 (178).

605 Vgl. *Albers*, Informationelle Selbstbestimmung, S. 134 ff., 437.

606 Vgl. *Ladeur*, DÖV 2009, S. 45 (46).

607 Vgl. *Poscher*, Die Zukunft der informationellen Selbstbestimmung S. 167 (182).

608 Vgl. *Schoch*, JURA 2008, S. 352 (356).

609 Vgl. BVerfGE 65, 1 (43).

610 Vgl. die Nachweisen zum Streitstand bei *Lorenz*, in: BK-GG, Art. 2 Abs. 1, Rn. 385; ferner *Bumke/Voßkuhle*, Casebook Verfassungsrecht, S. 99.

611 Vgl. *Tanneberger*, Die Sicherheitsverfassung, S. 223 ff., aber ohne Bezugnahme auf die Beschränkung des Eingriffsbegriffs bei öffentlich zugänglichen Daten.

612 Vgl. *Eifert*, NVwZ 2008, S. 521 (523), der auf der eigenartigen Struktur des Gutes „Information" basiert; *Poscher*, Die Zukunft der informationellen Selbstbestimmung S. 167 (178).

Selbstbestimmungsrecht verbunden ist,[613] so scheinen die in der Rechtsprechung aufgeführten Informationsmaßnahmen für die Eingriffe nicht sinnvoll zu sein. Denn die Datenerhebung und -verarbeitung sind normalerweise so harmlos, dass diese als solche nicht als Grundrechtseingriff angesehen werden können.[614] Das informationelle Selbstbestimmungsrecht bietet jedoch nach hier vorgenommener wie auch in der Rechtsprechung konzipierter Auffassung Schutz vor Einschüchterungseffekten. Ausgehend vom Bagatellvorbehalt ist eher eine gewisse Intensität der Beeinträchtigung gefordert.[615] Die hinreichende Intensität solcher Effekte wurde aber im Fall nicht angenommen, bei dem die öffentlich zugänglichen Daten manuell erhoben, gespeichert und verwendet wurden. Jedenfalls bleibt festzuhalten, dass der informationsbezogene Eingriffsbegriff begrenzt werden soll, um dem Schutzziel des Rechts auf informationelle Selbstbestimmung gerecht zu werden.

(2) Begrenzung: Besondere Gefahrenlage für die Persönlichkeit

Das BVerfG hat bereits versucht, den spezifischen Eingriffsbegriff dort einzugrenzen, wo es sich mit der Erhebung öffentlich zugänglicher Daten befasst hat. Eine solche Einschränkung vollzog sich bereits im Urteil zur Online-Durchsuchung. Danach liege kein Eingriff in das Recht auf informationelle Selbstbestimmung vor, soweit öffentlich zugängliche Daten bloß erhoben werden. In dieses Recht könne wohl aber mit dem gezielten Zusammentragen, Speichern und Auswerten der Daten eingegriffen werden.[616] Die systematische Erfassung, Sammlung und Verarbeitung der Daten können ebenfalls einen rechtfertigungsbedürftigen Eingriff darstellen, wenn diese dadurch zu einem zusätzlichen Aussagewert gebracht werden.[617] Die informatorischen Maßnahmen werden für öffentlich zugängliche Daten erheblich spezifiziert, aber in beiden Entscheidungen um ein abstraktes Kriterium ergänzt. Ein Eingriff könne

---

613 Vgl. *Albers*, Informationelle Selbstbestimmung, S. 134 ff., 441 ff.

614 Vgl. *Poscher*, Die Zukunft der informationellen Selbstbestimmung S. 167 (171).

615 Vgl. zur fehlenden Eingriffsqualität bloßer informatorischer Belästigungen *Schoch*, JURA 2008, S. 352 (357); *Hoffmann-Riem*, AöR 123 (1998), S. 513 (529 ff.), der sich gegen einen pauschalen Bagatellvorbehalt für bestimmte Daten ausspricht und darauf verweist, dass sich auch die Eingriffsintensität in erster Linie nach den Verwendungskontexten richtet.

616 Vgl. BVerfGE 120, 274 (345); OVG Münster, DVBl. 1995, S. 375 (375 f.).

617 Vgl. BVerfGE 120, 351 (362).

danach erst dann bestehen, wenn sie zu einer „besonderen Gefahrenlage für die Persönlichkeit" führen.[618]

Der Ansatz zur Begrenzung des Eingriffsbegriffs wird teilweise wegen seiner Unbestimmtheit kritisiert.[619] Ein Kritikpunkt besteht darin, dass die Rechtsprechung unzutreffend ein Kriterium der Eingriffsintensität erfordere, wenn sie von der besonderen Gefahrenlage spreche. Folge man der Auffassung des BVerfG, so könne die Begrenzung des informationsbezogenen Eingriffsbegriffs sehr vage ausfallen. Das Kriterium der Intensität scheint zwar sicherlich von Natur aus unklar zu sein. Wie intensiv die Persönlichkeit durch Informationsmaßnahmen gefährdet wird, ist allerdings nicht messbar. Daher ist stets eine Prognoseentscheidung notwendig.[620] Umso problematischer ist an der Rechtsprechung, dass die Gefährdungen der Persönlichkeit im Urteil der Internetaufklärung nicht hinreichend benannt wurden. Das BVerfG hätte auf der Ebene des Schutzbereichs thematisiert, wie die Erfassung und Auswertung öffentlich zugänglicher Daten mit den Gefährdungen der Persönlichkeit einhergehen können. Stattdessen äußert es erst im Rahmen des Eingriffs, dass der abwehrrechtliche Grundrechtsschutz hinsichtlich öffentlich zugänglicher Daten wegen eines fehlenden schutzwürdigen Vertrauens abgelehnt werden soll. Damit wurde der Forderung nicht hinreichend Rechnung getragen, dass der Gewährleistungsgehalt beim informationellen Selbstbestimmungsrecht aufgrund seiner engen Relevanz für die Persönlichkeit noch näher interpretiert werden muss.[621] Es wäre also wünschenswert gewesen, wenn das BVerfG auf der Ebene des Schutzbereichs erläutert hätte, warum es eines schutzwürdigen Vertrauens bedarf, um sich auf das informationelle Selbstbestimmungsrecht zu berufen.

Die Gefahrenlagen für die Persönlichkeit sind – wie bereits beim Schutzbereich ausgeführt – mit den einschüchternden Effekten verbunden. Typischerweise können die Maßnahmen mit erheblicher Streubreite dieselben Wirkungen mit sich bringen. Sie können Besorgnis hervorrufen, überwacht zu werden.[622] Darüber hinausgehende Wirkungen entfalten jene Maßnahmen, die öffentlich zugängliche Daten zu informatorischen Zwecken systematisch auswerten

618 Vgl. BVerfGE 120, 274 (345); 120, 351 (362); *Britz*, Grundsatzkritik und Beharren, S. 561 (578 f.).

619 Vgl. *Böckenförde*, JZ 2008, S. 925 (936).

620 Vgl. *Hoffmann-Riem*, AöR 123 (1998), S. 513 (529); *Poscher*, Die Zukunft der informationellen Selbstbestimmung S. 167 (182 ff., insb. 186).

621 Vgl. *Ladeur*, DÖV 2009, S. 45 (47 f.).

622 Vgl. BVerfGE 107, 299 (320 f.).

bzw. gezielt zusammentragen. Je nach Maßnahme wird sehr unterschiedlich bewertet, wie intensiv die Gefährdungen der Persönlichkeit sind. Man muss sich hier der Problematik zuwenden, ob die Grundrechtsgefährdungen der thematisierten Informationsmaßnahme für die Annahme der Eingriffsqualität hinreichend intensiv sind und nach welchem Kriterium die Intensität der Beeinträchtigung bewertet werden soll.

(3) Kriterium: Objektive Gefahrenprognose

Für die Erfassung der öffentlich zugänglichen Daten wird oftmals in der Literatur auf einen schutzbereichsübergreifenden Bagatellvorbehalt[623] verwiesen. Um eine Eingriffsqualität dieser Maßnahme zu begründen, werden dabei die einschüchternde Wirkungen herangezogen.[624] Dabei wird zwischen irrelevanten Belästigungen und grundrechtsrelevanten Einschüchterungen unterschieden.[625] Die einschüchternde Wirkung der Datenerhebung wird als relevante Beeinträchtigung betrachtet, die aber nicht von einer überschießenden Furcht ausgeht, sondern rational nachvollziehbar ist.[626] Diese Sichtweise stellt somit auf eine Grundannahme ab, dass die Einschüchterung auf objektivierbaren Umständen basiert.[627]

Vor diesem Hintergrund wird in der Literatur ein Ansatz einer objektiven Prognose der Gefahren vertreten.[628] Dem liegt die Vorstellung zugrunde, dass die Einschüchterung des Verhaltens die Folge der informationellen Macht des

623 Vgl. zu dem Bagatellvorbehalt *Isensee*, HStR IX, § 191, Rn. 119 m.w.N.

624 Vgl. für eine exzessive Überwachung *Poscher*, Die Zukunft der informationellen Selbstbestimmung S. 167 (177).

625 Vgl. für die Videoüberwachung *Schoch*, JURA 2008, S. 352 (357); für Streifengang und Videoüberwachung *Poscher*, Die Zukunft der informationellen Selbstbestimmung S. 167 (183 f.); für Videoaufnahmen *Robrecht*, NJ 2000, S. 348 (349 f.); ähnlich *Hoffmann-Riem*, AöR 123 (1998), S. 513 (527 ff.); *Britz*, Grundsatzkritik und Beharren, S. 561 (578 ff.); weitgehend *Kral*, Die polizeilichen Vorfeldbefugnisse als Herausforderung, S. 86 ff.

626 Vgl. *Gusy*, KritV 2010, S. 111 (119 f.); *Albers*, Informationelle Selbstbestimmung, S. 420; kritisch *Bull*, Informationelle Selbstbestimmung, S. 64; zur ablehnenden polizeirechtlichen Literatur *Robrecht*, NJ 2000, S. 348 (349).

627 Vgl. BVerfGE 125, 260 (366) (abweichendes Votum). Dabei wird der Mangel „jede[r] objektivierbare[n] Grundlage für die Annahme eines eingriffsintensivierenden Einschüchterungseffekts“ kritisiert.

628 Vgl. *Britz*, Grundsatzkritik und Beharren, S. 561 (576 ff.); *Poscher*, Die Zukunft der informationellen Selbstbestimmung S. 167 (182 ff.).

Staates ist,[629] die sich zunächst bei der Datenerhebung präsentiert und sich dann in den nachfolgenden Maßnahmen widerspiegelt. Mit zunehmenden Datenmengen und vermehrenden Verwendungszwecken vergrößert sich das Machtpotenzial, aber auch dementsprechend die Intensität von Gefährdungen der Persönlichkeit.[630] Natürlich lässt sich dieses Potenzial durch die Selbstbeschränkung des Staates begrenzen.[631] Soweit die erhobenen Daten nur für den gesetzlich bestimmten Zweck genutzt werden dürfen, ist die darüber hinausgehende Datennutzung unzulässig. Die für den statistischen Zweck erhobenen Daten dürfen nicht für diejenigen Maßnahmen eingesetzt werden, die die konkret-individuellen Belastungen auslösen können. Aus diesem Umstand sind der objektiven Gefahrenprognose zufolge keine Gefährdungen des Einzelnen zu erschließen. Sieht man sich dennoch dabei der Einschüchterung ausgesetzt, würden die einschüchternden Wirkungen nicht mehr auf den objektiven Umständen, sondern allein auf der subjektiven Übersensibilität beruhen.

Umstritten ist allerdings, ob die Eingriffsqualität der Überwachungsmaßnahmen mit erheblicher Streubreite zu bejahen ist, obwohl Personen systemisch gegen mögliche Gefahren der staatlichen Maßnahmen abgesichert sind.[632] Dies ist gerade der Fall, wenn Daten jener Personen zwar verarbeitet, aber nicht individualisiert werden, wie die Nichttreffer-Fälle bei automatisierten Datenabgleichen.

1) Eingriffsabwehrrecht: Treffer-Fall

Beim Konzept der Gefährdungsprognose wird zwischen Treffern und Nichttreffern unterschieden. Als gefährdet werden nicht personenbezogene Daten als solche,[633] sondern die rechtlich geschützten Interessen betrachtet, die durch die Informationsmaßnahmen beeinträchtigt werden können. Der Schutz der

629 Vgl. zum Verhältnis von Information und Macht *Werckmeister*, DVR 1978, S. 97 (106 f.).

630 Vgl. *Britz*, Grundsatzkritik und Beharren, S. 561 (579 f.).

631 Vgl. *Poscher*, Die Zukunft der informationellen Selbstbestimmung S. 167 (187); *Britz*, Grundsatzkritik und Beharren, S. 561 (582, 584).

632 Vgl. *Roßnagel*, NJW 2008, S. 2547 (2548); *Poscher*, Die Zukunft der informationellen Selbstbestimmung S. 167 (187 f.); a.A. *Cornils*, Jura 2008, S. 443 (445 f.); *Kral*, Die polizeilichen Vorfeldbefugnisse als Herausforderung, S. 95; *Schwabenbauer*, Heimliche Grundrechtseingriffe, S. 151 ff.; differenzierend *Breyer*, NVwZ 2008, S. 824 (825).

633 Vgl. *Poscher*, Die Zukunft der informationellen Selbstbestimmung S. 167 (171 f., 178).

personenbezogenen Daten kann nur mittelbar dazu dienen, ungehemmte Verhaltensfreiheit zu gewährleisten. Bei der Datenerhebung verbleibt dem Einzelnen eine Möglichkeit, sein Verhalten selbst zu beschränken, um den damit verbundenen drohenden Belastungen, wie etwa Diskriminierungen und Stigmatisierungen, zu entgehen.[634] Angesichts der dauerhaften Speicherkapazität steht der Betroffene zudem stets unter der Belastung, von seiner Vergangenheit eingeholt zu werden.[635] Ferner kann der Einzelne unberechtigt nachteiligen Maßnahmen unterliegen[636] bzw. Ohnmachtsgefühle gegenüber dem Staat entwickeln,[637] der umfangreiche Persönlichkeitsprofile besitzt. Er würde aber zu keiner Zeit einer Gefährdung ausgesetzt, wenn Daten nur technikbedingt miterfasst, dann aber umgehend gelöscht und zu keinem Zeitpunkt sensuell wahrgenommen werden.[638] Bestünde dennoch eine Einschüchterung, würde sie nach diesem Konzept als rein subjektiv empfundene Belastung betrachtet und somit aus dem Eingriffsbegriff ausgeklammert.

Die Einschüchterung des Verhaltens kann aber auch durch diejenigen Maßnahmen bedingt sein, die die tatsächlich drohenden Nachteile nach sich ziehen. Dafür spricht beispielsweise eine zivilrechtliche Rechtsprechung, die sich mit der Errichtung von Kamera-Attrappen auf einem Nachbargrundstück befasste. Das Gericht hat dabei festgestellt, dass ein solches Aufstellen der Kamera einen Eingriff in das (zivilrechtliche) allgemeine Persönlichkeitsrecht darstellt. Denn der Betroffene müsse sich jederzeit kontrolliert und überwacht fühlen und letztlich unter den persönlichkeitsrelevanten Überwachungsdruck geraten

---

634 Vgl. *Britz*, Freie Entfaltung durch Selbstdarstellung, S. 40 ff.; *Britz*, Grundsatzkritik und Beharren, S. 561 (576 f.).

635 Vgl. *Mallmann*, Zielfunktionen des Datenschutzes, S. 40; *Albers*, Informationelle Selbstbestimmung, S. 457.

636 Vgl. BVerfGE 122, 342 (369); *Poscher*, Die Zukunft der informationellen Selbstbestimmung S. 167 (175).

637 Vgl. zur Gefährdung der Verbindung der Datenbestände BVerfGE 65, 1 (42); 115, 320 (342); 118, 168 (184 f.); 120, 274 (311 f.); 120, 378 (397 f.); ferner *Albers*, in: Hoffman-Riem/Schmidt-Aßmann/Voßkuhle, GVwR I, § 22, Rn. 76; *Britz*, Grundsatzkritik und Beharren, S. 561 (576); *Poscher*, Die Zukunft der informationellen Selbstbestimmung S. 167 (176); kritisch *Ladeur*, DÖV 2009, S. 45 (52); *Trute*, in: Roßnagel, HdbDatenschutzR, Kap. 2.5, Rn. 26.

638 Vgl. *Roßnagel*, NJW 2008, S. 2547 (2548); kritisch *Schwabenbauer*, Heimliche Grundrechtseingriffe, S. 154 ff., 160, der bereits im ersten technischen Datenabgleich, der beim Nichttreffer zur Aussonderung führt, einen Eingriff erblickt; *Wolf*, Big Data und Innere Sicherheit, S. 214 (Fn. 964) mit dem Hinweis darauf, dass eine Aussonderung ohne Datenabgleich nicht denkbar ist.

sein.[639] Ob überhaupt Bilder von Betroffenen tatsächlich aufgezeichnet würden, sei irrelevant. Die Auffassung, dass der Schutz vor einschüchternden Maßnahmen mangels einer tatsächlichen individuellen Datenerhebung verweigert wird, erscheint somit zweifelhaft. Angesichts eines solchen Zweifels entwickelt das Konzept der Gefährdungsprognose einen weiteren Lösungsansatz. Demnach könne staatliches Handeln anhand seiner Finalität, Einschüchterung des Verhaltens hervorzurufen, als Grundrechtseingriff beurteilt werden. Es müsste sich somit nicht mehr mit einem spezifischen Problem des Rechts auf informationelle Selbstbestimmung auseinandersetzen. Soweit staatliches Handeln sich auf die Einschüchterung des Verhaltens richtet, stellt dies immer eine grundrechtsrelevante Beschränkung der Verhaltensfreiheit dar.[640]

2) Objektiv-rechtliche Garantien: Intransparenz

Mangelt es demgegenüber an Transparenz über die objektive Gefährdungslage, könnte die Problematik anders betrachtet werden. Dies ist etwa der Fall, wenn die Existenz einer Maßnahme, ihr Umfang oder ihr Verwendungskontext für den Beobachteten unüberschaubar sind. Die daraus entstehende subjektive Furcht, die sich weit von der objektiven Gefahrenlage entfernt, ist aber nicht (allein) die Folge einer Übersensibilität des Beobachteten.[641] Um diese abweichenden Fälle konsistent zu erläutern, bezieht das Konzept der Gefährdungsprognose die objektiv-rechtliche Gewährleistungsgehalte in die Erwägungen mit ein. Mit Rücksicht auf Art. 2 Abs. 1 i.V.m. Art. 1 Abs. 1 GG müsse die staatliche Datenverarbeitung elementaren, gesetzlich normierten Bedingungen unterliegen. Dies könne dazu führen, dass die Verwendung der erhobenen Daten auf gesetzlich vorgeschriebenen Zweck begrenzt, Transparenz gesichert, Möglichkeiten zur Kenntnisnahme geschaffen und so fundamentale Freiheitsgefährdungen vermieden werden. Hervorgehoben werden dabei außerdem Anforderungen an die Technikgestaltung, die der Garantie eines hohen Maßes an Transparenz dienen. Soweit aber der Gesetzgeber seine Regulierungspflichten vernachlässigt oder sogar unterlässt, könnte der Bürger mittels der subjektiven Rechte die Normierung erzwingen, die durch die objektiv-rechtlichen Gewährleistungsgehalte vermittelt werden.[642]

---

639 Vgl. LG Bonn, NJW-RR 2005, S. 1067 (1068) m.w.N.

640 Vgl. OVG Lüneburg, NJW 2006, S. 391 (391 ff.); VGH Kassel, NVwZ-RR 2012, S. 344 (344 ff.).

641 Vgl. *Albers*, Informationelle Selbstbestimmung, S. 452.

642 Vgl. zu individuellen Durchsetzungsmöglichkeiten der objektiv-rechtlichen Gewährleistungsgehalte *Albers*, Informationelle Selbstbestimmung, S. 484 ff.

3) Fazit

Im Rahmen der Gefährdungskonzeption werden objektive und subjektive Gewährleistungsgehalte gebündelt. Im Falle einer objektiv wie subjektiv kongruenten Gefährdungslage legt das Konzept der Gefährdungsprognose einerseits ein Eingriffsabwehrrecht zugrunde. Inkongruente Gefährdungslagen würden andererseits dadurch vermieden, dass die objektiv-rechtlichen Garantien gesetzlich umgesetzt werden. Die Selbstbeschränkung des Verhaltens wird infolgedessen vermieden. Dem Gesetzgeber wird die Regulierungspflicht auferlegt, grundlegende Anforderungen an staatliche Datenverarbeitung zu normieren, um die Transparenz über die Maßnahme zu gewährleisten. Das Konzept der Gefährdungsprognose stimmt zumindest insoweit mit dem tradierten Verständnis überein, als es die Erhebung eines personenbezogenen Datums erforderlich ist, um das Eingriffsabwehrrechts zu aktivieren.

(4) Kritik und Lösungsansatz

Nach der Gefährdungskonzeption kommt im Rahmen der subjektiv-rechtlichen Gewährleistungsgehalte den Einschüchterungseffekten keine Bedeutung zu. Die Furcht, die weit von der tatsächlichen Gefahrenlage entfernt ist, müsse nicht im Rahmen der Eingriffsabwehr thematisiert werden. Dieses Ergebnis wird jedoch für die Überwachung öffentlich zugänglicher Quellen in Frage gestellt. Denn im Falle einer fehlenden legitimierenden Gesetzesgrundlage kann der Grundrechtsträger nur dann die Unterlassung der Überwachungsmaßnahmen geltend machen, wenn die subjektiv-rechtliche Dimension der Grundechte durch die Einschüchterungseffekte aktiviert wird.

1) Gegenstand: Objektiv-rechtliche Dogmatik

Das BVerfG hat die verfassungsrechtliche Relevanz der Einschüchterungseffekte regelmäßig im Rahmen des objektiv-rechtlichen Gewährleistungsgehalts der Grundrechte verortet.[643] Die Maßnahmen mit großer Streubreite wie etwa Rasterfahndung, Kennzeichenerfassung und Verbindungsdatenabfrage sollen zwar keinen Eingriff in die Grundrechte jedes Betroffenen bilden. Doch deren besondere Eingriffsschwere ist im Rahmen der Verhältnismäßigkeitsprüfung zu berücksichtigen. „Auch wenn die meisten [Personen] nicht in einer einen Grundrechtseingriff auslösenden Qualität betroffen werden [...], ist für die Beurteilung der Angemessenheit [...] der große Kreis Betroffener bedeutsam."[644] Die

643 Vgl. *Tanneberger*, Die Sicherheitsverfassung, S. 256 f.

644 BVerfGE 107, 299 (329); BVerfGE 120, 378 (402 ff.).

Grundannahme ist, dass die Grundrechte neben dem Schutz vor Eingriff auch einen objektiv-rechtlichen Gehalt beinhalten, der darauf abstellt, die tatsächliche Verwirklichung eines gesamtgesellschaftlichen Wertes zu gewährleisten.[645] Es komme zur Störung des durch die Grundrechte vermittelten gesellschaftlichen Zustands, wenn ein „Gefühl des Überwachtwerdens“[646] bzw. „allgemeine Einschüchterungseffekte“[647] durch Maßnahmen mit großer Streubreite entstehen.[648] Das Social-Media-Monitoring könnte ebenfalls zur Folge haben, dass dadurch die gesamtgesellschaftliche, kollektive Meinungsbildung und -äußerung berührt sind. Denn auch diese Informationsmaßnahmen könnten die Einschüchterungseffekte bewirken, die die Bereitschaft zur Grundrechtswahrnehmung absenken würden.[649] Diese Formulierung spiegelt sich in der Rechtsprechung zu den Einschüchterungseffekten etwa dahingehend wider, dass die „Qualität der Kommunikation einer Gesellschaft [durch] die Streubreite von Ermittlungsmaßnahmen, [die] ein Gefühl des Überwachtwerdens entstehen [lassen], gefährdet [wird]“[650] oder dass „[e]ine automatisierte Kennzeichenerfassung, die unterschiedslos [...] jeden trifft, zu Einschüchterungseffekten und in der Folge zu Beeinträchtigungen bei der Ausübung von Grundrechten führen [kann, die] nicht nur die individuellen Entfaltungschancen des Einzelnen [betreffen], sondern auch das Gemeinwohl.“[651]

2) Problematik: Dilemma

Es erscheint zwar unzweifelhaft, dass Einschüchterungseffekte einen Bezug zum objektiv-rechtlichen Gewährleistungsgehalt haben. Wirft man dennoch einen Blick auf deren Durchsetzungsmöglichkeit, so kann man erkennen, dass die objektiv-rechtliche Dogmatik vor einem Dilemma steht. Die Entfaltung ihrer wertstiftenden Funktion setzt voraus, dass das subjektive Abwehrrecht ihren „ideellen Motor“ in Gang setzt. An die Betroffenheit des subjektiven Abwehrrechts ist die verfassungsrechtlich gewährleistete Möglichkeit des Rechtsschutzes (Art. 19 Abs. 4 GG) gebunden. Bei den oben angeführten

645 Vgl. *Klement*, AöR 134 (2009), S. 35 (47).

646 BVerfGE 107, 299 (328).

647 BVerfGE 120, 378 (402).

648 Vgl. BVerfGE 107, 299 (328).

649 Vgl. *Oermann/Staben*, Der Staat 52 (2013), S. 630 (645 ff.), die diesbezüglich von einer Gefährdung elementarer Zielwerte sprechen, die die jeweiligen Freiheitsrechte verfolgen.

650 BVerfGE 107, 299 (328).

651 BVerfGE 120, 378 (402).

Entscheidungen haben die geprüften Maßnahmen zumindest bei einigen Betroffenen Grundrechtseingriffe herbeigeführt. In prozessualer Hinsicht konnten sie als „Sachwalter nicht nur [ihre] individuelle Interessen, sondern auch [die] des objektiv-rechtlichen Gewichtes des Grundrechts [geltend machen. Ihre] Prozessstandschaft [verlieh] objektiv-rechtlichen Argumenten Gehör, die ansonsten (zumeist) wirkungslos blieben."[652] Bei der Überwachung öffentlich zugänglicher Quellen könnte sich aber kein Betroffener als Sachwalter auf den objektiv-rechtlichen Gehalt des Grundrechts berufen. Denn nach dem BVerfG bildet die umfassende Ermittlung der Kommunikationsinhalte keinen Eingriff in das informationelle Selbstbestimmungsrecht, sofern sie nicht zugleich mit einem gezielten Zusammentragen, Speichern, Auswerten verbunden ist.[653] Daher könnte eine Durchsetzung objektiv-rechtlicher Gewährleistungsgehalte deutlich erschwert werden, obwohl diese sich an der Verwirklichung dieser Grundrechtsfunktion orientiert. Schuld an diesem Dilemma ist die Ablehnung der Eingriffsqualität der Maßnahmen. Würde ein Eingriff bejaht, würde die subjektiv-rechtlichen Grundrechtsdimension aktiviert, sodass die objektiv-rechtlichen Gewährleistungsgehalte durchgesetzt werden könnten. Die Wirkung der Einschüchterungseffekte müsste demnach als Grundrechtseingriff zu werten sein.

3) Lösungsansatz: Subjektiv-rechtliche Dimension

Angesichts der Schutzziele des informationellen Selbstbestimmungsrechts und hinsichtlich der hier thematisierten Informationsmaßnahme scheint das Kriterium der Eingriffsintensität geeignet zu sein, um den Einzelnen vor Einschüchterungseffekten zu schützen. Die Informationsmaßnahme lässt sich dementsprechend anhand ihrer potenziellen Folgewirkungen bewerten.

a. Ziel: Hinreichend große Intensität der Beeinträchtigung?

Mit den Big Data-Technologien ist der Zugang zu öffentlich zugänglichen Quellen im Internet noch leichter, rasanter und umfassender als je zuvor. Angesichts der beispiellosen Einsichtsmöglichkeiten ist der Einzelne nicht mehr in der Lage, sich an der gänzlichen Sorglosigkeit bei der Internetnutzung zu erfreuen. Diese Wirkungen auf die individuelle Verhaltensweise wurden teilweise durch die Untersuchungen zur erschütternden NSA-Überwachung konstatiert. Hinzu kommt auch die Datenauswertung etwa bei inferentiellen

652 *Klement*, AöR 134 (2009), S. 35 (50).
653 Vgl. BVerfGE 120, 274 (345).

Analysen, die weit über eine bloße Erhebung der verbreiteten Inhalte des Nutzers hinausgehen. Etwa bei der Auswertung der sozialen Netzwerke können die Eigenschaften des jeweiligen Nutzers aus den Charaktereigenschaften der befreundeten Mitglieder statistisch erschlossen werden. Die Konsequenz ist einerseits, dass die Stigmatisierungseffekte erzeugt werden, und andererseits, dass der Gegenstand der Informationserhebung um Daten derjenigen Personen erweitert wird, die sich selbst keineswegs der Überwachung ausgesetzt sehen. Da es aber unwesentlich ist, ob die Maßnahmen unmittelbar auf diese Personen ausgerichtet sind, könnte deren Furcht vor der Datenerhebung und -verwertung ebenfalls begründet werden. Bei Big Data-Technologien muss der Blick daher unter anderem auf die Inferentialität der Analyse gelenkt werden, welche einen wesentlichen Unterschied zu anderen Ermittlungsmaßnahmen mit erheblicher Streubreite ausmacht. Die Einschüchterungseffekte der automatisierten Überwachungsmaßnahmen können den Nutzer der sozialen Medien in seinem Verhalten steuernd beeinflussen. Im Extremfall würde er gänzlich auf die Nutzung der zahlreichen Diensten verzichten, was sowohl hinsichtlich der Intensität der Einschüchterungseffekte als auch ihrer faktischen Wirkung mit einer Nutzungsuntersagung gleichstehen und somit ohne Weiteres einen Eingriff darstellen würde. Da aber die Intensität der Einschüchterung nicht messbar ist, bedarf es einer Operationalisierung im Rahmen ihrer Feststellung.[654]

b. Methode: Operationalisierung der Kriterien zur Eingriffsschwere

Ein Teil der Literatur hat deshalb bereits versucht, die Kriterien der Eingriffsintensität hinsichtlich des Konzepts der Grundrechtsgefährdung zu operationalisieren. Dabei wird die Intensität der Einschüchterungseffekte unter Heranziehung der Kriterien bewertet, die das BVerfG zur Schwere eines Eingriffs in das informationelle Selbstbestimmungsrecht aufgestellt hat.[655]

(a) Art der erfassten Daten

Im Hinblick auf die Intensität des Eingriffs in das informationelle Selbstbestimmungsrecht kann man zunächst den Inhalt der erfassten Daten

---

654 Vgl. für eine Objektivierung von Einschüchterungseffekten auch *Oermann/Staben*, Der Staat 52 (2013), S. 630 (647 ff.); nach *Albers*, Informationelle Selbstbestimmung, S. 446 hingegen gibt es aufseiten der Eingriffsfigur „keine Maßstäbe, nach denen sich hinreichend intensive und zu geringfügige Belastungen voneinander abgrenzen ließen".

655 Vgl. *Kral*, Die polizeilichen Vorfeldbefugnisse als Herausforderung, S. 91.

berücksichtigen.[656] Nach dem BVerfG wird die Eingriffsschwere der erfassten Daten nach ihrer Persönlichkeitsrelevanz bewertet:[657] Je enger die Daten mit einem Persönlichkeitsmerkmal oder bestimmten Umständen der Lebensführung verknüpft sind, umso intensiver ist die Beeinträchtigung anzusehen.[658] Dementsprechend könnte die Intensität von Einschüchterungseffekten der Überwachungsmaßnahmen beurteilt werden. In Bezug auf das Social-Media-Monitoring ist dies dergestalt zu umschreiben: Je stärker die Verknüpfung der erfassten bzw. ermittelten Daten mit sensiblen Persönlichkeitsmerkmalen ist, umso erheblicher sind die Nachteile, denen auszuweichen eine Verhaltensänderung in den jeweiligen sozialen Medien bedarf.

In Bezug auf das Social-Media-Monitoring können die Effekte der Einschüchterung zudem anhand der Art der ermittelten Daten bewertet werden. Big Data-Analysen ermöglichen, gerade aus selbst scheinbar trivialen Daten eine aussagekräftige Information inferentiell zu ermitteln. Ginge man nur von der Art der erfassten Daten aus, würde die Intensität der Einschüchterungseffekte stets als niedrig bewertet. Dieses Kriterium wäre in Hinblick auf die Möglichkeiten der modernen Datenverarbeitung nicht angemessen. Das BVerfG hat bezüglich dieses Kriteriums bereits in seinem Urteil zur automatisierten Kennzeichenerfassung anerkannt, dass zwischen den unmittelbar erfassten Daten und den (ermittelten) Informationen unterschieden werde, die durch eine weitergehende Verknüpfung der Daten erlangt werden. Die ermittelten Informationen sollen bei der Beurteilung der Eingriffsschwere der Maßnahmen in Betracht kommen,[659] weil sie mit einem bestimmten Persönlichkeitsmerkmal für die Einschüchterung bedeutsam seien. Die Stigmatisierung und Diskriminierung könnten etwa bei der (inferentiellen) Ermittlung der diskreditierbaren Persönlichkeitsmerkmale auftreten. In diesem Fall bleibt der Umstand für das Maß der Einschüchterung unbeachtlich, dass nur unsensible Daten in den Analyseprozess einbezogen werden. Die Nutzung der inferentiellen Analyse für politisch-administrativen Zwecke kann eine erhebliche Einschüchterung bewirken, zumindest wenn persönliche Eigenschaften ausgewertet werden, die besonders geeignet sind, Stigmatisierung und Diskriminierung hervorzurufen.

---

656 Vgl. *Tanneberger*, Die Sicherheitsverfassung, S. 239 ff. m.w.N.

657 Vgl. BVerfGE 120, 378 (402) mit Bezugnahme auf BVerfGE 100, 313 (376); 109, 279 (353); 115, 320 (347); 118, 168 (196 f.).

658 Vgl. *Tanneberger*, Die Sicherheitsverfassung, S. 239 ff. mit zahlreichen Nachweisen zur Rechtsprechung des BVerfG.

659 Vgl. BVerfGE 120, 378 (402).

Der Nutzer müsste dabei keine andere Wahl haben, als die Nutzung der Dienste oder zumindest die allgemeine Veröffentlichung von Inhalten zu meiden.

Außerdem können Daten im Vorfeld ihrer inferentiellen Ermittlung eine erhebliche Einschüchterung bewirken. Die drohende Belastung bestehen auch dann, wenn erfassten Daten in nachteiligen Kontexten, etwa im Strafverfahren, zum Einsatz kommen. Als Beispiel können die Standortdaten[660] angeführt werden, anhand denen Bewegungsprofile erstellt werden können. Ferner können erhebliche Nachteile dadurch entstehen, dass berufliche Qualifikation bzw. akademische Ausbildung erfasst wird. All dies zeigt, dass sich Daten mit hoher Persönlichkeitsrelevanz typischerweise mit Daten überschneiden, die eine Einschüchterung des Verhaltens auslösen können.[661] Allerdings muss nicht jedes persönlichkeitsrelevante Merkmal für die nachteilige Verwendung und damit für die Einschüchterung zwingend geeignet sein. Beispielsweise enthalten die Angaben in sozialen Medien, wie etwa Name, Geburtstag und -ort, nur geringe Aussagekraft und damit entfalten keine abschreckende Wirkung.

Die Intensität der Einschüchterung beim Einsatz von Social-Media-Monitoring wird sich verringern, wenn die Techniken derart gestaltet sind, dass nur die potenzial- und wertfreie Kommunikationsinhalte erhoben werden.

(b) Anlass und Streubreite der Datenerhebung

Zudem sind der Anlass und die Breite der Datenerhebung entscheidend für die Intensität der jeweiligen Maßnahmen.[662] Besonders eine an Einschüchterungseffekten orientierte Argumentation spricht diesen Kriterien eine große Bedeutung zu. Dies gründet sich auf die Aussage des BVerfG, dass die anlasslose Informationserhebung eine intensive einschüchternde Wirkung auslöst. Von „Grundrechtseingriffe[n], die sowohl durch Verdachtslosigkeit als auch durch eine große Streubreite gekennzeichnet sind – bei denen also zahlreiche Personen in den Wirkungsbereich einer Maßnahme einbezogen werden, die in keiner Beziehung zu einem konkreten Fehlverhalten stehen und den Eingriff durch ihr Verhalten nicht veranlasst haben – […] können ferner Einschüchterungseffekte ausgehen, die zu Beeinträchtigungen bei der Ausübung von Grundrechten führen können“.[663] Damit erinnert das Gericht an den klassischen Moment der

660 Vgl. zur hohen Persönlichkeitsrelevanz von Standortdaten BVerfGE 113, 348 (365).
661 Vgl. zur Gefahr, dass das vage Kriterium der Persönlichkeitsrelevanz eines Datums ins Beliebige übergeht, *Tanneberger*, Die Sicherheitsverfassung, S. 239 ff.
662 Vgl. ausführlich *Tanneberger*, Die Sicherheitsverfassung, S. 234 ff.
663 BVerfGE 115, 320 (354); vgl. 120, 378 (402 f.).

Einschüchterungseffekte, der die Folge der systematischen und flächendeckenden Überwachungen sein kann, welche besonders geeignet sind, den Einzelpersonen von einer abweichenden Verhaltensweisen abzuhalten.

Technische Methoden im Rahmen der Big Data-Analyse sind im Regelfall durch eine erhebliche Streubreite gekennzeichnet und somit nur als anlasslose Maßnahmen denkbar. Analysemaßnahmen wie die Textanalyse, die Netzwerkanalyse und wesentlich das im Vorfeld vollziehenden Crawling sind nicht auf ein Fehlverhalten der erfassten Personen angewiesen. Ein solches kann vielmehr, soweit existent, erst nach dem Einsatz dieser Maßnahmen aufgespürt werden. Als einsetzbare Instrumente im Gefahrenvorfeld[664] können diese Maßnahmen dabei behilflich sein, Gefahrenpotentiale zu erkennen, ungeachtet dessen, ob eine vorab bestimmte Gefahr den Anlass zur Datenerhebung gegeben hat. Personenbezogene Daten einer Person können dabei zumindest vorübergehend gespeichert und verarbeitet werden. Jeder Nutzer der sozialen Medien muss daher immer befürchten, selbst in das Überwachungsnetz zu geraten.

Die nachteiligen Folgen, die mit systematischen Überwachungsmaßnahmen einhergehen, können sich abschwächen, wenn etwa strikte Filterkriterien im Rahmen der Technikgestaltung eingefügt werden. Die Streubreite der Maßnahmen könnten zumindest verringert werden, wenn die nur hinsichtlich der bestimmten Themen vordefinierten Wortgruppen erfasst werden. Die fein definierten Wortfilter erlauben, den Großteil der Kommunikationsinhalte, die so vorgewählte Wörter oder Wortgruppen nicht enthalten, technisch auszusortieren und sensuell nicht zu erfassen. Dies hat zur Folge, dass die irrelevanten Kommunikationsinhalte nicht mehr wahrnehmbar sind und somit nicht zur Basis weiterer Ermittlungen werden.[665] Entsprechendes gilt auch für die eng begrenzten geographischen Koordinaten. Zusätzlich können die Einschränkungen in Bezug auf die strategische Fernmeldeaufklärung erwähnt werden, die auch für die Big Data-Analysen in sozialen Medien zutreffend wären. So ist die Maßnahme sowohl zeitlich als auch quantitativ begrenzt auf einen prozentualen Anteil derjenigen Datenmasse gestattet.[666] Eine Risikosenkung für jeden Einzelnen ist demnach durch verschiedene Einschränkungen auf der Ebene

664 Vgl. zum Begriff des polizeilichen Vorfeldes *Kral*, Die polizeilichen Vorfeldbefugnisse als Herausforderung, S. 71 ff.

665 Vgl. zur ähnlichen Problematik BVerfGE 100, 313 (366); anders BVerfG, CR 2009, S. 381 (381 f.) mit Anm. *Schnabel*.

666 Nach § 10 IV, V G10 beträgt der Anteil maximal 20 Prozent der zur Verfügung stehenden Übertragungskapazität und die Überwachungsdauer im Regelfall höchstens drei Monate.

der Technikgestaltung und -anwendung zu erreichen. Je höher die Chance des Nutzers ist, mit seinen Kommunikationsinhalten in der Menge der Daten zu verschwinden, umso geringer ist der psychische Überwachungsdruck. Dies fällt folglich grundsätzlich anders aus, wenn die Informationsmaßnahmen wie die inferentielle Analyse oder die Standortsanalyse punktuell und anlassbezogen eingesetzt werden. Dabei wäre der Personenkreis nur in geringem Maße bestimmbar, auf dessen Daten die (inferentiellen) Ermittlungen aufbauen könnten. Ebenso können die streubreiten Maßnahmen zumindest thematisch in Bezug auf den Überwachungsanlasses eingeschränkt werden.[667]

Das Kriterium des BVerfG ist zwar davon abhängig, ob der Betroffene selbst mit seinem Verhalten die nachfolgende Datenerhebung veranlasst hat.[668] Im Falle von anlassbezogenen Maßnahmen muss er demnach nicht befürchten, dass er ohne ein Fehlverhalten in die Ermittlungen einbezogen wird. Doch die Maßnahmen können sowohl weniger häufig als auch weniger gestreut eingesetzt werden, wenn der objektive Erhebungsanlass an die bestimmten Zwecken gebunden ist. Insoweit stehen die Intensitätskriterien der Datenerhebung im engen Zusammenhang mit dem Verwendungszweck. So wird der primäre Verwendungszweck der Maßnahmen durch den Erhebungsanlass bereits vorherbestimmt. Zusammenfassend bleibt festzuhalten, dass die Abschreckung vor abweichenden Verhaltensweisen erwartet werden kann, wenn sich die Streubreite der Maßnahme erhöht und der Anlass für ihre Anwendung verringert.

(c) Modus der Informationserhebung

Die Modi[669] der Überwachungsmaßnahme können auch in den Blick kommen, um ihre Eingriffsqualität zu beurteilen.

a) Heimlichkeit der Überwachungsmaßnahmen

Die heimlichen Überwachungsmaßnahmen sind zunächst als eingriffsintensiv anzusehen. Im Falle, dass der Betroffene ohne eine Möglichkeit der Kenntnisnahme den Überwachungsmaßnahmen ausgesetzt wird, wird „ein diffus bedrohliches Gefühl des Beobachtetseins [hervorzurufen], das eine unbefangene Wahrnehmung der Grundrechte in vielen Bereichen beeinträchtigen

---

667 Vgl. hierzu den Katalog in § 5 I G 10, der die Zwecke enumerativ begrenzt, zu denen die strategische Fernmeldeaufklärung eingesetzt werden darf.

668 Vgl. BVerfGE 120, 378 (402).

669 Vgl. BVerfGE 120, 378 (402); ausführlich zu diesem modalen Kriterium *Tanneberger*, Die Sicherheitsverfassung, S. 246 ff.

kann."[670] Gegen diese Argumentation könnte nun der Einwand erhoben werden, ein Gefühl des Überwachtwerdens könne schon nicht entstehen, soweit der Betroffene die Überwachungsmaßnahme zu Beginn nicht wahrnehmen könne. Es ist zwar zutreffend, dass die betroffenen Personen die Überwachung gerade wegen ihrer Heimlichkeit nicht erkennen können. Doch eine solche Argumentation erscheint nicht überzeugend. Die Heimlichkeit ist zwar nur ein vorläufiger Zustand. Ihre einschüchternde Wirkung kann jedoch ein tiefes Misstrauen erwecken. Zudem wird das Gegenargument, heimliche Maßnahmen in öffentlich zugänglichen Quellen als mildere einzuschätzen, infrage gestellt. Lehnte man demzufolge ihre Eingriffsqualität ab, wäre eine gesetzliche Normierung nicht gezwungen, was mithin direkt an ihre intransparente Durchführung anschließen könnte. Nach dem BVerfG müssen heimliche Maßnahmen in einem Rechtsstaat demgegenüber prinzipiell die Ausnahme bilden.[671] Von einer besonderen Intensität der Beeinträchtigung ist dementsprechend auszugehen, wenn die Informationserhebung ohne Wahrnehmung der Betroffenen erfolgt.

Techniken der Big Data-Anwendungen sind zumindest in ihren Anfangsstadien durch die Heimlichkeit gekennzeichnet. Die Gebrauchsmöglichkeit von Pseudonymen in sozialen Medien erschwert eine offene Datenerhebung in vielen Fällen. Dies zeigt sich insbesondere in Maßnahmen, relevante Netzwerke von Akteuren aufzudecken. Dabei sind sich die Zielpersonen der Datenerhebung von vornherein nicht bewusst und werden nur nachträglich davon benachrichtigt.[672] Die Einschüchterungswirkung verstärkte sich nochmals, wenn auf eine anschließende Benachrichtigung verzichtet würde. Dies hätte zur Folge, dass der Rechtsschutz gegen die Maßnahmen unterlaufen würde.[673] Dementsprechend kommt den verdeckten Big Data-Anwendungen eine einschüchternde Wirkung zu, die durch die nachträgliche Benachrichtigung nur zu mäßigen ist.

b) Art und Weise der Informationsverarbeitung

Eine weitere Modalität der Überwachungsmaßnahme bildet die Art und Weise der Informationsverarbeitung. Verwendet man insbesondere die inferntiellen Analysen, um die Persönlichkeitsmerkmale zu ermitteln, treten weitreichende

---

670 BVerfGE 125, 260 (320); vgl. ähnlich BVerfGE 122, 342 (373).

671 Vgl. BVerfGE 120, 274 (325).

672 Vgl. zur Milderung der Eingriffsintensität durch anschließende Benachrichtigung BVerfGE 114, 320 (353 f.).

673 Vgl. BVerfGE 122, 342 (373).

Wirkungen auf den Gesamtprozess der Informationsgewinnung hervor: Die Ergebnisse der Analyse wären zu vage, aber auch sachwidrig. Gleichwohl kann der Betroffene nur begrenzt auf das Resultat Einfluss nehmen. Das staatliche Fremdbild zu beeinflussen, ist schon im Vorhinein kaum möglich, weil der kommunikative Prozess sich seiner Steuerung entzieht. Er mag im Nachhinein nur schwer veränderlichen Erwartungen unterworfen sein, die aus der vermeintlichen Objektivität einer algorithmischen Entscheidung resultieren. Die Eingriffsintensität der Maßnahme kann dennoch durch eine bewusste Prozessgestaltung der inferentiellen Analyse gemindert werden. Dazu ist vornehmlich die Transparenz der Informationsverarbeitung sicherzustellen. So müssen die wesentlichen Entscheidungsgründe, nämlich die im Analyseprozess verarbeiteten Daten dem Betroffenen vermittelt werden.[674] Der Betroffene könnte erst dann die verarbeiteten Daten auf ihre Richtigkeit überprüfen, etwaige Fehler aufdecken, den eigenen Standpunkt vorbringen und demnach die Entscheidung des jeweiligen Hoheitsträgers korrigieren.[675]

Würde die Datenverarbeitung auf diese Weise reguliert, könnte allerdings der mittels von inferentiellen Analysen verfolgte Einsatzzweck gegebenenfalls gefährdet werden. So werden etwa Behörden ein Interesse daran haben, die Nutzung der inferentiellen Analyse geheim zu halten, weil ihr Ergebnis sich ansonsten weit von dem tatsächlichen, aktuellen Meinungsstand entfernen würde. Es müsste daher anders sichergestellt werden, auf den Prozess der Datenverarbeitung einzuwirken. Mit Ausnahme der unmittelbaren Kommunikation mit dem Betroffenen verbliebe eine Möglichkeit, das Analyseergebnis zu revidieren. Einen solchen Weg darf man aber nur ausnahmsweise gehen, weil dabei vorausgesetzt wird, dass bereits hinreichende personenbezogene Daten dem staatlichen Entscheidungsträger zur Verfügung stehen, um das Ergebnis der Maßnahmen zu überprüfen.[676] Die Notwendigkeit der inferentiellen Analysen erscheint hier bereits in Zweifel gezogen. Die noch greifbaren Möglichkeiten sind letztlich eine nachträgliche Benachrichtigung und eine Überprüfung der Maßnahme im Zeitpunkt, zu dem der Untersuchungszweck nicht mehr

674 Vgl. *Scholz*, in: Simitis, BDSG, § 6a, Rn. 3, 10, 37.

675 Vgl. *Scholz*, in: Simitis, BDSG, § 6a, Rn. 32, 37.

676 Vgl. *Scholz*, in: Simitis, BDSG, § 6a, Rn. 15, wonach eine hinreichende menschliche Überprüfung der automatisierten Entscheidung i.S.v. BDSG voraussetzt, dass der Entscheidungsträger über ausreichendes Fachwissen bezüglich des Bewertungsverfahrens und zusätzlicher Informationen verfügt, um die Entscheidung überhaupt ersetzen zu können.

gefährdet ist. Die Dauer der Exposition des Betroffenen gegenüber den Algorithmen könnte sich dadurch wenigstens verringern.

(d) Art der möglichen Verwendung der Daten

Als letzteres Kriterium zieht das BVerfG den Verwendungszweck der erhobenen Daten in Betracht.[677] Dabei stehen vornehmlich die Folgemaßnahmen im Zentrum, die den Betroffenen bei der Datennutzung in Gefahr bringen können.[678] In der Literatur sieht sich diese Perspektive jedoch der Kritik ausgesetzt, dass die Anschlussmaßnahme jeweils ihre eigenen Voraussetzungen der Rechtmäßigkeit erfüllen muss.[679] Das Recht auf informationelle Selbstbestimmung beinhalte den Schutz vor den Beeinträchtigungen, die von rechtmäßigen Maßnahmen herrühren.[680] Die Abschreckung vor rechtswidrigen Verhalten ist grundsätzlich wünschenswert.[681] Im Rahmen der Eingriffsintensität werden demnach solche Wirkungen auf das Verhalten nicht in die Betrachtung mit einbezogen, das einen begründeten Anfangsverdacht auslöst und somit rechtmäßige Folgemaßnahmen zur Folge hat. Die Einschüchterungseffekte beschränken sich allerdings nicht auf das Phänomen, das an den Grenzen von Tatbeständen Halt macht, die rechtswidrige Verhaltensweisen beschreiben. Zudem kann der Einzelne nicht immer recht bewerten, ob seine Handlungen bereits die Schwelle zur Rechtswidrigkeit übertreten haben. Es könnte vielmehr für ihn vernünftig sein, unter Berücksichtigung der Überwachungsmaßnahmen in sein Verhalten einen Sicherheitsabstand einzubauen,[682] um sich einer belastenden Situation zu entziehen. Hinzu kommt die Furcht vor dem Überwachtwerden, die die Verhaltensanpassung mit sich bringt. Das BVerfG beschrieb in der zweiten Entscheidung zur Rasterfahndung die Umstände, die eine positive Rasterung für die Betroffenen bewirkte.[683] Der Einzelne könnte

---

677 Vgl. BVerfGE 120, 378 (403 f.); zum Verwendungskontext in der Rechtsprechung *Tanneberger*, Die Sicherheitsverfassung, S. 251 ff.

678 Vgl. BVerfGE 120, 378 (420).

679 Vgl. *Poscher*, Die Zukunft der informationellen Selbstbestimmung S. 167 (174); *Tanneberger*, Die Sicherheitsverfassung, S. 252; *Albers*, Informationelle Selbstbestimmung, S. 433.

680 Vgl. *Poscher*, Die Zukunft der informationellen Selbstbestimmung S. 167 (187); *Albers*, Informationelle Selbstbestimmung, S. 433.

681 Vgl. zur generalpräventiven Funktion der Strafgesetze BVerfGE 45, 187 (253 ff.).

682 Vgl. das Beispiel bei *Poscher*, Die Zukunft der informationellen Selbstbestimmung S. 167 (177).

683 Vgl. BVerfGE 115, 320 (352).

derartige Beeinträchtigungen nur dadurch vermeiden, dass er sich von einem abweichenden Verhalten zurückhält.

Eine einschüchternde Wirkung der Datenverarbeitung könnte durch eine Einschränkung der Verwendungszwecke begrenzt werden. Im Rahmen dieser Untersuchung wird das Social-Media-Monitoring zwar zu politisch-administrativen Zwecken eingesetzt. Doch die Nutzung der erhobenen Daten könnte ferner auf eine Erstellung eines übergreifenden Meinungsbildes zu bestimmten Themen begrenzt werden. Eine darüber hinausgehende Datenverwendung etwa für individuelle Anschlussmaßnahmen würde damit ausgeklammert. Der Einzelne müsste sich damit weniger fürchten, den vorab verbreiteten Inhalten in anderen Kontexten gegenüberzustehen, wenn sich eine Bindung der informationellen Macht des Staates an den ursprünglichen Erhebungszweck verstärkt. Der Verwendungszweck bezieht sich somit auf die Eingriffsqualität der vorstehenden Datenerhebung.[684] Je transparenter der Zweck gesetzlich reguliert wird, umso weniger sind die Sorgen vor einem diffusen Gefühl des Überwachtwerdens.

(5) Fazit

Im Rekurs auf die Kriterien des BVerfG konnte die Intensität von Einschüchterungseffekten von Social-Media-Monitoring auf der Ebene des Eingriffs hinreichend objektiv bewertet werden. Da ihre Intensität einerseits kaum messbar, andererseits subjektiv unterschiedlich wahrnehmbar ist, mussten die Kriterien zuerst operationalisiert werden. Um die Intensität möglichst objektiv zu beurteilen, war dabei auf die Nachteile abzustellen, die potenziell das Verhalten des Einzelnen beeinflussen können. Der Einsatz von Big Data-Anwendungen müsste demnach selbst bei einer streubreiten Maßnahme nicht zwangsläufig einen Grundrechtseingriff durch Einschüchterung darstellen, soweit die Techniken unter Berücksichtigung der Intensitätskriterien konstruiert werden. Dies gilt auch dann, wenn die Datenerhebung sich genau anhand der technischen Gestaltung nur auf jene beschränken, die nur die potentiale- und wertfreie Kommunikationsinhalte darstellen. Im Gegensatz dazu existiert ein Schutzbedarf, wenn ihre Wirkungsweise nicht transparent und damit in ihren potenziellen Nachteilen nicht überschaubar ist. Dies ist der Fall, wenn die Daten im Verlauf der inferentiellen Analysen verwertet werden, die zur Ermittlung der wertvollen Informationen aus selbst trivialen Daten führen können. Neben der Transparenz von Maßnahmen kommt den Interventionsmöglichkeiten des

684 Vgl. *Britz*, Grundsatzkritik und Beharren, S. 561 (574 f.).

Betroffenen Gewicht zu. Soweit ihm keine Einflussmöglichkeiten geschaffen werden, können auch die anlassbezogenen Maßnahmen einen Grundrechtseingriff bilden. Alles in allem müssen die Nachteile der einzelnen Überwachungsmaßnahmen insbesondere im Lichte von deren Transparenz genau untersucht werden, weil diffusen Gefühlen des Überwachtwerdens nur eine durchschaubare und nachvollziehbare Durchführung der Maßnahmen entgegenwirken kann.

3. Kapitel: Staatliche Neutralität von Open Government

A. Einflussnahme auf die politische Willensbildung

Social-Media-Monitoring ist ein faktisch-mittelbares staatliches Handeln in Form der Staatskommunikation.[685] Kommunikatives Staatshandeln beschreibt einen Aufgabenbereich des Staates, der darauf ausgerichtet ist, seine Beziehungen zur Öffentlichkeit aufrechtzuerhalten und zu pflegen. Ziel ist es, kommunikative Politikentwicklung durch ständigen Dialog mit dem Bürger zu ermöglichen. Diese Art des Handelns gewinnt mit der zunehmenden Beliebtheit von Open Government mehr denn je an Bedeutung. Seine Erscheinungsformen sind wegen neuartiger Kommunikationsformen mannigfaltig und reichen von der Öffentlichkeitsarbeit bis hin zum Social-Media-Monitoring. Der letztgenannten Informationsmaßnahme bedienen sich staatliche Stellen, um Information aus sozialen Medien zu beschaffen. Die so gewonnenen Informationen können zur Effektivität und Effizienz staatlichen Handelns beitragen. Die Kehrseite der Medaille zeigt jedoch auch, dass die handelnden Stellen durch die große Freiheit bei der Quellen- und Keywords-Auswahl ein einfaches Mittel haben, um nur freundlichen Kommentaren zuzuhören und kritische Äußerungen gezielt zu ignorieren. Ein solches Gefahrenpotential lässt Zweifel an seinem Beitrag zur Bürgerbeteiligung aufkommen.

Vorbehalte gegenüber der staatlichen Beobachtung der öffentlichen Kommunikation sind nicht völlig unbegründet. Sie speisen sich einerseits aus Furcht davor, dass die weit über das hinausgeht, was zur Einbeziehung von Bürgern in die Entscheidungsfindung erforderlich wäre. Zum anderen spielt auch die zunehmende Fragmentierung und Polarisierung der Öffentlichkeit eine wichtige Rolle. Inwiefern soziale Medien politische Prozesse beeinflussen, ist eine intensiv diskutierte Frage in der Politikwissenschaft. Besondere Prominenz in dieser Debatte hat die Hypothese von sogenannten „Echokammern" gewonnen.[686] Danach führen soziale Medien zu einer gesellschaftlichen Polarisierung,

685 Vgl. zum Begriff der Staatskommunikation *Hill*, DVBl. 2002, S. 1316 (1316).

686 Vgl. zum Gedanken der Echokammern und zum Folgenden *Richards/King*, Stan. L. Rev. Online 2013, S. 41 (44); für die Feedback-Schleifen *Dwork/Mulligan*, Stan. L. Rev. Online 2013, S. 35 (37); für den Überblick *Sandfuchs*, Privatheit wider Willen?, S. 28 f. m.w.N.

indem sie ihre Nutzer darin bestärken, insbesondere solche Nachrichten aufzunehmen, deren politische Positionierung sie teilen. Die durch Social-Media-Monitoring hergestellten Schnittstellen können sich nur auf diejenigen Interessen beziehen, die die handelnden Stellen ausgewählt haben. Neben dem Quellen-Auswahlrecht liegt auch das Keyword-Auswahlrecht beim Staat. Staatliche Stellen haben die Möglichkeit, diejenigen Informationen auszufiltern, die ihre eigenen Interessen verletzen könnten. Das betrifft etwa die Kommunikationsinhalte, die staatliche Entscheidungen kritisieren. Daran wird deutlich, dass nur begrenzte, fragmentarische Meinungen durch Social-Media-Monitoring in den Entscheidungsprozess münden können, ohne dass staatlicher Beobachtung sozialer Medien Grenzen gesetzt werden.

B. Staatliche Neutralitätsgewährleistungen

Das Grundgesetz normiert eine allgemeine Neutralitätspflicht nicht explizit. Der Verfassungsordnung lässt sich jedoch die an die Staatsorgane gerichtete Neutralitätspflicht entnehmen.

1. Grundrechtsgewährleistungen

Grundrechte als verfassungsrechtliche Rahmenbedingung von politischer Neutralität wirken unterschiedlich. Freiheitsrechte gewähren dem Grundrechtsträger Handlungsmöglichkeiten. Für die Teilnehmer am politischen Meinungs- und Willensbildungsprozesses sind vor allem die politischen Freiheitsrechte des Grundgesetzes einschlägig. Es handelt sich um die Art. 5 Abs. 1, 8 Abs. 1, 9 Abs. 1 und 21 Abs. 1 S. 1 und 2 GG. Sie sichern die freiheitsrechtliche Dimension der politischen Betätigung im Willensbildungsprozess ab. Das Grundgesetzt verbürgt allerdings nicht nur die Freiheit, sondern auch die Gleichheit. Gleichheitsverbürgungen zielen darauf ab, dass politischen Minderheiten die gleichen Chancen zustehen, zur Mehrheit zu werden. Nach Art. 1 Abs. 3 GG sind alle Akte der öffentlichen Gewalt einschließlich des Gesetzgebers an den Gleichheitsgrundsatz des Art. 3 Abs. 1 GG gebunden.[687] Staatliche Maßnahmen dürfen deshalb einzelne Personen oder Personengruppen im Verhältnis zu anderen nicht privilegieren oder diskriminieren.[688] So umfasst die

---

687 Vgl. *Jarass*, in: Jarass/Pieroth, GG, Art. 3, Rn. 3; *Starck*, in: Mangoldt/Klein/Starck, GG, Art. 3, Rn. 59.

688 Vgl. *Gusy*, NVwZ 2015, S. 700 (701); *Dreier*, in: Dreier, GG, Vorb. vor Art. 1 Rn. 75 ff.; grundlegend zur Gleichheit *Hesse*, AöR 109 (1984), S. 174 (174 ff.).

Meinungsfreiheit des Art. 5 Abs. 1 S. 1 GG das Recht, sich diskriminierungsfrei zu äußern und Gehör zu verschaffen.[689]

Freiheit und Gleichheit sind besonders für die Entfaltung politischer Willensbildung entscheidend, bilden aber auch allgemein den Kern der Grundrechte. Diese Prinzipien sind inhaltlich aufeinander angewiesen und können nur insoweit existieren, wenn das Gewicht zwischen ihnen balanciert und aufrechterhalten wird.[690] Die inhaltliche Verknüpfung wird deutlich, wenn man die grundgesetzliche Verfassungsordnung in den Blick nimmt.[691] Freiheit kann ihre Wirkung nur entfalten, wenn alle Grundrechtsträger gleichberechtigt von ihr profitieren und sie in Anspruch nehmen können. Gleichheit ist ebenfalls auf die Gewährleistung der freien Entfaltung der Freiheit ausgerichtet. Sie ist „ein Prinzip, das die ganze Vielgestaltigkeit menschlicher Anlagen, Neigungen, Berufe, Interessen, Ideale, Engagements gewährleistet [...]."[692] Die Entfaltung von Freiheit und Gleichheit fußt auch auf einer gemeinsamen Prämisse, dass das staatliche Gewaltmonopol, die Gewaltenteilung, die bürgerlichen und politischen Rechte und das Demokratieprinzip gewährleistet werden.[693]

Die Neutralitätsforderung folgt aus der Garantie der Gleichheit in der Freiheit.[694] Grundrechte enthalten einen Neutralitätsaspekt, indem sie einen Anspruch auf die gleiche Freiheit gewähren und deren Achtung fördern.[695] Für Teilnehmer der politischen Willensbildung steht gleiche Freiheit, wenn sich staatliche Stellen neutralitätskonform verhalten.[696] Da ist zum Beispiel das der

---

689 Vgl. *Holznagel/Hartmann*, in: Hoeren/Sieber/Holznagel, Multimedia-Recht, Teil 3, Rn. 161; fokussierend auf die Möglichkeit, „andere mit seiner Meinung werbend zu erreichen", *Wendt*, in: v. Münch/Kunig, GG, Art. 5, Rn. 17.

690 Vgl. *Kriele*, in: Benda/Maihofer/Vogel, HdbVerfR, Kap. 2.3, S. 134.

691 Vgl. *Kriele*, in: Benda/Maihofer/Vogel, HdbVerfR, Kap. 2.3, S. 134 f.

692 *Kriele*, in: Benda/Maihofer/Vogel, HdbVerfR, Kap. 2.3, S. 135.

693 Vgl. *Kriele*, in: Benda/Maihofer/Vogel, HdbVerfR, Kap. 2.3, S. 135 ff.

694 Vgl. *Gusy*, NVwZ 2015, S. 700 (701); *Möllers*, VVDStRL 68 (2009), S. 47 (58); *Huster*, Liberalismus, Neutralität und Fundamentalismus, S. 9 (17); *Morlok*, Neutralität des Staates und religiöser Radikalismus, S. 3 (16); *Huster*, Die ethische Neutralität des Staates, S. 89 f.; *Hufen*, Ausgleich verfassungsrechtlich geschützter Interessen, S. 281; für die verfassungsrechtliche Verankerung *Czermak*, NVwZ 2003, S. 949 (949 f.); *Jasper*, Religiös und politisch gebundene öffentliche Ämter, S. 205.

695 Vgl. *Gusy*, NVwZ 2015, S. 700 (701); *Hufen*, Ausgleich verfassungsrechtlich geschützter Interessen, S. 282; *Huster*, Die ethische Neutralität des Staates, S. 652 f.; zu Freiheit und Gleichheit der Wahl *Kotzur*, in: Merten/Papier, HBG V, § 120, Rn. 4.

696 Vgl. *Kriele*, in: Benda/Maihofer/Vogel, HdbVerfR, Kap. 2.3, S. 151; *Hufen*, Ausgleich verfassungsrechtlich geschützter Interessen, S. 282.

Neutralität inhärente Gebot der staatlichen Nicht-Identifikation mit Blick auf bestimmte materielle Ansichten.[697] Ausgehend von der Prämisse, dass es nicht eine wahre Ansicht gibt,[698] gewährleistet dieses Gebot zum einen die Freiheit der Bürger, bestimmte Ansichten zu haben und ihr Leben danach auszurichten, und zum anderen die Gleichheit in der Ausübung der Freiheit.[699] Das Gebot der Nicht-Identifikation und damit die Neutralitätsforderung ist aus der Gleichheit und den jeweiligen Freiheitsrechten abzuleiten.[700]

2. Staatsfreiheit und politische Neutralität

Die Neutralität ist ein Baustein des freien, offenen und unreglementierten Prozesses der Meinungs- und Willensbildung des Volkes. Der Grundsatz der Staatsfreiheit[701] ist eine bedeutende Säule des Demokratieverständnisses nach dem Grundgesetz. Zur Begründung wird oft die Prämisse angeführt, dass sich die politische Willensbildung in einem demokratischen Staat vom Volk zu den Staatsorganen und nicht umgekehrt von den Staatsorganen zum Volk hin vollziehen muss.[702] Den Ausgangspunkt bildet, entsprechend dem in Art. 20 Abs. 2 S. 1 GG verbürgten Prinzip der Volkssouveränität,[703] stets der Wille des Volkes, aus dem staatliche Willensbildung entsteht.[704] Der Volkswille ist die einzige demokratische Legitimationsquelle.[705] Als Garantie für die Bildung der grundgesetzlich geschützten öffentlichen Meinung verlangt der Grundsatz der Staatsfreiheit des Meinungs- und Willensbildungsprozesses, dass dieser Prozess nicht von staatlicher Seite beeinflusst und determiniert sein soll. Die Staatsfreiheit darf daher nicht durch die dem Staat zur Verfügung stehende „Kommunikationsmacht" beeinträchtigt werden.[706] Es ist deshalb staatlichen

---

697 Vgl. *Gusy*, NVwZ 2015, S. 700 (701); *Schmitt Glaeser*, Der freiheitliche Staat des Grundgesetzes, S. 138.

698 Vgl. *Kriele*, in: Benda/Maihofer/Vogel, HdbVerfR, Kap. 2.3, S. 151; *Schmitt Glaeser*, Der freiheitliche Staat des Grundgesetzes, S. 138.

699 Vgl. *Gusy*, NVwZ 2015, S. 700 (701); *Schmitt Glaeser*, Der freiheitliche Staat des Grundgesetzes, S. 138.

700 Vgl. *Kriele*, in: Benda/Maihofer/Vogel, HdbVerfR, Kap. 2.3, S. 151; *Huster*, Die ethische Neutralität des Staates, S. 652.

701 Vgl. BVerfGE 20,56 (100, 101, 111); 85, 264 (287).

702 Vgl. BVerfGE 20,56 (99); 44, 125 (140 f.); 138, 102 (109).

703 Vgl. *Morlok*, FS 50 Jahre BVerfG, S. 559 (559 ff.).

704 Vgl. BVerfGE 20, 56 (98) m.w.N.

705 Vgl. *Sachs*, in: Sachs, GG, Art. 20, Rn. 27.

706 Vgl. *Hufen*, LKRZ 2007, S. 41 (42).

Stellen verwehrt, durch ihr beeinflussendes[707] Handeln von oben herab[708] in diesen Prozess lenkend eingreifen.

Der beständige Prozess der öffentlichen Meinungsbildung manifestiert sich im für die Staatswillensbildung entscheidenden Akt der Parlamentswahl.[709] Der Einfluss der Volkswillensbildung auf die Staatswillensbildung wird jedoch nicht auf die in Art. 20 Abs. 2 GG genannten „Wahlen und Abstimmungen" reduziert.[710] Die frei gebildete öffentliche Meinung erfüllt auch während der Wahlperiode wichtige Funktionen. Sie nimmt laufend Einfluss auf das Handeln der Repräsentanten[711] und trägt als wesentlicher Faktor dazu bei, dem Staat zu ihrer beständigen Legitimation zu verhelfen.[712] Über die öffentliche Meinung werden die Themen diskutiert, zu denen sich die Repräsentierten politische Antworten erhoffen. In einem ständigen Kommunikationsprozess finden die Bildung und Artikulation der unterschiedlichen politischen Interessen statt. Die Entscheidungen des frei zu entscheidenden Volkes sind die Voraussetzung für die Rückkoppelung der Staatsgewalt an den Volkswillen. „Nur wenn die Entscheidungen tatsächlich frei getroffen werden,"[713] kann „der Grundakt der demokratischen Legitimation das erforderliche hohe Maß an Integrität aufweisen."[714] Und erst dann kann von einer demokratischen Legitimation auf Grundlage des Volkswillens gesprochen werden.[715] Damit die politische Willensbildung des Volkes ihre wichtigen Aufgaben erfüllen kann, muss sie vor Einflüssen geschützt werden, die ihr freies, offenes und unreglementiertes Zustandekommen[716] gefährden.

Aus dem Grundgedanken der Staatsfreiheit lässt sich die Forderung nach Neutralität ableiten. Nur eine öffentliche Gewalt, die sich mit einzelnen Teilnehmern des politischen Wettbewerbs nicht identifiziert, kann dafür sorgen,

---

707 Vgl. BVerfGE 103, 111 (125); *Studenroth*, AöR 125 (2000), S. 257 (258).

708 Vgl. BVerfGE 44, 125 (140): „Staatliches Handeln von oben herab ist grundsätzlich geeignet, diesen Prozess zu beeinträchtigen."

709 Vgl. BVerfGE 12, 121 (132); 20, 56 (98).

710 Vgl. *Drefs*, Öffentlichkeitsarbeit des Staates, S. 139.

711 Vgl. *Lenz*, JZ 1963, S. 338 (346).

712 Vgl. *Drefs*, Öffentlichkeitsarbeit des Staates, S. 53.

713 *Nellesen*, Äußerungsrechte staatlicher Funktionsträger, S. 51.

714 BVerfGE 44, 125 (140 ff.).

715 Vgl. *Hofmann*, in: Schmidt-Bleibtreu/ders./Henneke, GG, Art. 20, Rn. 46.

716 Vgl. BVerfGE 20, 56 (98 f.); zuletzt BVerfGE 132, 39 (50 f.). Aus der Literatur *Herbert*, GS Nagelmann, S. 43 (53); *Sachs*, in: Sachs, GG, Art. 20, Rn. 17 f.; *Dreier*, in: Dreier, GG, Art. 20 (Demokratie), Rn. 76.

dass die Meinungs- und Willensbildung frei von staatlichem Einfluss bleibt. Der Grundsatz der Staatsfreiheit zielt darauf ab, dass die Bürger ihren Willen ohne von außen kommende Einwirkung von staatlicher Seite bilden und vertreten können. Dieses Ziel wäre untergraben, wenn staatliche Stellen ein Näheverhältnis zu einer politischen Richtung oder Gruppierung aufbauen und mit dieser Richtung in Verbindung gebracht werden. Ein Einsatz öffentlicher Mittel zu Gunsten oder zu Lasten bestimmter Ansicht kann einerseits zu einer Bevorzugung oder Benachteiligung einer bestimmten politischen Überzeugung führen. Dies hat andererseits zur Folge, dass die Möglichkeit einer Willensbildung des Volkes ohne staatliche Einwirkung nicht mehr gewährleistet werden.[717] Dies ist ebenfalls an dem Gedanken der Volkssouveränität festzumachen,[718] dass sich die Willensbildung vom Volk zu den Staatsorganen vollzieht. Durch dieses bedeutende Postulat kann der Grundsatz der Staatsfreiheit im Zusammenhang mit politischer Neutralität umgeschrieben werden.[719] Denn die Nichteinhaltung der Neutralität würde zur unerwünschten Willensbildung von den Staatsorganen zum Volk führen.

3. Chancengleichheit und politische Neutralität

Eine weitere verfassungsrechtliche Grundlage bildet das Recht auf Chancengleichheit im politischen Meinungs- und Willensbildungsprozess.[720] Den Kern dieses Prozesses bildet eine Konkurrenz der verschiedenen politischen Anschauungen. Dabei stehen sie in einem Wettbewerbsverhältnis[721] und kämpfen um den gesellschaftlichen Zuspruch.[722] Die demokratische Ordnung gründet wesentlich auf einer solchen Situation. Allerdings beteiligen sich die politischen Akteure mit unterschiedlichen Ressourcen an dem politischen Wettbewerb. Die tatsächlichen Ungleichheiten sind unvermeidlich. Daraus folgt die Notwendigkeit der Chancengleichheit,[723] um den ordnungsgemäßen und fairen Ablauf des Wettbewerbs sicherzustellen. Es handelt sich um

717 Vgl. *Dişçi*, Der Grundsatz politischer Neutralität, S. 138.
718 Vgl. BVerfGE 20, 56 (99); 44, 125 (140).
719 Vgl. *Dişçi*, Der Grundsatz politischer Neutralität, S. 138.
720 Vgl. *Nellesen*, Äußerungsrechte staatlicher Funktionsträger, S. 53.
721 Vgl. *Dişçi*, Der Grundsatz politischer Neutralität, S. 172.
722 Vgl. *Dişçi*, Der Grundsatz politischer Neutralität, S. 173 f.
723 Vgl. für die Notwendigkeit im Bereich des Parteienrechts *Hatje*, VVDStRL 69 (2010), S. 135 (151); *Badura*, in: BK-GG, Anhang z. Art. 38: BWahlG (2013), Rn. 15; *Kißlinger*, Das Recht auf politische Chancengleichheit, S. 93 ff.

demokratische Gleichheit in politischer Freiheitsbetätigung.[724] Die Gewährleistung der Freiheit erreicht nur dann ihren Zweck, wenn alle gleichberechtigt von den grundrechtlichen Freiheiten profitieren und Gebrauch machen können.[725] Das Recht auf Chancengleichheit ist deshalb in Art. 3 Abs. 1 GG i.V.m. dem Demokratieprinzip aus Art. 20 Abs. 1 und 2 GG zu verorten.[726]

Der Grundsatz der Chancengleichheit bezweckt aber nicht die Herstellung der tatsächlichen Gleichheit zwischen den politischen Ansichten, sondern erfüllt seinen Zweck bereits durch die Gewährleistung der gleichen Chance.[727] Nicht jede politische Ansicht erhält dabei gleichermaßen Zuspruch aus der Mitte der Gesellschaften.[728] Tatsächliche Ungleichheiten[729] sind die natürliche Folge politischen Wettbewerbs. Diese können sich aus den unterschiedlichen Größen, dem politischen Gewicht und der Leistungsfähigkeit der Akteure ergeben.[730] Die rechtliche Absicherung des Wettbewerbs sorgt nur dafür, dass alle Beteiligten die gleiche Chance der politischen Freiheitsentfaltung haben.[731] Dies dient darüber hinaus dazu, den grundgesetzlich gewollten freien Prozess der Meinungs- und Willensbildung abzusichern.[732] Die hier betrachtete Gleichheit ist nur eine „Startgleichheit", welche die gleichen Ausgangsbedingungen gewährleistet.[733] Es geht nicht um die „manipulative Herstellung tatsächlicher

---

724 Vgl. *Hatje*, VVDStRL 69 (2010), S. 135 (151); *Morlok*, FS Tsatsos, S. 408 (417); zum Zusammenhang zwischen Wettbewerb und Chancengleichheit *Kißlinger*, Das Recht auf politische Chancengleichheit, S. 15 f., 90; *Barczak*, NVwZ 2015, S. 1014 (1014 f.).

725 Vgl. *Dişçi*, Der Grundsatz politischer Neutralität, S. 173 f.

726 Vgl. *Kißlinger*, Das Recht auf politische Chancengleichheit, S. 80 ff., 96, 146, der jedoch in Abgrenzung zur vorliegend vertretenen Meinung stets nur diese Artikel zitiert.

727 Vgl. *Dişçi*, Der Grundsatz politischer Neutralität, S. 172, 180 f.

728 Vgl. *Morlok*, in: Dreier, GG, Art. 21, Rn. 80; *Hatje*, VVDStRL 69 (2010), S. 135 (146).

729 Vgl. für die Unterscheidung zwischen rechtlicher und faktischer Gleichheit *Schoch*, DVBl. 1988, S. 863 (866 f., 880).

730 Vgl. BVerfGE 24, 300 (344); 69, 92 (109); 104, 287 (300); ferner *Morlok*, FS Tsatsos, S. 408 (417).

731 Vgl. *Dişçi*, Der Grundsatz politischer Neutralität, S. 172, 180 f.

732 Vgl. BVerfGE 44, 125 (145); *Badura*, in: BK-GG, Anhang z. Art. 38: BWahlG (2013), Rn. 15.

733 Vgl. BVerfGE 41, 399 (414); 85, 264 (297); *Schoch*, DVBl. 1988, S. 863 (880); *Böckenförde*, HStR II, § 24, Rn. 44 f.; *Morlok*, in: Dreier, GG, Art. 21, Rn. 80, 83 m.w.N.; *Kißlinger*, Das Recht auf politische Chancengleichheit, S. 14.

Gleichheit im Ergebnis.“[734] Das Grundgesetz nimmt ebenfalls im politischen Meinungs- und Willensbildungsprozess außerrechtliche Ungleichheiten der Bürger und der politischen Gruppierungen hin. „Es verwehrt dem Staat, durch Parteinahme im Wahlkampf auf die Wettbewerbsverhältnisse zwischen den politischen Kräften Einfluß zu nehmen. Die Staatsorgane haben als solche allen zu dienen und sich im Wahlkampf neutral zu verhalten.“[735] Es ist daher dem Staat untersagt, den politischen Meinungs- und Willensbildungsprozess zu beeinflussen, indem er bestehende Unterschiede zwischen den politischen Gruppierungen verkleinert oder vergrößert.[736]

4. Rechtsstaatliche Neutralität

Das Distanzgebot ist für die rechtsstaatlich gebundene Gewaltausübung anerkannt. Der Rechtstaat ist als „Staatsform der Distanz“ bezeichnet worden.[737] Dabei wurde vom rechtsstaatlichen Distanzgebot meist im Zusammenhang mit seiner legitimationsstiftenden Bedeutung gesprochen.[738] Geschichtlich fällt der Blick auf die Entwicklungslinien des demokratischen Verfassungsstaates, die in der ersten Hälfte des 17. Jahrhunderts in England begann.[739] Die herkömmlichen Ordnungsstrukturen entwickelten sich mit der Zurückweisung der absolutistischen Ansprüche zu einem gewaltenteilenden parlamentarischen System. Prägende Prinzipien sind die Bürger- und Menschenrechte, die Gewaltenteilung und die einem gewaltenteilenden parlamentarischen System zugrundeliegende Volkssouveränität. Ein wesentliches Merkmal des Verfassungsstaates

734 Vgl. BVerfGE 41, 399 (414); *Kißlinger*, Das Recht auf politische Chancengleichheit, S. 14.

735 BVerfGE 44, 125 (143 f.).

736 Vgl. BVerfGE 8, 51 (67); 20 56 (118); 41, 399 (413 f.); 52, 63 (89); 69, 92 (109); 73, 40 (89); 78, 350 (358); 85, 264 (297); 104, 287 (300); 111, 382 (398); ferner *Barczak*, NVwZ 2015, S. 1014 (1014); *Morlok*, in: Dreier, GG, Art. 21, Rn. 80; *Kißlinger*, Das Recht auf politische Chancengleichheit, S. 14, 77.

737 Vgl. *Kloepfer*, VVDStRL 40 (1982), S. 63 (65): „Der Rechtsstaat ist eine Staatsform der Distanz.“; anknüpfend daran *Schmidt-Aßmann*, AöR 116 (1991), S. 329 (335); *Schmidt-Aßmann*, Ordnungsidee, S. 44; *Sobota*, Das Prinzip Rechtsstaat, S. 147, 504; kritisch wohl *Meyer*, VVDStRL 40 (1982), S. 69 (141), mit dem an den Referenten Michael Kloepfer gerichteten Einwand: „Der Rechtsstaat als Distanz ist Ihre Erfindung, nicht eine Erfindung des Grundgesetzes.“

738 Vgl. *Lang*, Gesetzgebung in eigener Sache, S. 231.

739 Vgl. dazu und zu weiteren Entwicklungslinien *Kriele*, Einführung in die Staatslehre, S. 93 ff.

war die Herrschaft ausschließlich nach den Maßstäben des Rechts.[740] Damit konnte das zuvor drängende Problem einer ungezügelten feudalen Machtentfaltung konnte bewältigt werden.[741] Er stand jedoch neuen Problemen gegenüber, die mit der „unlösbaren dialektischen Verknüpfung von Recht und Macht"[742] verbunden sind. Die Ursache dafür ist ein Dilemma: Der Verfassungsstaat hat sich einerseits beruhend auf dem Primat des Rechts von Willkür abgekehrt. Andererseits ist der Willkür der Rechtserzeuger und -anwender ausgesetzt, weil das Recht in seiner Entstehung und Anwendung durch Menschen bewirkt ist.[743] Diesem begegnet der Verfassungsstaat mit dem Distanzgedanken.[744] Jede im Verfassungsstaat ausgeübte Herrschaft soll danach auf einem legitimationsstiftenden Abstand zwischen Interesse und Sachentscheidung beruhen.[745] Das gilt jenseits unterschiedlicher dogmatischer Herleitungen im Ergebnis[746] für die hier zu diskutierende vollziehende Gewalt. Die Verwaltung darf nicht bei spezifischer Nähe zum Entscheidungsgegenstand tätig werden.[747]

Selbst unter Annahme der Gemeinwohlorientierung staatlichen Handelns setzt die Verfassung Grenzen gegenüber den verwaltenden Tätigkeiten. Eine rechtsstaatliche Verfassung stellt nicht allein einen funktionellen Rahmen für das Staatshandeln bereit. Des Weiteren sorgt sie dafür, dass von staatlicher Gewalt keine Gefahren für die Freiheit ausgehen.[748] Diese Erkenntnis führt zu einem System rechtsstaatlicher Bindungen, Begrenzungen und Kontrollen,[749] welche zu Gunsten der Freiheit und Gerechtigkeit[750] Abstand zwischen Interesse und staatlicher Entscheidung schaffen.[751]

---

740 Vgl. *Isensee*, HStR I, § 13, Rn. 126; *Graf Vitzthum*, Probleme der Parteiendemokratie, S. 71 (102); *Lang*, Gesetzgebung in eigener Sache, S. 230.

741 Vgl. *Lang*, Gesetzgebung in eigener Sache, S. 231.

742 Vgl. *Kriele*, Einführung in die Staatslehre, S. 122.

743 Vgl. *Lang*, Gesetzgebung in eigener Sache, S. 231.

744 Vgl. *Hartmann*, Inklusive Verwaltung, S. 31 mit Blick auf die Weimarer Reichsverfassung; *Lang*, Gesetzgebung in eigener Sache, S. 231.

745 Vgl. *Kloepfer*, VVDStRL 40 (1982), S. 63 (65); *Lang*, Gesetzgebung in eigener Sache, S. 231.

746 Vgl. *Lang*, Gesetzgebung in eigener Sache, S. 231.

747 Vgl. *Lang*, Gesetzgebung in eigener Sache, S. 231.

748 Vgl. zur ambivalenten Charakter des Gesetzes *Tomuschat*, VVDStRL 40 (1982), S. 69 (128 f.); *Lang*, Gesetzgebung in eigener Sache, S. 233.

749 Vgl. *Isensee*, HStR I, § 13, Rn. 128; *Lang*, Gesetzgebung in eigener Sache, S. 233.

750 Vgl. *Sobota*, Das Prinzip Rechtsstaat, S. 86 ff.

751 Vgl. *Lang*, Gesetzgebung in eigener Sache, S. 232.

Dem Unbefangenheitsgebot kommen dabei wesentliche Distanzschutzwirkungen zu.[752] Dahinter steht die Erkenntnis, dass Distanzverluste und daraus resultierende Unparteilichkeitsdefizite die Verfahrensgerechtigkeit anzweifeln können.[753] Das Unbefangenheitsgebot zielt daher nicht nur darauf ab, die Sonderinteressen davon abzuhalten, auf staatliche Entscheidungen einen Einfluss zu nehmen, sondern auch damit distanzierte Entscheidungen zu verbürgen.[754] Anknüpfungspunkt für das verfassungsrechtliche Unparteilichkeitsgebot ist die Rechtsbindung gemäß Art. 20 Abs. 3 GG. Für die Verwaltung bilden Recht[755] und Gesetz den Maßstab, an dem sie ihr Handeln auszurichten hat.[756] Diese Rahmenbedingungen befördern die Orientierung des Verwaltungshandelns am Gesetzeszweck und verhindern damit den Einfluss von Sonderinteressen auf Entscheidungen der öffentlichen Gewalt. Neben der Gesetzesbindung kann das Unbefangenheitsgebot die Orientierung des Verwaltungshandelns an Gerechtigkeit[757] und Gemeinwohl[758] unterstützen. Nach dem prozeduralen Gemeinwohlverständnis bedarf es des demokratischen politischen Prozesses, in dem die vielfältigen Gemeinwohlvorstellungen konkretisiert werden. Damit wird der Blick auf das Verwaltungsverfahren gelenkt. Es muss mittels Unparteilichkeitssicherungen so gestaltet werden, dass alle relevanten Wertvorstellungen bei der Definition der Gemeinwohlbelange gleichermaßen berücksichtigt werden können.[759]

---

752 Vgl. *Lang*, Gesetzgebung in eigener Sache, S. 243.

753 Vgl. *Lang*, Gesetzgebung in eigener Sache, S. 243.

754 Vgl. *Trute/Pfeifer*, DÖV 1989, S. 192 (193); *Lang*, Gesetzgebung in eigener Sache, S. 243.

755 Vgl. zur mehrfachen Bedeutung des Rechtsbegriffs *Sobota*, Das Prinzip Rechtsstaat, S. 86 f.

756 Vgl. *Kirchhof*, VerwArch 66 (1975), S. 370 (373); *Kazele*, Interessenkollisionen und Befangenheit im Verwaltungsrecht, S. 46; *Fehling*, Verwaltung zwischen Unparteilichkeit und Gestaltungsaufgabe, S. 21; allgemein zur Rechtsbindung *Sobota*, Das Prinzip Rechtsstaat, S. 86 ff.

757 Vgl. zur Frage eines Vorranges des „Rechts" i.S.v. Gerechtigkeit vor dem geschriebenen positiven Recht *Sobota*, Das Prinzip Rechtsstaat, S. 90 f.; *Fehling*, Verwaltung zwischen Unparteilichkeit und Gestaltungsaufgabe, S. 235.

758 Vgl. zur fragwürdigen Konkretisierungsversuch *Häberle*, Öffentliches Interesse als Juristisches Problem, S. 41; dagegen zur Hervorhebung indirekter Verfahrenssteuerungsfunktion *Fehling*, Verwaltung zwischen Unparteilichkeit und Gestaltungsaufgabe, S. 23 f.

759 Vgl. *Schmidt*, VVDStRL 33 (1975), S. 183 (203 f.).

In multipolaren Verwaltungsrechtsverhältnissen fällt der Verwaltungstätigkeit ein Interessenausgleichs- und Konfliktschlichtungsmandat zu. Die Interessenverflechtungen können die Rechts- und Gesetzesbindung der Verwaltung gefährden.[760] Um die unparteiliche Informationsverarbeitung zu gewährleisten,[761] kann man das aus dem Grundsatz der Gewaltenteilung gefolgerten Verfassungsgebot funktionsgerechter Organstruktur heranziehen. Danach sollen staatliche Entscheidungen möglichst von der Stelle getroffen werden, die „dafür nach ihrer Organisation, Zusammensetzung, Funktion und Verfahrensweise über die besten Voraussetzungen verfügt."[762] Die Zuständigkeiten müssen deshalb auch innerhalb der Verwaltung verteilt und organisatorische Vorkehrungen dafür getroffen werden.[763] So wird eine spezifische Rationalität staatlicher Aufgabenerfüllung durch gewaltenteilende Funktionstrennung gewährleistet.[764] Zu den Anforderungen an eine funktionsgerechte Organstruktur kann auch die Unparteilichkeitssicherung gehören.[765]

C. Zusammenfassung

Die computergestützte Informationsmaßnahme ist eine Form der Staatskommunikation, die darauf ausgerichtet ist, die Beziehungen des Staats zur Öffentlichkeit aufrechtzuerhalten und zu pflegen. Diese Informationsmaßnahme ist geeignet, politikrelevante Informationen aus sozialen Medien zu gewinnen. Es besteht gleichzeitig die Gefahr, dass die zuständigen Behörden bei der Datenerhebung diejenigen Informationen ausfiltern, die ihre eigenen Interessen verletzen könnten. Es bedarf daher gewisser Vorbehalte gegenüber Social-Media-Monitoring, um allen an der öffentlichen Kommunikation Teilnehmern eine faire Chance zu gewährleisten, ihre Interesse einzubringen.

Die Verfassungsordnung enthält das an die Staatsorgane gerichtete Neutralitätsgebot. Grundrechte enthalten einen Neutralitätsaspekt, weil sie einen

760 Vgl. *Fehling*, Verwaltung zwischen Unparteilichkeit und Gestaltungsaufgabe, S. 284.

761 Vgl. *Fehling*, Verwaltung zwischen Unparteilichkeit und Gestaltungsaufgabe, S. 285.

762 Vgl. BVerfGE 68, 1 (86); 95, 1 (15).

763 Vgl. *Fehling*, Verwaltung zwischen Unparteilichkeit und Gestaltungsaufgabe, S. 286.

764 Vgl. *Schulze-Fielitz*, in: Dreier, GG, Art. 20 Rn. 66; *Lang*, Gesetzgebung in eigener Sache, S. 237.

765 Vgl. BVerfGE 68, 1 (86); hierzu *Fehling*, Verwaltung zwischen Unparteilichkeit und Gestaltungsaufgabe, S. 286.

Anspruch auf die gleiche Freiheit gewähren und deren Achtung fördern. Den Teilnehmern der politischen Willensbildung steht also dann gleiche Freiheit zu, wenn sich staatliche Stellen neutralitätskonform verhalten. Das Gebot der staatlichen Nicht-Identifikation mit bestimmten materiellen Ansichten ist ein Beispiel. Die Neutralität des Staates ist aber auch ein Baustein des freien, offenen und unreglementierten Prozesses der Meinungs- und Willensbildung. Ziel des Grundsatzes der Staatsfreiheit ist, dass die Bürger ihren Willen ohne von außen kommende Einwirkung von staatlicher Seite bilden und vertreten können. Dies wäre untergraben, wenn staatliche Stellen ein Näheverhältnis zu einer politischen Richtung oder Gruppierung aufbauen und mit dieser Richtung in Verbindung gebracht wird. Eine weitere verfassungsrechtliche Grundlage bildet das Recht auf Chancengleichheit im politischen Meinungs- und Willensbildungsprozess. Die demokratische Ordnung gründet wesentlich auf einem Wettbewerbsverhältnis der verschiedenen politischen Anschauungen. Die tatsächlichen Ungleichheiten sind dabei aufgrund der unterschiedlichen Ressourcen unvermeidlich. Daraus folgt die Notwendigkeit der Chancengleichheit, um den ordnungsgemäßen und fairen Ablauf des Wettbewerbs sicherzustellen. Es ist daher dem Staat untersagt, den politischen Meinungs- und Willensbildungsprozess zu beeinflussen, indem er bestehende Unterschiede zwischen den politischen Gruppierungen verkleinert oder vergrößert.

Gesamtergebnis und Schlussfolgerung

1. Kapitel:

(A.) Open Government ist ein neues Paradigma in der Verwaltungswissenschaft, das darauf zielt, die Schnittstellen der Verwaltung zur Gesellschaft zu entfalten. Die Verwaltung soll sich demnach für Impulse von außen öffnen und bei der Erfüllung öffentlicher Aufgaben stärker auf Expertise aus Gesellschaft zurückgreifen. Die Entwicklung von Open Government gründet sich wesentlich auf ein erneutes Umdenken im Staat-Bürger-Verhältnis. Dafür verantwortlich ist vornehmlich die wachsende Bedeutung der Informationstechnologien. Die massenhafte Verbreitung von Social-Media-Anwendungen führt zu einem Paradigmenwechsel in der Art und Weise, wie Menschen kommunizieren. Die Transparenz in Politik und Verwaltung wurde damit i.S. einer Nachvollziehbarkeit neu definiert. Die Neudefinition der Transparenz öffnet gleichzeitig einen neuen Weg, einen partnerschaftlichen Umgang zwischen Staat und Bürger zu gewährleisten. Digitale Transformation in allen Lebensbereichen ist aber auch ein Werkzeug eines offenen Staates. Staatliche Stellen versuchen von den partizipativen und kollaborativen Potenzialen des Web 2.0 zu profitieren, etwa indem sie mittels Big-Data-Technologien das Social Web beobachten und auswerten, um die Bedürfnisse des Bürgers zu erfassen und somit die Politikgestaltung zu unterstützen.

(B.1.) Diese Form staatlicher Informationsgewinnung beruht auf drei Eckpfeilern: Transparenz, Partizipation und Kollaboration. Die proaktive Bereitstellung von Datenbeständen der Verwaltung bildet eine informatorische Grundlage der Partizipation und Kollaboration. Darauf aufbauend artikulieren die Bürger mittels sozialer Medien ihre Interessen zu einem bestimmten Thema im virtuellen Raum. Die Bürger werden in die Entscheidungsfindung und -durchführung der Verwaltung eingebunden, indem der Staat auf ihr Wissen zurückgreift. Der Hoffnung der Verwaltungsreformer liegt die folgende Erwartung zugrunde: Neue, auf Transparenz basierende Formen des Austausches mit externen Akteuren könnten eine engere Zusammenarbeit zwischen Staat und Gesellschaft zur Folge haben.

(B.2., 3.) Neben drei Grundelementen muss die Neutralität staatlichen Handelns in allen Phasen als viertes Grundprinzip sichergestellt werden. Die elementaren Eckpfeiler setzen in ihrer Funktionsweise auf eine Vielfalt an Meinungen und Interessen in der Gesellschaft. Im Hinblick auf die gesellschaftliche Heterogenität und das partnerschaftliche Verhältnis sehen sich staatliche

Stellen vor der Herausforderung, sämtlichen Interessen und Meinungen gegenüber unparteiisch zu bleiben. Gesellschaftliche Meinungen könnten – wie sich bei autoritären und totalitären Systemen gezeigt hat – gleichgeschaltet werden, wenn staatliche Stellen ein bestimmtes Konzept bevorzugen oder benachteiligen. Um diesen Gefährdungen zu vermeiden, bereitet Open Government bereits in seiner Konzeption einen Leitfaden für die Entwicklung eines fünften Prinzips vor: Die Offenheit i.S.v. der Lernfähigkeit. Der Staat soll demnach gesellschaftliche Diskurse aktivieren und sich in die Kunst der Problembewältigung einüben, um mit Wissen und Expertise gesellschaftliche Probleme zu lösen. Diese Konzeption setzt die Existenz der Meinungsvielfalt in der Gesellschaft voraus und rekurriert damit auf den Gedanken des Pluralismus. Eine Gesellschaft ist pluralistisch, wenn die voneinander abweichenden Ansichten nebeneinander leben können. Daraus entsteht das Neutralitätsgebot für die staatlichen Stellen. Staatliches Handeln soll demnach die Grundrechtsausübung der Bürger unbeeinflusst lassen. Der Staat ist weiterhin gehalten, eine neutrale Haltung gegenüber unterschiedlichen Meinungen und Interessen einzunehmen. Der Kommunikationsprozess i.S.v. Open Government soll somit so ausgestaltet werden, dass den Bürgern die gleiche Chancen zur Verfügung stehen, auf Grundlage ausreichender Informationen den Einfluss auf die gesellschaftliche Willensbildung auszuüben und damit ihre Interessen und Ansichten in den Entscheidungsprozess der Verwaltung einzubringen.

(C.) Unter den demokratietheoretischen Modellen besteht weitgehend Einigkeit hinsichtlich der Transparenz und Beteiligung. Selbst wenn ihnen jeweils ein unterschiedliches Gewicht zugemessen wird, lässt sich daraus zumindest die demokratietheoretische Idealvorstellung für ein öffentliches Kommunikationssystem entnehmen. Die Öffentlichkeit muss demnach grundsätzlich für Meinungen, Interessen und Wünsche aller Mitglieder der Gesellschaft offenstehen. Zudem sollen alle Themen und Beiträge den Weg in die Öffentlichkeit finden können. Ein Auswahlprozess, in dem ein Thema in der Gesellschaft unter aktuellen Umständen als bemerkenswert bestimmt wird, unterliegt ebenfalls der öffentlichen Debatte. Individuelle Meinungen hinsichtlich eines bestimmten Themas sollen sich unabhängig von der politische oder ökonomische Macht zu einer öffentlich herrschenden Meinung wandeln können. Ein konkretes gesellschaftliches Anliegen soll an das staatliche Entscheidungszentrum weitergegeben und dort adressiert oder entschieden werden können. Diese Maßstäbe können bei der Konkretisierung des Kommunikationsprozesses i.S.v. Open Government als Wegweiser wirken.

(D.) Das Grundgesetz enthält ebenfalls eine Reihe von Vorschriften, die die Kommunikationsbeziehungen zwischen Staat und Bürger nahelegen.

Grundrechte können im Staat-Bürger-Verhältnis die Kommunikation nicht nur begründen, sondern auch begrenzen. Der Staat muss den Einzelnen nicht nur vor unerwünschten Kommunikation schützen, sondern auch in die Lage versetzen, erwünschte Kommunikation zu führen. Darüber hinaus können die Grundrechte in ihrer Deutung als Schutzpflichten betrachtet werden. Solche Pflichten kann die öffentliche Hand durch Information und Kommunikation erfüllen. Demokratische Legitimation ist ein kontinuierlicher Prozess. Die Willensbildung des Volkes und die innerhalb des Staates wirken dabei wechselseitig. Dieser kommunikativ etablierte Prozess beruht auf einem informationellen Kreislauf. Legitimation setzt jedenfalls Wissen um politische Abläufe und Inhalte voraus. Responsivität der Politik ist auf ausreichende Kenntnis von Erwartungen und Wertungen der Bürger angewiesen. Daraus können Informationspflichten und zugleich -ansprüche der Staatsorgane entstehen. Rechtsstaatliche Grundsätze sind in der Lage, den informierenden Staat zu begründen. Der Einzelne macht von seinen Freiheitsrechten Gebrauch, wenn er die Rechtslage erkennen und sein Verhalten danach einrichten kann. Die Voraussetzung für die Freiheitsausübung ist die Möglichkeit einer Kenntnis der Rechte einschließlich der Umstände, auf die sich die Staatsorgane stützen. Die Sicherung der rechtsstaatlichen Bindung der drei Staatsgewalten kann durch eine informierte Öffentlichkeit erfolgen. Um der Rechtsweggarantie effektive Geltung zu verschaffen, sind ausreichende Informationen erforderlich.

(E.) Es finden sich an vielen Stellen im geltenden Recht Aussagen zur Kommunikation zwischen Staat und Bürger. Die existierenden Regelungen haben jedoch fragmentarischen Charakter. Jene als Verfahrensgrundrechte (Anhörung, Akteneinsicht, Begründungspflicht) benannten Garantien bezeichnen das gesetzlich zwingend vorgeschriebene Minimum an Kommunikation. Daraus lässt sich nicht herleiten, die Verfahrenskommunikation sei zwingend auf jene Garantien zu beschränken. Das Kommunikationsverfahren verläuft vielfach informell im dialogischen Austausch von Informationen, Erklärungen und Bewertungen. Die formalisierten Kommunikationsrechte werden durch weitergehende informelle Kommunikationsbeziehungen ergänzt. Die Verwaltungsverfahrensgesetze schließen andere Kommunikations- und Informationsbeziehungen zwischen Staat und Bürger nicht aus. Insofern ist bereits eine umfassende Kommunikation zulässig. Die Informationsbeziehung zwischen Staat und Bürger bedarf keiner eigenen Begründung und Rechtfertigung durch besondere Rechtsnormen. Das Recht kann und muss das Kommunikationsverhältnis nicht mehr begründen, sondern nur noch ausgestalten und gegebenenfalls begrenzen.

2. Kapitel:

(A.1.) Soziale Medien ändern mit ihren partizipativen und kollaborativen Merkmalen die Form der Selbstdarstellung erheblich. Die Motive beziehen sich auf individuelle und soziale Bedürfnisse, wie etwa bei der analogen Kommunikation. Die Phänomene der Selbstdarstellung in sozialen Medien können anhand Goffmans Impression-Management-Theorie gefasst werden. Es bestehen zwar Besonderheiten, die auf den technischen und medialen Rahmen zurückzuführen sind. Der Prozess der Identifikationskonstruktion lässt sich jedoch im Zusammenhang mit der gesellschaftlichen Entwicklung beschreiben.

(A.2.) Soweit den sozialen Medien eine persönlichkeitsrelevante Bedeutung zukommt, kann man die Frage aufwerfen, ob die staatlichen Informationsmaßnahmen im öffentlich zugänglichen Bereich der sozialen Medien einen Eingriff in das Recht auf freie Entfaltung der Persönlichkeit darstellen. Öffentlich zugänglich sind Daten, die sich an jedermann oder zumindest an einen nicht weiter abgegrenzten Personenkreis richten. Ein subjektiver Vorbehalt des Willens von Kommunizierenden ist für die Bestimmung der öffentlichen Zugänglichkeit irrelevant. Übertragen auf soziale Medien ergibt sich, dass die Registrierungspflicht bei sozialen Medien nicht der Abgrenzung des Empfängerkreises dient. Die öffentliche Zugänglichkeit in sozialen Medien muss zudem aufgrund der Privatsphäre-Einstellungen im Einzelfall geprüft werden. Die für „Freunde" einsehbaren Daten sind wegen des Selektionsprozesses nicht öffentlich zugänglich. Hingegen sind die für „Freunde von Freunden" erreichbaren Kommunikationsinhalte als öffentlich zugänglich einzustufen, weil der Empfängerkreis seitens des Nutzers durchaus nicht bestimmt werden kann. Für die rechtlichen Konsequenzen einer Einordnung von Daten als öffentlich zugänglich ist auf die Rechtsprechung des BVerfG hinzuweisen. Das BVerfG hat in seinem Urteil zur Online-Durchsuchung festgestellt, dass der anlassunabhängigen Internetaufklärung keine Grundrechtsrelevanz beizumessen ist, soweit es nur um den Zugriff auf öffentlich zugängliche Daten geht. Diese auf die reine Datenerhebung bezogene Auffassung des BVerfG kann auf eine im Schrifttum entwickelte und weitgehend geteilte Sichtweise zurückgeführt werden. Eine nähere Begründung für die fehlende Grundrechtsrelevanz wird jedoch nicht gegeben. In der Literatur werden inzwischen verschiedene Lösungsansätze vertreten, um diese Lücke zu füllen. Keiner davon ist jedoch vollumfänglich überzeugend. Daraus kann man allenfalls ablesen, dass die Lösungsansätze sich im Grunde mit dem Eingriffsbegriff befassen. Bedenken liegen aber auch darin, dass die vorgebrachten Argumente die durch das Web 2.0 und die Big-Data-Technologie verursachten Besonderheiten nicht zu erfassen vermögen.

(B.1.) Ein Schlüsselwort zur Entwicklung eines befriedigenden Lösungsansatzes ist der Begriff der „Persönlichkeit", der für das „Recht auf freie Entfaltung der Persönlichkeit" (Art. 2 Abs. 1 GG) zentral ist. Ein Mensch ist ein soziales Wesen in dem Sinne, dass er mit anderen Menschen in Kontakt tritt, um seine Persönlichkeit zu entfalten. Die Persönlichkeit entwickelt sich aber auch in der konstanten sozialen Interaktion des Individuums. Die Persönlichkeitsentwicklung ist vom gesamten Interaktionsprozess und von allen auf das Individuum einwirkenden Faktoren geprägt. Die menschliche Persönlichkeit ist demnach notwendig fremdbestimmt.

(B.2.) Die autonome Lebensführung des Einzelnen ist wesentlich auf ungestörte Momente der Selbstreflexion im Privaten angewiesen. Das wird für den in Art. 2 Abs. 1 i.V.m. Art. 1 Abs. 1 GG verankerten Schutz der Privatsphäre zugrunde gelegt. Dem Schutzbereich unterfällt eine diskrete, vor dem Eindringen anderer gesicherte Sphäre. Das Private ist davon gekennzeichnet, persönliche Angelegenheiten dem Zugang anderer zu entziehen. Bei der bewussten Suche nach der unbeschränkten Öffentlichkeit wird indes der Schutz der Privatsphäre außer Acht gelassen. Daran ändert die Entwicklungen der modernen Kommunikationsgesellschaft nichts. Rechnet man mit dem häufig beobachteten Nutzungsverhalten im Internet, eigene Informationen irreversibel im Netz preiszugeben, kann man schlussfolgern, dass der digitale Raum grundsätzlich öffentlich ist. Unter den Schutz der Privatsphäre fallen demnach nicht die persönlichen Angelegenheiten, die der Betroffene selbst im Netz verbreitet und damit öffentlich zugänglich gemacht hat. Die Privatsphäre wird mithin durch staatliche Wahrnehmung der öffentlich zugänglichen Daten nicht beeinträchtigt. Gleiches gilt für den Fall, wenn aus den im Netz freigegebenen Daten die meist als privat bewerteten Persönlichkeitsmerkmale mittels der Big-Data-Anwendungen generiert werden. In diesem Fall bestehen zwar die Gefährdungen der Persönlichkeit. Das Schutzgut der Privatsphäre bleibt jedoch unberührt.

(B.3.) Das Recht auf informationelle Selbstbestimmung schützt den Einzelnen vor den Gefahren der Informationsgesellschaft, zu denen der Einsatz von Social-Media-Monitoring führen kann. Basierend auf dem Gedanken der Selbstbestimmung gewährleistet dieses Grundrecht die Befugnis des Einzelnen, „grundsätzlich selbst zu entscheiden, wann und innerhalb welcher Grenzen persönliche Lebenssachverhalte offenbart werden." Zur Begründung hat das BVerfG im seinen Volkszählungsurteil auf eine soziologisch orientierte Perspektive hinsichtlich der Persönlichkeitsentfaltung zurückgegriffen. Ferner wurde auch diejenige Sichtweise berücksichtigt, die auf die unmittelbaren Auswirkungen von staatlichen Überwachungsmaßnahmen auf die konkreten Entscheidungssituation fokussiert ist. Diesem Schutzbedarf der informationellen

Selbstbestimmung entspricht der umfassende Schutz personenbezogener Daten. Unter den weit gefassten Schutzbereich fallen sämtliche Daten mit Personenbezug, unabhängig davon, ob diese bereits vom Betroffenen selbst der Öffentlichkeit frei zugänglich gemacht werden. Geschützt ist insbesondere die Willensautonomie des Einzelnen vor einer Fremdbeeinflussung, beispielsweise vor Anpassungsdruck und Einschüchterung. Jegliches Verhalten des Einzelnen kann nach Theorie der Einschüchterungseffekte durch die belastenden, aber legitimen Maßnahmen des Staates beeinflusst werden. Übertragen auf rein faktische Überwachungsmaßnahmen bedeutet dies, dass sie ebenfalls zu einem angepassten und unauffälligen Verhalten des Einzelnen führen können. Diese Grundannahme wird in der deutschen verfassungsrechtlichen Judikatur anerkannt und – im Unterschied von der US-amerikanischen Judikatur – auf rein faktische Überwachungsmaßnahme angewendet. Ob Social-Media-Monitoring die Einschüchterungseffekte und somit nachteilige Auswirkungen hervorrufen kann, bedarf einer näheren Betrachtung. Staatliche Stellen können mittels Social-Media-Monitoring die Kommunikationsinhalte in den sozialen Medien automatisiert erheben und auswerten, die später staatlicherseits in verschiedenen Kontexten nachteilig verwendet werden können. Der Einsatz von Social-Media-Monitoring ist auf die riesige Speicherungskapazität angewiesen, die zu nachteiligen Auswirkungen auf die freie Entfaltung der Persönlichkeit führen kann. Die früher erhobenen, aber obsoleten Daten sind dazu geeignet, Schamgefühl hervorzurufen. Hinzu kommt die Gefahr von negativen und sachwidrigen Verwaltungsentscheidungen der zuständigen Behörden. Ferner ist Social-Media-Monitoring die Überwachungsmaßnahme mit der Inferentialität. Sie kann dazu dienen, den Einzelnen von seinem geplanten Verhalten abzuhalten, weil die Behörden auf der Grundlage der statistisch auswerteten Informationen fehlerhafte Entscheidungen treffen könnten. Die inferentiell ermittelten Informationen können weiterhin den Stigmatisierungseffekt herbeiführen. Dies ist etwa der Fall, wenn die negativ konnotierte Eigenschaften der einigen Mitglieder auf jedes Gruppenmitglied übertragen werden. Des Weiteren entstehen nachteilige Auswirkungen, wenn die Kommunikationsinhalte in den sozialen Medien mittels Social-Media-Monitoring systematisch erfasst werden. Dabei fühlt sich der Einzelne ohnmächtig und ständig von der unberechenbaren Gefahr bedroht, für etwaige Regelverstöße belangt zu werden, sodass das Verhalten des Einzelnen durch diese Unsicherheit beeinflusst wird. Zudem ist die Gefahr der missbräuchlichen Datenverwendung, nämlich der algorithmisch gestützter Verfahren, mit einem Einschüchterungspotenzial verbunden. Es übt einen psychischen Druck auf Nutzer dahingehend aus, sodass die Betroffenen üblicherweise von der Verbreitung der Informationen Abstand nehmen.

Der Einzelne mag sich im öffentlich zugänglichen Bereich der sozialen Medien möglichst unauffällig verhalten, wenn er über die Funktionsweise und die Einsatzkontexte von Analyseinstrumenten nicht hinreichend in Kenntnis gesetzt ist. Diese überschießende Überwachungsfurcht kann und muss rechtlich zu berücksichtigen sein. Gerade die Unsicherheit kann den betroffenen Grundrechtsträger dazu veranlassen, von abweichenden Verhaltensweisen Abstand zu nehmen und damit auf seine Grundrechtsausübung steuernd einwirken. Ob und wie genau Social-Media-Monitoring auf die Verhaltensweisen des Nutzers einwirken, ist noch nicht empirisch belegt. Die vergleichbaren Fallstudien, die sich mit staatlichen Überwachungsmaßnahmen in der analogen und digitalen Umgebung befassten, zeigen jedoch, dass der Einzelne dadurch in seinem Verhalten steuernd beeinflusst wird. Aus der bisherigen Betrachtung ergibt sich, dass der Schutzbereich des Rechts auf informationelle Selbstbestimmung durch Social-Media-Monitoring berührt werden kann.

(C.1.) Ob Social-Media-Monitoring in das Recht auf informationelle Selbstbestimmung eingreift, hängt davon ab, welche Funktion und welcher Inhalt dem Eingriffsbegriff zugemessen werden. Nach dem modernen Eingriffsverständnis können die faktisch-mittelbaren Maßnahmen als Grundrechtseingriff berücksichtigt werden. Die Problematik liegt jedoch darin, die allgemeinen Eingriffskriterien zu bestimmen. Die Rechtsprechung entwickelte deshalb bereichsspezifische Eingriffskriterien für das jeweilige Grundrecht.

(C.2.) In der Rechtsprechung des BVerfG entwickelten sich spezifische Ansätze zum informationsbezogenen Eingriffsbegriff. Der informationsbezogene Eingriffsbegriff soll danach wesentlich bezüglich der Informationsmaßnahmen konkretisiert und zugleich durch eine gewisse Intensität der Beeinträchtigung begrenzt werden. Die Beschränkung erfolgte bereits im Urteil zur Online-Durchsuchung. Ein Eingriff in das Recht auf informationelle Selbstbestimmung kann mithin erst dann bestehen, wenn die Informationsmaßnahmen zu einer „besonderen Gefahrenlage für die Persönlichkeit" führen. Dieser Ansatz ist wegen der Unbestimmtheit des Kriteriums der „besonderen Gefahrenlage" auf Kritik gestoßen. Wie intensiv die Persönlichkeit durch Informationsmaßnahmen gefährdet wird, bedarf einer Prognoseentscheidung. Im Rahmen der Gefährdungskonzeption werden objektive und subjektive Gewährleistungsgehalte gebündelt. Im Falle einer objektiv wie subjektiv kongruenten Gefährdungslage legt das Konzept der Gefährdungsprognose ein Eingriffsabwehrrecht zugrunde. Inkongruente Gefährdungslagen werden vermieden, indem die objektiv-rechtlichen Garantien gesetzlich umgesetzt werden. In diesem Fall wird dem Gesetzgeber die Regulierungspflicht auferlegt, grundlegende Anforderungen an staatliche Datenverarbeitung zu normieren, um die Transparenz über die Maßnahme zu gewährleisten. Das BVerfG hat die verfassungsrechtliche Relevanz der Einschüchterungseffekte im Rahmen des objektiv-rechtlichen Gewährleistungsgehalts der Grundrechte verortet. Unzweifelhaft ist, dass die Einschüchterungseffekte im Zusammenhang mit dem objektiv-rechtlichen Gewährleistungsgehalt stehen. Die Entfaltung ihrer wertstiftenden Funktion setzt jedoch voraus, dass sich ein Betroffener als Sachwalter auf den objektiv-rechtlichen Gehalt des Grundrechts berufen kann. Hier kann man erkennen, dass die objektiv-rechtliche Dogmatik vor einem Dilemma steht. Dieses Dilemma lässt sich dann auflösen, wenn die subjektiv-rechtlichen Grundrechtsdimensionen aktiviert werden und somit die objektiv-rechtlichen Gewährleistungsgehalte durchgesetzt werden könnten.

Im Rekurs auf die Kriterien des BVerfG konnte die Intensität der Einschüchterungseffekten von Social-Media-Monitoring auf der Ebene des Eingriffs hinreichend objektiv bewertet werden. Um die Intensität möglichst objektiv zu beurteilen, wird auf die Nachteile abgestellt, die potenziell das Verhalten des Einzelnen beeinflussen. Der Einsatz von Social-Media-Monitoring müsste nicht zwangsläufig einen Grundrechtseingriff bilden, soweit sich die Datenerhebung anhand der technischen Gestaltung nur auf die wertfreie Kommunikationsinhalte beschränken. Die nachteiligen Folgen, die mit systematischen Überwachungsmaßnahmen einhergehen, können sich zudem abschwächen, wenn etwa strikte Filterkriterien im Rahmen der Technikgestaltung eingefügt werden. Die Intensität der Einschüchterung kann sich ferner verringern, wenn die ermittelten Personen nachträglich über die heimliche Informationserhebung in Kenntnis gesetzt werden. Die Intensität der Einschüchterung steigert sich, wenn die Art und Weise der Informationsverarbeitung nicht transparent und damit in ihren potenziellen Nachteilen nicht überschaubar sind. Um diesen Einschüchterungseffekten entgegenzuwirken, muss die Transparenz der Informationsverarbeitung sichergestellt werden. Die Möglichkeiten sind eine nachträgliche Benachrichtigung und eine Überprüfung der Maßnahme im Zeitpunkt, zu dem der Untersuchungszweck nicht mehr gefährdet ist. Schließlich kann eine einschüchternde Wirkung der Datenverarbeitung durch eine Einschränkung der Verwendungszwecke gemindert werden.

3. Kapitel:

(A.) Die computergestützte Informationsmaßnahme ist eine Form der Staatskommunikation, die darauf ausgerichtet ist, die Beziehungen des Staates zur Öffentlichkeit aufrechtzuerhalten und zu pflegen. Diese Informationsmaßnahme ist geeignet, politikrelevante Informationen aus sozialen Medien zu gewinnen. Es besteht gleichzeitig die Gefahr, dass die zuständigen Behörden bei der Datenerhebung diejenigen Informationen herausfiltern, die ihre eigenen Interessen verletzen könnten. Es bedarf daher gewisser Vorbehalte gegenüber Social-Media-Monitoring, um allen an der öffentlichen Kommunikation Teilnehmern eine faire Chance zu gewährleisten, ihre Interesse einzubringen.

(B.) Die Verfassungsordnung gewährleistet das an die Staatsorgane gerichtete Neutralitätsgebot. Grundrechte enthalten einen Neutralitätsaspekt, weil sie einen Anspruch auf die gleiche Freiheit gewähren und deren Achtung fördern. Den Teilnehmern der politischen Willensbildung steht also dann gleiche Freiheit, wenn sich staatliche Stellen neutralitätskonform verhalten. Das Gebot der staatlichen Nicht-Identifikation mit bestimmten materiellen Ansichten ist ein Beispiel. Die Neutralität des Staates ist aber auch ein Baustein des freien, offenen und unreglementierten Prozesses der Meinungs- und Willensbildung. Ziel des Grundsatzes der Staatsfreiheit ist, dass die Bürger ihren Willen ohne Einwirkung von staatlicher Seite bilden und vertreten können. Dies würde untergraben, wenn staatliche Stellen ein Näheverhältnis zu einer politischen Richtung oder Gruppierung aufbauen und mit dieser Richtung in Verbindung gebracht wird. Eine weitere verfassungsrechtliche Grundlage bildet das Recht auf Chancengleichheit im politischen Meinungs- und Willensbildungsprozess. Die demokratische Ordnung gründet wesentlich auf einem Wettbewerbsverhältnis der verschiedenen politischen Anschauungen. Die tatsächlichen Ungleichheiten sind dabei aufgrund der unterschiedlichen Ressourcen unvermeidlich. Daraus folgt die Notwendigkeit der Chancengleichheit, um den ordnungsgemäßen und fairen Ablauf des Wettbewerbs sicherzustellen. Es ist daher dem Staat untersagt, den politischen Meinungs- und Willensbildungsprozess zu beeinflussen, indem er bestehende Unterschiede zwischen den politischen Gruppierungen verkleinert oder vergrößert.

Literaturverzeichnis

Abendroth, Wolfgang, Über den Zusammenhang von Grundrechtssystem und Demokratie, in: Joachim Perels (Hrsg.), Grundrechte als Fundament der Demokratie, Frankfurt am Main 1979, S. 249 ff.

Albers, Marion, Informationelle Selbstbestimmung, Baden-Baden 2005.

———, Grundrechtsschutz der Privatheit, in: DVBl. 2010, S. 1061 ff.

———, § 22. Umgang mit personenbezogenen Informationen und Daten, in: Wolfgang Hoffman-Riem/Eberhard Schmidt-Aßmann/Andreas Voßkuhle (Hrsg.), Grundlagen des Verwaltungsrechts I, 2. Aufl., München 2012.

Albrow, Martin, Bürokratie, München 1972.

Arndt, Adolf, Der Rechtsstaat und sein polizeilicher Verfassungsschutz, in: Ernst-Wolfgang Böckenförde/Walter Lewald (Hrsg.), Gesammelte juristische Schriften: Ausgewählte Aufsätze und Vorträge 1946–1972, München 1976, S. 157 ff.

Baer, Susanne, Der Handlungsbedarf für eine bürgerschaftliches Engagement fördernde Verwaltungsreform, in: Enquete-Kommission „Zukunft des Bürgerschaftlichen Engagements“ Deutscher Bundestag (Hrsg.), Bürgerschaftliches Engagement und Zivilgesellschaft, Wiesbaden 2002, S. 166 ff.

Bär, Wolfgang, Polizeilicher Zugriff auf kriminelle Mailboxen, in: CR 1995, S. 489 ff.

———, Strafrechtliche Kontrolle in Datennetzen, in: MMR 1998, S. 463 ff.

———, Kapitel 28. EDV-Beweissicherung, in: Heinz-Bernd Wabnitz/Thomas Janovsky/Lothar Schmitt (Hrsg.), Handbuch Wirtschafts- und Steuerstrafrecht, 5. Aufl., 2020.

Barber, Benjamin R., Strong Democracy: Participatory Politics for a New Age, Berkeley [u.a.] 1984.

———, Die liberale Demokratie und der Preis des Einverständnisses, in: Bert van den Brink (Hrsg.), Bürgergesellschaft, Recht und Demokratie, Frankfurt am Main 1995, S. 360 ff.

Barczak, Tristan, Die parteipolitische Äußerungsbefugnis von Amtsträgern: Eine Gratwanderung zwischen Neutralitätsgebot und politischem Wettbewerb, in: NVwZ 2015, S. 1014 ff.

Bauer, Sebastian, Soziale Netzwerke und strafprozessuale Ermittlungen, Duncker & Humblot 2018.

Becker, Carlos, Privatheit und kommunikative Freiheit im Internet, in: Daniel Jacob/Thorsten Thiel (Hrsg.), Politische Theorie und Digitalisierung, Baden-Baden 2017, S. 45 ff.

Beck'sche Online-Kommentare: Grundgesetz, hrsg. von Volker Epping/Christian Hillgruber, 56. Ed., München 2023.

Beck'sche Online-Kommentare: Informations- und Medienrecht, hrsg. von Hubertus Gersdorf/Boris P. Paal, 30. Ed, München 2019.

Behnke, Joachim, Die politische Theorie des Rational Choice: Anthony Downs, in: André Brodocz/Gary S. Schaal (Hrsg.), Politische Theorien der Gegenwart II: Eine Einführung, Wiesbaden 2001, S. 433 ff.

Benda, Ernst, Privatsphäre und „Persönlichkeitsprofil", in: Gerhard Leibholz/Hans Joachim Faller/Paul Mikat/Hans Reis (Hrsg.), Menschenwürde und freiheitliche Rechtsordnung, Tübingen 1974 S. 23 ff.

———, § 6. Menschenwürde und Persönlichkeitsrecht, in: Ernst Benda/Werner Maihofer/Hans-Jochen Vogel (Hrsg.), Handbuch des Verfassungsrechts der Bundesrepublik Deutschland, 2. Aufl., Berlin [u.a.] 1994.

Benkler, Yochai, The Wealth of Networks: How Social Production Transforms Markets and Freedom 2006.

Benz, Arthur, Politikwissenschaftliche Diskurse über demokratisches Regieren im europäischen Mehrebenensystem, in: Hartmut Bauer/Peter M. Huber/Karl-Peter Sommermann (Hrsg.), Demokratie in Europa, Tübingen 2005, S. 253 ff.

Berg, Rüdiger/Göllner, Stefan/Trogemann, Georg, Öffentliche (Un-)Ordnung 2.0: Die Beispiele Unortkataster und Fixmystreet in Web 2.0 für Kommunen und Kommunalpolitik, in: Franz-Reinhard Habbel/Andreas Huber (Hrsg.), Web 2.0 für Kommunen und Kommunalpolitik: Neue Formen der Öffentlichkeit und der Zusammenarbeit von Politik, Wirtschaft, Verwaltung und Bürger, Boizenburg 2008, S. 97 ff.

Berka, Walter, Bürgerverantwortung im demokratischen Verfassungsstaat, in: VVDStRL (1995), S. 48 ff.

Bertot, John C./Jaeger, Paul T./Grimes, Justin M., Using ICTs to create a culture of transparency: E-government and social media as openness and anti-corruption tools for societies, in: GIQ 2010, S. 264 ff.

Bessette, Joseph M., Deliberative Democracy: The Majority Principle in Republican Government, in: Robert A. Goldwin/William A. Schambra (Hrsg.), How Democratic Is the Constitution?, 1980, S. 102 ff.

Bundesbeauftragte für den Datenschutz und die Informationsfreiheit, 23. Tätigkeitsbericht zum Datenschutz 2009–2010, 2011.

Biemann, Jens, „Streifenfahrten" im Internet: die verdachtsunabhängigen Ermittlungen der Polizei im virtuellen Raum, Stuttgart/München [u.a.] 2013.

Bizer, Johann, Forschungsfreiheit und informationelle Selbstbestimmung: Gesetzliche Forschungsregelungen zwischen grundrechtlicher Förderungspflicht und grundrechtlichem Abwehrrecht, Baden-Baden 1992.

Blasio, Emiliana De/Sorice, Michele, Open Government und Demokratie: Zwischen Effizienz und Partizipation, in: Wolf J. Schünemann/Marianne Kneuer (Hrsg.), E-Government und Netzpolitik im europäischen Vergleich, 2 Aufl., Baden-Baden 2019, S. 199 ff.

Bonner Kommentar zum Grundgesetz, hrsg. von Erhard Denninger/Wolfgang Hoffman-Riem/Hans P. Schneider, Bd. 1a, Heidelberg.

Böckenförde, Ernst-Wolfgang, Recht, Staat, Freiheit: Studien zur Rechtsphilosophie, Staatstheorie und Verfassungsgeschichte, Frankfurt am Main 1992.

———, § 24. Demokratie als Verfassungsprinzip, in: Josef Isensee/Paul Kirchhof (Hrsg.), Handbuch des Staatsrechts II, 3. Aufl., Heidelberg 2004.

Böckenförde, Thomas, Die Ermittlung im Netz: Möglichkeiten und Grenzen neuer Erscheinungsformen strafprozessualer Ermittlungstätigkeit, Tübingen 2003.

———, Auf dem Weg zur elektronischen Privatsphäre, in: JZ 2008, S. 925 ff.

Boehme-Neßler, Volker, Big-Data und Demokratie – Warum Demokratie ohne Datenschutz nicht funktioniert, in: DVBl. 2015, S. 1282 ff.

———, Privacy: a matter of democracy—Why democracy needs privacy and data protection, in: IDPL 2016, S. 222 ff.

Boyd, Danah M./Ellison, Nicole B., Social Network Sites: Definition, History, and Scholarship, in: JCMC 2007, S. 210 ff.

Breyer, Patrick, Kfz-Massenabgleich nach dem Urteil des Bundesverfassungsgerichts, in: NVwZ 2008, S. 824 ff.

Britz, Gabriele, Freie Entfaltung durch Selbstdarstellung: Eine Rekonstruktion des allgemeinen Persönlichkeitsrechts aus Art. 2 I GG, Tübingen 2007.

———, Informationelle Selbstbestimmung zwischen rechtswissenschaftler Grundsatzkritik und Beharren des Bundesverfassungsgerichts, in: Wolfgang Hoffman-Riem (Hrsg.), Offene Rechtswissenschaft: Ausgewählte Schriften von Wolfgang Hoffmann-Riem mit begleitenden Analysen, Tübingen 2010, S. 561 ff.

———, Verfassungsrechtlicher Schutz der freien Persönlichkeitsentfaltung, in: Christian Bumke/Anne Röthel (Hrsg.), Autonomie im Recht: Gegenwartsdebatten über einen rechtlichen Grundbegriff, Tübingen, Tübingen 2017, S. 353 ff.

———, Freie Entfaltung der Persönlichkeit (Art. 2 I 1 GG) – Verfassungsversprechen zwischen Naivität und Hybris?, in: NVwZ 2019, S. 672 ff.

Britz, Guido, Fernsehaufnahmen im Gerichtssaal: Ein rechtsvergleichender Beitrag zum Öffentlichkeitsgrundsatz im Strafverfahren, Baden-Baden 1999.

Bruns, Axel, Blogs, Wikipedia, Second Life, and beyond: From production to produsage, New York 2008.

Brunst, Phillip W., Anonymität im Internet: Rechtliche und tatsächliche Rahmenbedingungen: zum Spannungsfeld zwischen einem Recht auf Anonymität bei der elektronischen Kommunikation und den Möglichkeiten zur Identifizierung und Strafverfolgung, Berlin 2009.

———, Kapitel 5. Strafprozessrecht, in: Marco Gercke/Phillip W. Brunst (Hrsg.), Praxishandbuch Internetstrafrecht Stuttgart 2009.

Buchstein, Hubertus/Jörke, Dirk, Das Unbehagen an der Demokratietheorie, in: Leviathan 2003, S. 470 ff.

Buckingham, David, Introducing Identity: Youth, Identity, and Digital Media, Cambridge 2007.

Budäus, Dietrich, Public Management: Konzepte und Verfahren zur Modernisierung öffentlicher Verwaltungen, Berlin 1994.

Bull, Hans Peter, Verfassungsrechtlicher Datenschutz, in: Roland Bieber/Dietmar Nickel (Hrsg.), Das Europa der zweiten Generation: Gedächtnisschrift für Christoph Sasse, Baden-Baden 1981 S. 869 ff.

———, Sind Video-Verkehrskontrollen „unter keinem rechtlichen Aspekt vertretbar"?, in: NJW 2009, S. 3279 ff.

———, Informationelle Selbstbestimmung – Vision oder Illusion?: Datenschutz im Spannungsverhältnis von Freiheit und Sicherheit, Tübingen 2011.

Bumke, Christian/Voßkuhle, Andreas, Casebook Verfassungsrecht, Tübingen 2020.

Bundesdatenschutzgesetz, hrsg. von Peter Gola/Rudolf Schomerus, 12. Aufl. 2015.

Burke, Moira/Marlow, Cameron/Lento, Thomas, Social Network Activity and Social Well-Being, Paper presented at the Proceedings of the SIGCHI Conference on Human Factors in Computing Systems, Atlanta, USA, 2010.

Butler, Gillia/McManus, Freda, Psychology: A very Short Introduction, Oxford [u.a.] 2000.

Charalabidis, Yannis/Euripidis, Loukis/Androutsopoulou, Aggeliki/Karkaletsis, Vangelis/Triantafillou, Anna, Passive crowdsourcing in government using social media, in: Transforming Government 2014, S. 283 ff.

Cozby, Paul C., Self-disclosure: A literature review, in: Psychol. Bull. 1973, S. 73 ff.

Czermak, Gerhard, Zur Rede von der religös-weltanschaulichen Neutralität des Staats, in: NVwZ 2003, S. 949 ff.

Dadashzadeh, Mohammad, Social Media in Government: From e-Government to e-Governance, in: JBER 2010, S. 81 ff.

Dagtoglou, Prodromos, Befangenheit und Funktionenhäufung in der Verwaltung, in: Karl Doehring (Hrsg.), Festgabe für Ernst Forsthoff zum 65. Geburtstag, München 1967, S. 65 ff.

Dalton, Russell J., Citizen Politics in Western Democracies: Public Opinion and Political Parties in the United States, Great Britain, West Germany, and France, Chatham 1988.

Degenhart, Christoph, Staatsrecht I: Staatsorganisationsrecht, Heidelberg 2020.

Dellwing, Michael, Zur Aktualität von Erving Goffman, Wiesbaden 2014.

Denhardt, Robert B./Denhardt, Janet Vinzant, The New Public Service: Serving Rather Than Steering, in: Public Adm. Rev. 2000, S. 549 ff.

Desoi, Bernd Uwei, Big Data und allgemein zugängliche Daten im Krisenmanagement, Wiesbaden 2018.

Di Fabio, Udo, Grundrechte im präzeptoralen Staat am Beispiel hoheitlicher Informationstätigkeit, in: JZ 1993, S. 689 ff.

Diesterhöft, Martin, Das Recht auf medialen Neubeginn: die „Unfähigkeit des Internets zu vergessen" als Herausforderung für das allgemeine Persönlichkeitsrecht, Berlin 2014.

Dişçi, Duygu, Der Grundsatz politischer Neutralität, Berlin 2019.

Döring, Nicola, Identity + Internet = Virtual Identity?, in: Jörg Eberspächer/Udo Hertz (Hrsg.), Leben in der e-Society, Berlin [u.a.] 2002, S. 187 ff.

———, Sozialkontakte online: Identitäten, Beziehungen, Gemeinschaften, in: Wolfgang Schweiger/Klaus Beck (Hrsg.), Handbuch Online-Kommunikation, Wiesbaden 2010, S. 159 ff.

Drefs, Felix, Die Öffentlichkeitsarbeit des Staates und die Akzeptanz seiner Entscheidungen, Baden-Baden 2019.

Dreier, Horst (Hrsg.): Grundgesetz-Kommentar, Bd. I, II, 3. Aufl., Tübingen 2013.

———: Grundgesetz-Kommentar, Bd. II, 3. Aufl., Tübingen 2015.

Dunleavy, Patrick/Hood, Christopher, From Old Public Administration to New Public Management, in: Public Money Manag. 1994, S. 9 ff.

Dürig, Günter/Herzog, Roman/Scholz, Rupert (Hrsg.): Grundgesetz-Kommentar, 95. EL Juli 2021. Lfg., Bd. III, 2021.

———: Grundgesetz-Kommentar, 97. EL Januar 2022. Lfg., München.

Dwork, Cynthia/Mulligan, Deirdre K., It's Not Privacy, And It's Not Fair, in: Stan. L. Rev. Online 2013, S. 35 ff.

Eberle, Carl-Eugen, Zum Verwertungsverbot für rechtswidrig erlangte Informationen im Verwaltungsverfahren, in: Ingo von Münch/Peter Selmer (Hrsg.), Gedächtnisschrift für Wolfgang Martens, Berlin [u.a.] 1987, (Nachdruck: 2019), S. 351 ff.

Ebersbach, Anja/Glaser, Markus/Heigl, Richard, Social Web, Stuttgart, Deutschland 2016.

Eckhoff, Rolf, Der Grundrechtseingriff, Köln, München [u.a.] 1992.

Ehmann, Horst, Informationsschutz und Informationsverkehr im Zivilrecht, in: AcP (1988), S. 230.

Eifert, Martin, Informationelle Selbstbestimmung im Internet – Das BVerfG und die Online-Durchsuchungen, in: NVwZ 2008, S. 521 ff.

———, Autonomie und Sozialität: Schwierigkeiten rechtlicher Konzeptionalisierung ihres Wechselspiels am Beispiel der informationellen Selbstbestimmung, in: Christian Bumke/Anne Röthel (Hrsg.), Autonomie im Recht, Tübingen 2017, S. 365 ff.

Eisenmenger, Florian, Die Grundrechtsrelevanz „virtueller Streifenfahrten" – dargestellt am Beispiel ausgewählter Kommunikationsdienste des Internets, Berlin 2017.

Ellison, Nicole B/Steinfield, Charles/Lampe, Cliff, The Benefits of Facebook "Friends": Social Capital and College Students' Use of Online Social Network Sites, in: JCMC 2007, S. 1143 ff.

Elster, Jon, The Market and the Forum: Three Varieties of Political Theory, in: Jon Elster/Aanund Hylland (Hrsg.), Foundations of Social Choice Theory, Cambridge [u.a.] 1986, S. 103 ff.

Enders, Christoph, § 89. Schutz der Persönlichkeit und der Privatsphäre, in: Detlef Merten/Hans-Jürgen Papier (Hrsg.), Handbuch der Grundrechte IV Heidelberg 2011.

Erikson, Erik H., Identität und Lebenszyklus: Drei Aufsätze, Frankfurt am Main 2008.

Eßer, Martin/Kramer, Philipp/von Lewinski, Kai (Hrsg.): Datenschutz-Grundverordnung, Bundesdatenschutzgesetz und Nebengesetze, 7. Aufl., Köln 2020.

Evers, Hans-Ulrich, Privatsphäre und Ämter für Verfassungsschutz, Berlin [u.a.] 1960, (Nachdruck: 2018).

Farquhar, Lee, Performing and interpreting identity through Facebook imagery, in: Convergence 2012, S. 446 ff.

Fehling, Michael, Verwaltung zwischen Unparteilichkeit und Gestaltungsaufgabe 2001.

Münchener Kommentar zum StGB, hrsg. von Volker Erb/Jürgen Schäfer, Bd. 3, 4. Aufl., München 2021.

Ferro, Enrico/Osella, Michele, Eight Business Model Archetypes for PSI Re-Use, Paper presented at the Open Data on the Web, London, UK, 2013.

Fischer, Thomas (Hrsg.): Strafgesetzbuch: mit Nebengesetzen, 68. Aufl., München 2021.

Fishkin, James, When the People Speak: Deliberative Democracy and Public Consultation, Oxford, UK 2011.

Forst, Gerrit, Bewerberauswahl über soziale Netzwerke im Internet, in: NZA 2010, S. 427 ff.

Foucault, Michel, Überwachen und Strafen: Die Geburt des Gefängnisse, Frankfurt am Main 1993, (Nachdruck: 2014).

Frisch, Annika, Das Potenzial deliberativer Demokratietheorie für die Konzeptionalisierung von Demokratie in der Europäischen Union, in: ZPol 2007, S. 711 ff.

Fung, Archon/Graham, Mary/Weil, David, Full Disclosure: The Perils and Promise of Transparency, Cambridge 2007.

Gallwas, Hans-Ullrich, Faktische Beeinträchtigungen im Bereich der Grundrechte: ein Beitrag zum Begriff der Nebenwirkungen, Berlin 1970.

Geiger, Andreas, Die Einwilligung in die Verarbeitung von persönlichen Daten als Ausübung des Rechts auf informationelle Selbstbestimmung, in: NVwZ 1989, S. 35 ff.

Geminn, Christian/Roßnagel, Alexander, »Privatheit« und »Privatsphäre« aus der Perspektive des Rechts – ein Überblick, in: JZ 2015, S. 703 ff.

Germann, Michael, Gefahrenabwehr und Strafverfolgung im Internet, Berlin 2000.

———, Das Allgemeine Persönlichkeitsrecht, in: JURA 2010, S. 734 ff.

Geuss, Raymond, Privatheit: Eine Genealogie, Frankfurt am Main 2013.

Glage, Michael, Mitwirkungsverbote in den Gemeindeordnungen: Die Gewinnung von Auslegungskriterien und ihre Anwendung auf Einzelprobleme, Göttingen 1995.

Goffman, Erving, Wir alle spielen Theater 1969.

———, Stigma: Über Techniken der Bewältigung beschädigter Identität, Frankfurt am Main 2018.

Gostomzyk, Tobias, Die Öffentlichkeitsverantwortung der Gerichte in der Mediengesellschaft, Baden-Baden 2006.

Graf Vitzthum, Wolfgang, Probleme der Parteiendemokratie, in: Peter M. Huber/Wilhelm Mößle/Martin Stock (Hrsg.), Zur Lage der parlamentarischen Demokratie: Symposium zum 60. Geburtstag von Peter Badura, Tübingen 1995, S. 71 ff.

Greene, Kathryn/Derlega, Valerian J./Mathews, Alicia, Self-Disclosure in Personal Relationships, in: Anita L. Vangelisti/Daniel Perlman (Hrsg.), The Cambridge Handbook of Personal Relationships, Cambridge 2006, S. 409 ff.

Grimm, Dieter, Die Zukunft der Verfassung, Frankfurt am Main 1994.

Gurlit, Elke, Die Verwaltungsöffentlichkeit im Umweltrecht: Ein Rechtsvergleich Bundesrepublik Deutschland–USA, Düsseldorf 1989.

Gusy, Christoph, Sicherheitskultur – Sicherheitspolitik – Sicherheitsrecht, in: KritV 2010, S. 111 ff.

———, § 23. Die Informationsbeziehungen zwischen Staat und Bürger, in: Wolfgang Hoffman-Riem/Eberhard Schmidt-Aßmann/Andreas Voßkuhle (Hrsg.), Grundlagen des Verwaltungsrechts II, 2. Aufl., München 2012.

———, Neutralität staatlicher Öffentlichkeitsarbeit – Voraussetzungen und Grenzen, in: NVwZ 2015, S. 700 ff.

———, Privatheit und Demokratie, in: KritV 2015, S. 430 ff.

———, Parlamentarische oder „neutrale" Regierung? Eine Anfrage, in: KritV 2018, S. 210 ff.

Gusy, Christoph/Worms, Christoph, Verfassung und Datenschutz, in: DuD 2012, S. 92 ff.

Häberle, Peter, Öffentliches Interesse als Juristisches Problem: Eine Analyse von Gesetzgebung und Rechtsprechung, Bad Homburg 1970.

———, Die Verfassung des Pluralismus: Studien zur Verfassungstheorie der offenen Gesellschaft, Königstein: 1980.

Habermas, Jürgen, Faktizität und Geltung: Beiträge zur Diskurstheorie des Rechts und des demokratischen Rechtsstaats, Frankfurt am Main, Hessen 1992.

———, Kommunikative Rationalität und grenzüberschreitende Politik: Eine Replik, in: Peter Niesen (Hrsg.), Anarchie der kommunikativen Freiheit: Jürgen Habermas und die Theorie der internationalen Politik, Frankfurt am Main 2007, S. 406 ff.

Haferkamp, Nina, Sozialpsychologische Aspekte im Web 2.0: Impression Management und sozialer Vergleich, Stuttgart 2010.

Harrison, Teresa/Guerrero, Santiago/Burke, G./Cook, Meghan/Cresswell, Anthony/Helbig, Natalie/Hrdinová, Jana/Pardo, Theresa, Open Government and E-Government: Democratic challenges from a public value perspective, in: Information Polity 2012, S. 83 ff.

Hartmann, Bernd J., Inklusive Verwaltung: Der vorübergehende Seitenwechsel aus der Privatwirtschaft in den Staatsdienst 2019.

Hatje, Armin, Demokratie als Wettbewerbsordnung, in: VVDStRL (2010), S. 135 ff.

Heckmann, Dirk, Vertrauen in virtuellen Räumen?, in: K&R 2010, S. 1 ff.

Hefendehl, Roland, Die neue Ermittlungsgeneralklausel der §§ 161, 163 StPO: Segen oder Fluch?, in: StV 2001, S. 700 ff.

Held, David, Models of Democracy, Cambridge 2006.

Held, Jürgen, Der Grundrechtsbezug des Verwaltungsverfahrens, Berlin 1984.

Herbert, Georg, Poesie »und« Grundgesetz, in: Dieter C. Umbach (Hrsg.), Das Wahre Verfassungsrecht: zwischen Lust und Leistung: Gedächtnisschrift für F.G. Nagelmann, Baden-Baden 1984 S. 43 ff.

Herzberg, Johann, Staatsmodernisierung durch Open Innovation: Problemlage, Theoriebildung, Handlungsempfehlungen, Berlin 2012.

———, „Open Government" - Versuch einer Begriffsbestimmung, in: VM 2013, S. 40 ff.

Hesse, Konrad, Der Gleichheitssatz in der neueren deutschen Verfassungsentwicklung, in: AöR (1984), S. 174 ff.

———, Grundzüge des Verfassungsrechts der Bundesrepublik Deutschland, Heidelberg 1999.

Heussner, Hermann, Zur Funktion des Datenschutzes und der Notwendigkeit bereichsspezifischer Regelungen, in: Wolfgang Gitter/Werner Thieme/Hans F. Zacher (Hrsg.), Im Dienst des Sozialrechts: Festschrift für Georg Wannagat, München [u.a.] 1981 S. 179 ff.

Hilgers, Dennis, Open Government: Theoretische Bezüge und konzeptionelle Grundlagen einer neuen Entwicklung in Staat und öffentlichen Verwaltungen, in: ZfB 2012, S. 631 ff.

Hilgers, Dennis/Ihl, Christoph, Citizensourcing: Applying the concept of open innovation to the public sector, in: Int. J. Public Part. 2010, S. 67 ff.

Hill, Hermann, Verwaltungskommunikation und Verwaltungsverfahren unter europäischem Einfluss, in: DVBl. 2002, S. 1316 ff.

———, Open Government als Form der Bürgerbeteiligung, in: Kurt Beck/Jan Ziekow (Hrsg.), Mehr Bürgerbeteiligung wagen: Wege zur Vitalisierung der Demokratie, Wiesbaden 2011, S. 57 ff.

Hillgruber, Christian, § 200. Grundrechtlicher Schutzbereich, Grundrechtsausgestaltung und Grundrechtseingriff, in: Josef Isensee/Paul Kirchhof (Hrsg.), Handbuch des Staatsrechts IX, 3. Aufl., Heidelberg 2011.

Hindelang, Steffen, Freiheit und Kommunikation: Zur verfassungsrechtlichen Sicherung kommunikativer Selbstbestimmung in einer vernetzten Gesellschaft, Berlin 2019.

Hoffmann-Riem, Wolfgang, Informationelle Selbstbestimmung in der Informationsgesellschaft – Auf dem Wege zu einem neuen Konzept des Datenschutzes, in: AöR (1998), S. 513 ff.

———, Grundrechts- und Funktionsschutz für elektronisch vernetzte Kommunikation, in: AöR (2009), S. 513 ff.

Hogan, Bernie, The Presentation of Self in the Age of Social Media: Distinguishing Performances and Exhibitions Online, in: BSTS 2010, S. 377 ff.

Hölle, Timon, Open Government in Deutschland: Analyse anlässlich des Beitritts Deutschlands zur Open Government Partnership (OGP), in: Hermann Hill/Dieter Kugelmann/Mario Martini (Hrsg.), Digitalisierung in Recht, Politik und Verwaltung, Baden-Baden 2018, S. 143 ff.

Holznagel, Bernd, Erosion demokratischer Öffentlichkeit?, in: VVDStRL (2009), S. 381 ff.

Holznagel, Bernd/Hartmann, Sarah, Teil 3. Rundfunk und Telemedien, in: Thomas Hoeren/Ulrich Sieber/Bernd Holznagel (Hrsg.), Handbuch Multimedia-Recht München 2022.

Honneth, Axel, Das Recht der Freiheit: Grundriß einer demokratischen Sittlichkeit, Berlin 2013.

Hood, Christopher, A Public Management for all Seasons?, in: Public Adm. 1991, S. 3 ff.

Hopf, Horst, Das Informationsweiterverwendungsgesetz, in: RiA 2007, S. 1 ff.

Horn, Hans-Detlef, § 149 Schutz der Privatsphäre, in: Josef Isensee/Paul Kirchhof (Hrsg.), Handbuch des Staatsrechts VII, 3. Aufl., Heidelberg 2009.

Hornung, Gerrit/Gilga, Carolin, Einmal öffentlich – für immer schutzlos?, in: CR 2020, S. 367 ff.

Hotter, Maximilian, Privatsphäre: Der Wandel eines liberalen Rechts im Zeitalter des Internets, Frankfurt am Main [u.a.] 2011.

Hufen, Christian, Der Ausgleich verfassungsrechtlich geschützter Interessen bei der Ausgestaltung des Sonn- und Feiertagsschutzes, Baden-Baden 2014.

Hufen, Friedhelm, Schutz der Persönlichkeit und Recht auf informationelle Selbstbestimmung, in: Horst Dreier/Peter Badura (Hrsg.), Festschrift 50 Jahre Bundesverfassungsgericht, Tübingen 2001 S. 105 ff.

———, Legitimität und Grenzen der Öffentlichkeitsarbeit von Landesregierungen, in: LKRZ 2007, S. 41 ff.

———, Fehler im Verwaltungsverfahren, Baden-Baden 2021.

Huget, Holger, Demokratisierung der EU: Normative Demokratietheorie und Governance-Praxis im europäischen Mehrebenensystem, Wiesbaden 2007.

Hughes, Owen E., Public Management and Administration: An Introduction, Hampshire [u.a.] 2003.

Huijboom, Noor/Van den Broek, Tijs, Open data: an international comparison of strategies, in: ePractice 2011, S. 4 ff.

Hüsch, Hans-Peter, Verwertungsverbote im Verwaltungsverfahren, Pfaffenweiler 1991.

Huschens, Michael/Marwinski, Ralf, Kapitel B. Allgemeine Grundsätze, Subjekte und Ablauf des Verwaltungsverfahrens, in: Jürgen Brandt/Ulf Domgörgen (Hrsg.), Handbuch Verwaltungsverfahren und Verwaltungsprozess, 4. Aufl., Heidelberg 2018.

Huster, Stefan, Liberalismus, Neutralität und Fundamentalismus, in: Annette Brockmöller/Delf Buchwald (Hrsg.), Ethische und strukturelle Herausforderungen des Rechts: Referate der 2. Tagung der Initiative Junger Wissenschaftlerinnen und Wissenschaftler aus den Bereichen Rechtsphilosophie, Rechtstheorie und Rechtssoziologie vom 10. bis zum 12. November 1995 in Göttingen, Stuttgart 1997, S. 9 ff.

———, Die ethische Neutralität des Staates: Eine liberale Interpretation der Verfassung, Tübingen 2002.

Hyers, Lauri/Brown, Eleanor/Sullivan, Jacqueline, Stigma, in: Roy F. Baumeister/Kathleen D. Vohs (Hrsg.), International Encyclopedia of Social & Behavioral Sciences, 2. Ed. Aufl. 2015, S. 461 ff.

Ihwas, Saleh Ramadan, Strafverfolgung in Sozialen Netzwerken: Facebook & Co. als moderne Ermittlungswerkzeuge: Deutsches und Europäisches Strafprozessrecht und Polizeirecht, Baden-Baden 2014.

Isensee, Josef, § 191. Das Grundrechte als Abwehrrecht und als staatliche Schutzpflicht, in: Josef Isensee/Paul Kirchhof (Hrsg.), Handbuch des Staatsrechts IX, 3. Aufl., Heidelberg 2011.

Janda, Timm Christian, Mehr Transparenz und Partizipation durch Open Government Data, in: VM 2011, S. 227 ff.

Jarass, Hans D., Der Vorbehalt des Gesetzes bei Subventionen, in: NVwZ 1984, S. 473 ff.

———, Das allgemeine Persönlichkeitsrecht im Grundgesetz in: NJW 1989, S. 857 ff.

Jarass, Hans D./Pieroth, Bodo: Grundgesetz für die Bundesrepublik Deutschland, 17. Aufl., München 2022.

Jasper, Christian, Religiös und politisch gebundene öffentliche Ämter: anschauungsgebundene Vergabe von Staatsämtern im Spannungsfeld zwischen besonderen Gleichheitssätzen und gegenläufigem Verfassungsrecht, Berlin 2015.

Jerschke, Hans-Ulrich, Öffentlichkeitspflicht der Exekutive und Informationsrecht der Presse, Berlin 1971.

Jestaedt, Matthias, Das Geheimnis im Staat der Öffentlichkeit: Was darf der Verfassungsstaat verbergen?, in: AöR (2001), S. 204 ff.

Jones, Harvey/Soltren, José Hiram, Facebook: Threats to Privacy, Cambridge 2005.

Kaase, Max, Partizipation, in: Dieter Nohlen/Rainer-Olaf Schultze (Hrsg.), Pipers Wörterbuch zur Politik, 4. Aufl., München 1992, S. 682 ff.

Knack, Hans-Joachim/Henneke, Hans-Günter (Hrsg.): Verwaltungsverfahrensgesetz: Kommentar, 11. Aufl., Köln 2020.

Kamensky, John M., Role of the "Reinventing Government" Movement in Federal Management Reform, in: Public Adm. Rev. 1996, S. 247 ff.

Kaplan, Andreas M./Haenlein, Michael, Users of the world, unite! The challenges and opportunities of Social Media, in: Bus. Horiz. 2010, S. 59 ff.

Kazele, Norbert, Interessenkollisionen und Befangenheit im Verwaltungsrecht, Berlin 1990.

Kendrick, Leslie, Speech, Intent, and the Chilling Effect, in: WM & Mary L. Rev. 2013, S. 1633 ff.

Kersting, Norbert, Innovative Partizipation: Legitimation, Machtkontrolle und Transformation. Eine Einführung, in: Norbert Kersting (Hrsg.), Politische Beteiligung: Einführung in dialogorientierte Instrumente politischer und gesellschaftlicher Partizipation, Wiesbaden 2008, S. 11 ff.

———, Open Data, Open Government und Online Partizipation in der Smart City: Vom Informationsobjekt über den deliberativen Turn zur Algorithmokratie?, in: Lorina Burhr/Stefanie Hammer/Hagen Schölzel (Hrsg.), Staat, Internet und digitale Gouvernementalität, Wiesbaden 2018, S. 87 ff.

Kim, Junghyun/Lee, Jong-Eun Roselyn, The Facebook Paths to Happiness: Effects of the Number of Facebook Friends and Self-Presentation on Subjective Well-Being, in: Cyberpsychol. Behav. Soc. Netw. 2011, S. 359 ff.

Kingreen, Thorsten/Poscher, Ralf, Staatsrecht II: Grundrechte, Heidelberg 2019.

Kißlinger, Andreas, Das Recht auf politische Chancengleichheit, Baden-Baden 1998.

Klement, Jan Henrik, Die Kumulation von Grundrechtseingriffen im Umweltrecht, in: AöR (2009), S. 35 ff.

Klessmann, Jens, Soziale Medien in der öffentlichen Verwaltung vor dem Hintergrund der Erfahrungen mit partizipativer Verwaltung, in: VM 2010, S. 179 ff.

Klessmann, Jens/Denker, Philipp/Schieferdecker, Ina/Schulz, Sönke E. Open Government Data Deutschland: Eine Studie zu Open Government in Deutschland im Auftrag des Bundesministerium des Innern: Bundesministerium des Innern, 2012.

Kloepfer, Michael, Gesetzgebung im Rechtsstaat, in: VVDStRL (1982), S. 63 ff.

———, § 42. Öffentliche Meinung, Massenmedien, in: Josef Isensee/Paul Kirchhof (Hrsg.), Handbuch des Staatsrechts III, 3. Aufl., Heidelberg 2005.

———, Verfassungsrecht II: Grundrechte, München 2010.

Klotz, Christopher, (Keine) Beeinträchtigung der Öffentlichkeit von Gerichtsverhandlungen durch Videoüberwachung?, in: NJW 2011, S. 1186 ff.

Kneidinger-Müller, B., Identitätsbildung in sozialen Medien, in: Jan-Hinrik Schmidt/Monika Taddicken (Hrsg.), Handbuch Soziale Medien, Wiesbaden 2017, S. 61 ff.

Konrad, Astrid/Manysová, Aneta/Pichler, Alexandra, Freundschaft im Netz, in: FKW 2008, S. 79 ff.

Kopp, Ferdinand O./Ramsauer, Ulrich (Hrsg.): Verwaltungsverfahrensgesetz, 16. Aufl., München 2015.

Kotzur, Markus, § 120. Freiheit und Gleichheit der Wahl, in: Detlef Merten/Hans-Jürgen Papier (Hrsg.), Handbuch der Grundrechte V, Heidelberg 2013.

Kral, Sebastian, Die polizeilichen Vorfeldbefugnisse als Herausforderung für Dogmatik und Gesetzgebung des Polizeirechts: Begriff, Tatbestandsmerkmale und Rechtsfolgen, Berlin 2012.

Krämer, Nicole C./Eimler, Sabrina C./Neubaum, German, Selbstpräsentation und Beziehungsmanagement in sozialen Medien, in: Jan-Hinrik Schmidt/Monika Taddicken (Hrsg.), Handbuch Soziale Medien, Wiesbaden 2017, S. 41 ff.

Krämer, Nicole C./Haferkamp, Nina, Online Self-Presentation: Balancing Privacy Concerns and Impression Construction on Social Networking Sites, in: Sabine Trepte/Leonard Reinecke (Hrsg.), Privacy Online: Perspectives on Privacy and Self-Disclosure in the Social Web, Berlin, Heidelberg 2011, S. 127 ff.

Krämer, Nicole C./Winter, Stephan, Impression Management 2.0, in: J. Media Psychol. 2008, S. 106 ff.

Krebber, Felix/Hitschfeld, Uwe, Akzeptanz und Legitimation von Unternehmen in modernen Gesellschaften: Kommunikative Herausforderung für Unternehmen und Interessengruppen, in: Ulrike Röttger/Patrick Donges/Ansgar Zerfaß (Hrsg.), Handbuch Public Affairs: Politische Kommunikation für Unternehmen und Organisationen, Wiesbaden 2021, S. 233 ff.

Kriele, Martin, Kapitel 2.3. Freiheit und Gleichheit, in: Ernst Benda/Werner Maihofer/Hans-Jochen Vogel (Hrsg.), Handbuch des Verfassungsrechts der Bundesrepublik Deutschland, 2. Aufl., Berlin [u.a.] 1984.

———, Einführung in die Staatslehre: Die geschichtlichen Legitimitätsgrundlagen des demokratischen Verfassungsstaates, Wiesbaden 1994.

Kube, Hanno, § 148. Persönlichkeitsrecht, in: Josef Isensee/Paul Kirchhof (Hrsg.), Handbuch des Staatsrechts VII, 3. Aufl., Heidelberg 2009.

Kunig, Philip, Das Rechtsstaatsprinzip: Überlegungen zu seiner Bedeutung für das Verfassungsrecht der Bundesrepublik Deutschland, Tübingen 1986.

Kühling, Jürgen/Buchner, Benedikt (Hrsg.): Datenschutz-Grundverordnung/BDSG, 2. Aufl., München 2018.

Küsters, Ulrich/McCullough, BD/Bell, Michael, Forecasting software: Past, present and future, in: IJF 2006, S. 599 ff.

Kutscha, Martin/Thomé, Sarah, Grundrechtsschutz im Internet?, Baden-Baden 2013.

Ladeur, Karl-Heinz, Das Recht auf informationelle Selbstbestimmung: Eine juristische Fehlkonstruktion?, in: DÖV 2009, S. 45 ff.

Lampe, Cliff/Ellison, Nicole/Steinfield, Charles, A Face(book) in the Crowd: Social Searching vs. Social Browsing, Paper presented at the Proceedings of the 2006 ACM Conference on Computer Supported Cooperative Work, Vancouver, Canada, 2006.

Lan, Zhiyong/Rosenbloom, David H., Public Administration in Transition?, in: Public. Adm. Rev. 1992, S. 535 ff.

Landsbergen, David, Government as Part of the Revolution: Using Social Media to Achieve Public Goals, in: EJEG 2010, S. 135 ff.

Landwehr, Claudia, Demokratische Legitimation durch rationale Kommunikation, in: Oliver W. Lembcke/Claudia Ritzi/Gary S. Schaal (Hrsg.), Zeitgenössische Demokratietheorie, 2012, S. 355 ff.

Lang, Heinrich, Gesetzgebung in eigener Sache: Eine rechtstheoretische und rechtssystematische Untersuchung zum Spannungsverhältnis von Distanzgebot und Eigennutz, Tübingen 2007.

Lederer, Beatrice, Open Data: Informationsöffentlichkeit unter dem Grundgesetz, Berlin 2015.

Lee, Gwanhoo/Kwak, Young Hoon, An open government maturity model for social media-based public engagement, in: GIQ 2012, S. 492 ff.

Lehmbruch, Gerhard, Die ambivalenten Funktionen politischer Beteiligung in hochindustrialisierten Demokratien, in: Beat Junker (Hrsg.), Geschichte und politische Wissenschaft: Festschrift für Erich Gruner, Bern 1975, S. 237 ff.

Lenz, Helmut, Rundfunkorganisation und öffentliche Meinungsbildungsfreiheit, in: JZ 1963, S. 338 ff.

Lerman, Jonas, Big Data and Its Exclusions, in: Stan. L. Rev. Online 2013, S. 55 ff.

Lewis, Kevin/Kaufman, Jason/Christakis, Nicholas, The Taste for Privacy: An Analysis of College Student Privacy Settings in an Online Social Network, in: JCMC 2008, S. 79 ff.

Linders, Dennis, From e-government to we-government: Defining a typology for citizen coproduction in the age of social media, in: GIQ 2012, S. 446 ff.

Lorenz, Dieter, Der Rechtsschutz des Bürgers und die Rechtsweggarantie, München 1973.

von Lucke, Jörn, Transparenz 2.0, in: VM 2009, S. 326 ff.

———, Open Government: Öffnung von Staat und Verwaltung 2010.

———, Open Government Collaboration: Offene Formen der Zusammenarbeit beim Regieren und Verwalten, Friedrichshafen 2012.

———, Technische Innovation – Potenziale von Open Government, offenen Daten und intelligenten Städten, in: Norbert Kersting (Hrsg.), Urbane Innovation, Wiesbaden 2017, S. 151 ff.

———, Open Government: Öffnung von Staat und Verwaltung 2010.

von Lucke, Jörn/ Gollasch, Katja, Open Government: Offenes Regierungs- und Verwaltungshandeln – Leitbilder, Ziele und Methoden 2022.

Luhmann, Niklas, Soziale Systeme: Grundriß einer allgemeinen Theorie, Frankfurt am Main 1987.

———, Grundrechte als Institution: Ein Beitrag zur politischen Soziologie, Berlin 2019.

Lukensmeyer, Carolyn J./Torres, Lars Hasselblad, Citizensourcing: Citizen Participation in a Networked Nation, in: Kaifeng Yang/Erik Bergrud (Hrsg.), Civic Engagement in a Network Society, Charlotte 2008, S. 207 ff.

Maass, Hans-Heinrich, Information und Geheimnis im Zivilrecht: eine rechtshistorische und rechtsvergleichende Kritik der privaten und der gewerblichen Geheimsphäre, Stuttgart 1970.

Magro, Michael J., A Review of Social Media Use in E-Government, in: Adm. Sci. 2012, S. 148 ff.

Mallmann, Christoph, Datenschutz in Verwaltungsinformationssystemen: Zur Verhältnismäßigkeit des Austausches von Individualinformationen in der normvollziehenden Verwaltung, München [u.a.] 1976.

Mallmann, Otto, Zum Stand der Datenschutzdiskussion, in: JZ 1973, S. 274 ff.

———, Zielfunktionen des Datenschutzes: Schutz der Privatsphäre – Korrekte Information: Mit einer Studie zum Datenschutz im Bereich von Kreditinformationssystemen, Frankfurt am Main 1977.

von Mangoldt, Hermann/Klein, Friedrich/Starck, Christian (Hrsg.): Grundgesetz, Bd. I, II, 7. Aufl. 2018.

Mastronardi, Philippe, New Public Management im Kontext unserer Staatsordnung: Staatspolitische, staatsrechtliche und verwaltungsrechtliche Aspekte der neuen Verwaltungsführung, in: Philippe Mastronardi/Kuno Schedler (Hrsg.), New Public Management in Staat und Recht: Ein Diskurs, Bern [u.a.] 1998, S. 47 ff.

Matasick, Craig, Open government: How transparency and inclusiveness can reshape public trust, in: OECD (Hrsg.), Trust and Public Policy: How Better Governance Can Help Rebuild Public Trust, Paris 2017, S. 105 ff.

Matzky, Ralph, Zugriff auf EDV im Strafprozeß: Rechtliche und technische Probleme der Beschlagnahme und Durchsuchung beim Zugriff auf das Beweismittel „EDV“, Berlin 1999.

Maus, Ingeborg, Zur Aufklärung der Demokratietheorie: Rechts- und demokratietheoretische Überlegungen im Anschluss an Kant, Frankfurt am Main 1994.

Meijer, Albert J./Curtin, Deirdre/Hillebrandt, Maarten, Open government: connecting vision and voice, in: IRAS 2012, S. 10 ff.

Mergel, Ines/Müller, Philipp S./Parycek, Peter/Schulz, Sönke E., Praxishandbuch soziale Medien in der öffentlichen Verwaltung 2013.

Merten, Detlef, Bürgerverantwortung im demokratischen Verfassungsstaat, in: VVDStRL (1995), S. 7.

Michelis, Daniel, Social-Media-Modell, in: Daniel Michelis/Thomas Schildhauer (Hrsg.), Social Media Handbuch: Theorien, Methoden, Modelle und Praxis, 3 Aufl., Baden-Baden 2015, S. 23 ff.

Michelman, Scott, Who Can Sue Over Government Surveillance, in: UCLA L. Rev. 2009, S. 71 ff.

Möllers, Christoph, Religiöse Freiheit als Gefahr?, in: VVDStRL (2009), S. 47 ff.

Morlok, Martin, Demokratie und Wahlen, in: Horst Dreier/Peter Badura (Hrsg.), Festschrift 50 Jahre Bundesverfassungsgericht, Tübingen 2001 S. 559 ff.

———, Parteienrecht als Wettbewerbsrecht, in: Peter Häberle/Martin Morlok/Vassilios Skouris (Hrsg.), Festschrift für Dimitris Th. Tsatsos, Baden-Baden 2003 S. 408 ff.

———, Neutralität des Staates und religiöser Radikalismus, in: Johannes Masing/Oliver Jouanjan (Hrsg.), Weltanschauliche Neutralität, Meinungsfreiheit, Sicherungsverwahrung, Tübingen 2013, S. 3 ff.

Mühlichen, Andreas, Privatheit im Zeitalter vernetzter Systeme: eine empirische Studie, Opladen [u.a.] 2018.

Müller-Neuhof, Jost, Verfassung als Nachricht: Zur Qualität medienöffentlicher Rechtskommunikation über das Grundgesetz, Baden-Baden 2012.

von Münch, Ingo/Kunig, Philip (Hrsg.): Grundgesetz-Kommentar, Bd. 1, 7. Aufl., München 2021.

Münker, Stefan, Emergenz digitaler Öffentlichkeiten: Die sozialen Medien im Web 2.0, Frankfurt am Main 2009.

Nellesen, Sebastian, Äußerungsrechte staatlicher Funktionsträger: Neutralität, Meinungsfreiheit, Mäßigungsgebot: Determinanten der Teilnahme staatlicher Funktionsträger am öffentlichen Meinungsbildungsprozess, Tübingen 2019.

Nettesheim, Martin, Grundrechtsschutz der Privatheit, in: VVDStRL (2011), S. 7 ff.

Newig, Jens/Kuhn, Katina/Heinrichs, Harald, Nachhaltige Entwicklung durch gesellschaftliche Partizipation und Kooperation? – Eine kritische Revision zentraler Theorien und Konzepte, in: Harald Heinrichs/Katina Kuhn/Jens Newig (Hrsg.), Nachhaltige Gesellschaft: Welche Rolle für Partizipation und Kooperation?, Wiesbaden 2011, S. 27 ff.

Niemann, Julia/Schenk, Michael, Privatsphäre und Selbstoffenbarung auf Sozialen Netzwerkplattformen: Eine Einführung, in: Michael Schenk/Julia Niemann/Gabi Reinmann/Alexander Roßnagel (Hrsg.), Digitale Privatsphäre: Heranwachsende und Datenschutz auf sozialen Netzwerkplattformen, Berlin 2012, S. 15 ff.

Nordin, Jonas, Sweden 1766: The World's First Legislation Protecting Freedom of the Press and Freedom of Information, in: Lothar Jordan/Fackson Banda/Claire McGuire (Hrsg.), Memory of the World SCEaR Newsletter, 2023, S. 25 ff.

Noveck, Beth Simone, Wiki Government: How Technology Can Make Government Better, Democracy Stronger, and Citizens More Powerful, Washington D.C. 2009.

O'Reilly, Tim, What is Web 2.0: Design Patterns and Business Models for the Next Generation of Software, in: SC 2007, S. 17 ff.

———, Government as a Platform, in: Innovations 2011, S. 13 ff.

Oermann, Markus/Staben, Julian, Mittelbare Grundrechtseingriffe durch Abschreckung?: Zur grundrechtlichen Bewertung polizeilicher „Online-Streifen" und „Online-Ermittlungen" in sozialen Netzwerken, in: Der Staat (2013), S. 630 ff.

Osborne, Stephen P., The New Public Governance?, in: Public Manag. Rev. 2006, S. 377 ff.

Palm, Franz/Roy, Rudolf, Mailboxen, Staatliche Eingriffe und andere rechtliche Aspekte, in: NJW 1996, S. 1791 ff.

Pateman, Carole, Participation and Democratic Theory, London [u.a.] 1970.

———, Participatory Democracy Revisited, in: Perspect. Politics 2012, S. 7 ff.

Peifer, Karl-Nikolaus, Persönlichkeitsrechte im 21. Jahrhundert - Systematik und Herausforderungen, in: JZ 2013, S. 853 ff.

Pein, Vivian, Social Media Manager: Das Handbuch für Ausbildung und Beruf 2018.

Peixoto, Tiago, The Uncertain Relationship between Open Data and Accountability, in: UCLA L. Rev. Disc. 2012, S. 200 ff.

Perrey, Elke, Gefahrenabwehr und Internet: Befugnisse der Polizei im Lichte eines Rechts auf informationelle Selbstbestimmung, Berlin 2003.

Peters, B. Guy, The Politics of Bureaucracy, New York [u.a.] 1989.

Petersen, Niels, Demokratie und Grundgesetz, in: Preprints of the Max Planck Institute 2008, S. 1 ff.

Pietzcker, Jost, Die Rechtsfigur des Grundrechtsverzichts, in: Der Staat (1978), S. 527 ff.

Pitschas, Rainer, Verwaltungsverantwortung und Verwaltungsverfahren: Strukturprobleme, Funktionsbedingungen und Entwicklungsperspektiven eines konsensualen Verwaltungsrechts, München 1990.

Podlech, Adalbert, Das Recht auf Privatheit, in: Joachim Perels (Hrsg.), Grundrechte als Fundament der Demokratie, Frankfurt am Main 1979, S. 50 ff.

Pollitt, *Christopher*, Justification by Works or by Faith?, in: Evaluation 1995, S. 133 ff.

Poscher, Ralf, Grundrechte als Abwehrrechte: reflexive Regelung rechtlich geordneter Freiheit, Tübingen 2003.

———, Die Zukunft der informationellen Selbstbestimmung als Recht auf Abwehr von Grundrechtsgefährdungen, in: Hans-Helmuth Gander/Walter Perron/Ralf Poscher/Gisela Riescher/Thomas Würtenberger (Hrsg.), Resilienz in der offenen Gesellschaft: Symposium des Centre for Security and Society, Baden-Baden 2012, S. 167 ff.

Pünder, Hermann, „Open Government leads to Better Government": Überlegungen zur angemessenen Gestaltung von Verwaltungsverfahren, in: NuR 2005, S. 71 ff.

Rath, Christian, Karlsruhe und der Einschüchterungseffekt – Praxis und Nutzen einer Argumentationsfigur des Bundesverfassungsgerichts, in: Günter Frankenberg (Hrsg.), Verfassungsrecht und gesellschaftliche Realität: Dokumentation: Kongress „60 Jahre Grundgesetz: Fundamente der Freiheit stärken" der Bundestagsfraktion Bündnis 90/Die Grünen am 13./14. März 2009 in Berlin, Baden-Baden 2009, S. 65 ff.

Reihe Alternativkommentare: Kommentar zum Grundgesetz für die Bundesrepublik Deutschland, hrsg. von Erhard Denninger/Wolfgang Hoffman-Riem/Hans P. Schneider, Bd. 1, 2. Aufl., Neuwied [u.a.] 1989.

Remus, Nadine, Justizberichterstattung als öffentliche Aufgabe, in: Lars Rademacher/Alexander Schmitt-Geiger (Hrsg.), Litigation-PR: Alles was Recht ist: Zum systematischen Stand der strategischen Rechtskommunikation, Wiesbaden 2012, S. 169 ff.

Richards, Neil M., The Dangers of Surveillance, in: Harv. L. Rev. 2013, S. 1934.

Richards, Neil M./King, Jonathan H., Three Paradoxes of Big Data, in: Stan. L. Rev. Online 2013, S. 41 ff.

Riepl, Frank, Informationelle Selbstbestimmung im Strafverfahren, Tübingen 1998.

Robrecht, Michael P., Polizeiliche Videoüberwachung bei Versammlungen und an Kriminalitätsschwerpunkten, in: NJ 2000, S. 348 ff.

Rogosch, Patricia, Die Einwilligung im Datenschutzrecht, Baden-Baden 2013.

Rohlf, Dietwalt, Der grundrechtliche Schutz der Privatsphäre: Zugleich ein Beitrag zur Dogmatik des Art. 2 Abs. 1 GG, Berlin 1980.

Rosanvallon, Pierre, Demokratische Legitimität: Unparteilichkeit, Reflexivität, Nähe, Hamburg 2010.

Rossen-Stadtfeld, Helge, Medien, in: Thomas Vesting/Stefan Korioth (Hrsg.), Der Eigenwert des Verfassungsrechts: Was bleibt von der Verfassung nach der Globalisierung?, Tübingen 2011, S. 95 ff.

Rossen, Helge, Vollzug und Verhandlung: Die Modernisierung des Verwaltungsvollzugs, Tübingen 1999.

Rössler, Beate, Der Wert des Privaten, Frankfurt am Main 2001.

———, Privatheit und Autonomie: Zum individuellen und gesellschaftlichen Wert des Privaten, in: Sandra Seubert/Peter Niesen (Hrsg.), Die Grenzen des Privaten, Baden-Baden 2010, S. 41 ff.

Roßnagel, Alexander, Freiheit durch Systemgestaltung: Strategien des Grundrechtschutzes in der Informationsgesellschaft, in: Egbert Nickel/Adalbert Podlech (Hrsg.), Die Freiheit und die Macht: Wissenschaft im Ernstfall, Baden-Baden 1994 S. 227 ff.

———, Verfassungsrechtliche Grenzen polizeilicher Kfz-Kennzeichenerfassung, in: NJW 2008, S. 2547.

Rudolf, Walter, § 90. Recht auf informationelle Selbstbestimmung, in: Detlef Merten/Hans-Jürgen Papier (Hrsg.), Handbuch der Grundrechte IV, Heidelberg 2011.

Rüpke, Gieselher, Der verfassungsrechtliche Schutz der Privatheit: Zugleich ein Versuch pragmatischen Grundrechtsverständnisses, Baden-Baden 1976.

Ryfe, David M., Does Deliberative Democracy Work?, in: Annu. Rev. Polit. Sci. 2005, S. 49 ff.

Sachs, Michael (Hrsg.): Grundgesetz, 9. Aufl., München 2021.

Sandfuchs, Barbara, Privatheit wider Willen?: Verhinderung informationeller Preisgabe im Internet nach deutschem und US-amerikanischem Verfassungsrecht, Tübingen 2015.

Schaal, Gary S./Heidenreich, Felix, Einführung in die Politischen Theorien der Moderne, Stuttgart, Deutschland 2016.

Schaar, Peter, Datenschutz im Internet: Die Grundlagen, München 2002.

Scharpf, Fritz W., Demokratietheorie zwischen Utopie und Anpassung, Kronberg/Ts. 1975.

———, Regieren in Europa: Effektiv und demokratisch?, Frankfurt am Main 1999.

———, Legitimationskonzepte jenseits des Nationalstaats, in: Gunnar Folke Schuppert/Ingolf Pernice/Ulrich R. Haltern/Maurizio Bach (Hrsg.), Europawissenschaft, Baden-Baden 2005, S. 705 ff.

Schauer, Frederick, Fear, Risk and the First Amendment: Unraveling the Chilling Effect, in: B.U. L. Rev. 1978, S. 685 ff.

Schedler, Kuno/Proeller, Isabella, New Public Management, Bern [u.a.] 2011.

Schertz, Christian, Der Schutz des Individuums in der modernen Mediengesellschaft, in: NJW 2013, S. 721 ff.

Scherzberg, Arno, Grundrechtsschutz und „Eingriffsintensität“: das Ausmaß individueller Grundrechtsbetroffenheit als materiellrechtliche und kompetenzielle Determinante der verfassungsgerichtlichen Kontrolle der Fachgerichtsbarkeit im Rahmen der Urteilsverfassungsbeschwerde, Berlin 1989.

———, Die Öffentlichkeit der Verwaltung, Baden-Baden 2000.

Schiedermair, Stephanie, Der Schutz des Privaten als internationales Grundrecht, Tübingen 2012.

Schlink, Bernhard, Das Recht der Informationellen Selbstbestimmung, in: Der Staat (1986), S. 233 ff.

Schmidt-Aßmann, Eberhard, Verwaltungslegitimation als Rechtsbegriff, in: AöR (1991), S. 329 ff.

———, § 26. Der Rechtsstaat, in: Josef Isensee/Paul Kirchhof (Hrsg.), Handbuch des Staatsrechts II, 3. Aufl., Heidelberg 2004.

———, Das allgemeine Verwaltungsrecht als Ordnungsidee: Grundlagen und Aufgaben der verwaltungsrechtlichen Systembildung, Berlin [u.a.] 2006.

Schmidt-Bleibtreu, Bruno/Hofmann, Hasso/Henneke, Hans-Günter (Hrsg.): Grundgesetz Kommentar 15. Aufl., Hürth 2022.

Schmidt, Jan-Hinrik, Social Media, Wiesbaden 2018.

Schmidt, Manfred G., Demokratietheorien: Eine Einführung 2019.

Schmidt, Walter, Die bedrohte Entscheidungsfreiheit, in: JZ 1974, S. 241 ff.

Schmitt Glaeser, Walter, § 129. Schutz der Privatsphäre, in: Josef Isensee/Paul Kirchhof (Hrsg.), Handbuch des Staatsrechts VI, 2. Aufl., Heidelberg 1989.

———, § 38. Die grundrechtliche Freiheit des Bürgers zur Mitwirkung an der Willensbildung in: Josef Isensee/Paul Kirchhof (Hrsg.), Handbuch des Staatsrechts III, 3. Aufl., Heidelberg 2005.

———, Der freiheitliche Staat des Grundgesetzes: Grundzüge, Tübingen 2008.

Schneider, Jens-Peter, § 28. Strukturen und Typen von Verwaltungsverfahren, in: Wolfgang Hoffman-Riem/Eberhard Schmidt-Aßmann/Andreas Voßkuhle (Hrsg.), Grundlagen des Verwaltungsrechts II, 2. Aufl., München 2012.

Schoch, Friedrich, Das Recht auf informationelle Selbstbestimmung, in: JURA 2008, S. 352 ff.

Schönke, Adolf/Schröder, Horst (Hrsg.): Strafgesetzbuch, 30. Aufl., München 2019.

Schuler, Douglas, Online Deliberation and Civic Intelligence, in: Daniel Lathrop/Laurel R. T. Ruma (Hrsg.), Open Government: Collaboration, transparency, and participation in practice, 2010, S. 91 ff.

Schulz, Sebastian, Privacy by Design, in: CR 2012, S. 204 ff.

Schulz, Sönke E., Aktuelle Entwicklungen im Informationszugangsrecht – erreicht „Open Data" den Gesetzgeber?, in: VerwArch (2013), S. 327 ff.

———, Einsatz von Social Media durch die öffentliche Verwaltung, in: Gerrit Hornung/Ralf Müller-Terpitz (Hrsg.), Rechtshandbuch Social Media, Berlin [u.a.] 2015, S. 429 ff.

Schulz, Sönke E./Hoffmann, Christian, Grundrechtsrelevanz staatlicher Beobachtungen im Internet, in: CR 2010, S. 131 ff.

———, Staatliche Datenerhebung in sozialen Netzwerken, in: DuD 2012, S. 7 ff.

Schulz, Sönke E./Janda, Timm Christian/Tischer, Jakob, Offene Schnittstellen in der Kommunikation zwischen Bürger und Staat: Open Government Fact Sheet #1: Kurzgutachten des Lorenz-von-Stein-Institut für Verwaltungswissenschaften an der Christian-Albrechts-Universität zu Kiel, Berlin 2013.

Schuppert, Gunnar F., Resümee und Ausblick, in: Wolfgang Hoffman-Riem/Eberhard Schmidt-Aßmann (Hrsg.), Konfliktbewältigung durch Verhandlungen: Informelle und mittlerunterstützte Verhandlungen im Verwaltungsverfahren, Baden-Baden 1990, S. 327 ff.

Schürmann, Frank, Öffentlichkeitsarbeit der Bundesregierung: Strukturen, Medien, Auftrag und Grenzen eines informalen Instruments der Staatsleitung, Berlin 1992.

Schwabenbauer, Thomas, Heimliche Grundrechtseingriffe: Ein Beitrag zu den Möglichkeiten und Grenzen sicherheitsbehördlicher Ausforschung, Tübingen 2013.

Send, Hendrik, Die Weisheit der Vielen (James Surowiecki), in: Daniel Michelis/Thomas Schildhauer (Hrsg.), Social Media Handbuch: Theorien, Methoden, Modelle und Praxis, 3 Aufl., Baden-Baden 2015, S. 118 ff.

Sheldon, Pavica, The Relationship Between Unwillingness-to-Communicate and Students' Facebook Use, in: J. Media Psychol. 2008, S. 67 ff.

Shirky, Clay, The Political Power of Social Media—Technology, the Public Sphere , and Political Change Essay, in: Foreign Aff. 2011, S. 28 ff.

Simitis, Spiros, Die informationelle Selbstbestimmung – Grundbedingung einer verfassungskonformen Informationsordnung, in: NJW 1984, S. 398 ff.

Simitis, Spiros (Hrsg.): Bundesdatenschutzgesetz, 8. Aufl., Baden-Baden 2014.

Simitis, Spiros/Hornung, Gerrit/Döhmann, Indra Spiecker (Hrsg.): Datenschutzrecht: DSGVO mit BDSG, 1. Aufl., Baden-Baden 2019.

Sobota, Katharina, Das Prinzip Rechtsstaat: Verfassungs- und verwaltungsrechtliche Aspekte, Tübingen 1997.

Soiné, Michael, Personale verdeckte Ermittlungen in sozialen Netzwerken zur Strafverfolgung, in: NStZ 2014, S. 248 ff.

Sokolov, Ewgenij, Wege zur Partizipation für Inländer – Volksbegriff und Einbürgerung im Lichte des Demokratieprinzips, in: NVwZ 2016, S. 649 ff.

Solove, Daniel J., A Taxonomy of Privacy, in: Univ. Pa. L. Rev. 2006, S. 477 ff.

Soojung-Kim Pang, Alex, Futures 2.0, in: Foresight 2010, S. 5 ff.

Spiecker Döhmann, Indra, Staatliche Informationsgewinnung im Mehrebenensystem: Ein Überblick, in: Janbernd Oebbecke (Hrsg.), Nicht-normative Steuerung in dezentralen Systemen, Stuttgart 2005, S. 253 ff.

Stange, Albrecht, Versuche einer strafrechtlichen Bewältigung, in: CR 1996, S. 424 ff.

Stelkens, Paul/Bonk, Heinz Joachim/Sachs, Michael (Hrsg.): Verwaltungsverfahrensgesetz, 9. Aufl., München 2018.

———, Verwaltungsverfahrensgesetz, 10. Aufl. 2023.

Stein, Ekkehart, Staatsrecht, Tübingen 2010.

Steinfield, Charles/Ellison, Nicole B./Lampe, Cliff, Social capital, self-esteem, and use of online social network sites, in: J. Appl. Dev. Psychol. 2008, S. 434 ff.

Steinmüller, Wilhelm, Grundfragen des Datenschutzes (BT-Drs. VI/3826). Bonn, 1972.

Stenger, Hans-Jürgen, Probleme der Beweissicherung in Strafsachen, in: CR 1990, S. 786 ff.

Stiglitz, Joseph, Transparency in Government, in: Roumeen Islam/Simeon Djankov/Caralee McLeish (Hrsg.), The Right to Tell: The Role of Mass Media in Economic Development, Washington D.C. 2002, S. 27 ff.

Stocker, Alexander/Tochtermann, Klaus, Anwendungen und Technologien des Web 2.0: Ein Überblick, in: Andreas Blumauer/Tassilo Pellegrini (Hrsg.), Social Semantic Web, 2009, S. 63 ff.

Stracke, Victoria-Sophie, Die öffentliche Wiedergabe nach § 15 Abs. 2 UrhG am Beispiel sozialer Medien, Göttingen 2018.

Studenroth, Stefan, Wahlbeeinflussung durch staatliche Funktionsträger: Zur Abgrenzung zwischen staatlicher Öffentlichkeitsarbeit und privater Wahlwerbung in Äußerungen von Amtsträgern, in: AöR (2000), S. 257 ff.

Stürmer, Matthias/Ritz, Adrian, Public Governance durch Open Government, in: Jahrb. Schweiz. Verwalt. wiss. 2014, S. 125 ff.

Suhr, Dieter, Entfaltung der Menschen durch die Menschen: Zur Grundrechtsdogmatik der Persönlichkeitsentfaltung, der Ausübungsgemeinschaften und des Eigentums, Berlin 1976.

Taddicken, Monika/Schmidt, Jan-Hinrik, Entwicklung und Verbreitung sozialer Medien, in: Monika Taddicken/Jan-Hinrik Schmidt (Hrsg.), Handbuch Soziale Medien, Wiesbaden 2017, S. 3 ff.

Tanneberger, Steffen, Die Sicherheitsverfassung: Eine systematische Darstellung der Rechtsprechung des Bundesverfassungsgerichts; zugleich ein Beitrag zu einer induktiven Methodenlehre, Tübingen 2014.

Thimm, Caja, Soziale Medien und Partizipation, in: Monika Taddicken/Jan-Hinrik Schmidt (Hrsg.), Handbuch Soziale Medien, Wiesbaden 2017, S. 191 ff.

Tinnefeld, Marie-Theres, Grundfragen, in: Marie-Theres Tinnefeld/Benedikt Buchner/Thomas B. Petri/Hans-Joachim Hof (Hrsg.), Einführung in das Datenschutzrecht: Datenschutz und Informationsfreiheit in europäischer Sicht, 7. Aufl., Berlin [u.a.] 2020, S. 1 ff.

Towfigh, Emanuel Vahid, Komplexität und Normenklarheit – Oder: Gesetzte sind für Juristen gemacht, in: Der Staat (2009), S. 29 ff.

Trepte, Sabine/Reinecke, Leonard, The reciprocal effects of social network site use and the disposition for self-disclosure, in: Comput. Hum. Behav. 2013, S. 1102 ff.

Trültzsch-Wijnen, Sascha, Identität, Orientierung und Lebenswelt: Ein mehrdimensionaler Blick auf situatives Aushandeln von Privatheit im Social Web, Baden-Baden 2018.

Trute, Hans-Heinrich, Kapitel 2.5. Verfassungsrechtliche Grundlagen, in: Alexander Roßnagel (Hrsg.), Handbuch Datenschutzrecht – Die neuen Grundlagen für Wirtschaft und Verwaltung München 2003.

Ullrich, Peter, Gesundheitsdiskurse und Sozialkritik – Videoüberwachung von Demonstrationen: Zwei Studien zur gegenwärtigen Regierung von sozialen Bewegungen und Protest, München 2011.

Venzke-Caprarese, Sven, Social Media Monitoring, in: DuD 2013, S. 775 ff.

Vesting, Thomas, § 6. Verfassungsgeschichtliche und verfassungsdogmatische Grundlagen, in: Horst-Peter Götting/Christian Schertz/Walter Seitz (Hrsg.), Handbuch des Persönlichkeitsrechts: Presse- und Medienrecht, 2. Aufl., München 2019.

Walther, Joseph B., Selective self-presentation in computer-mediated communication, in: Comput. Hum. Behav. 2007, S. 2538 ff.

Wanckel, Endress, Persönlichkeitsschutz in der Informationsgesellschaft: zugleich ein Beitrag zum Entwicklungsstand des allgemeinen Persönlichkeitsrechts, Frankfurt am Main [u.a.] 1999.

Warren, Mark, Democratic Theory and Self-Transformation, in: APSA 1992, S. 8 ff.

Weber, Florian, Selbstbestimmung durch Teilhabe, in: Oliver W. Lembcke/Claudia Ritzi/Gary S. Schaal (Hrsg.), Zeitgenössische Demokratietheorie, Wiesbaden 2012, S. 223 ff.

Weber, Max, Wirtschaft und Gesellschaft: Grundriss der verstehenden Soziologie, Tübingen 1922, (Nachdruck: 2002).

Weichert, Thilo, Big Data und Datenschutz, in: ZD 2013, S. 251 ff.

Wewer, Göttrik/Wewer, Till, Open Government: Stärkung oder Schwächung der Demokratie?, Wiesbaden 2019.

Winter, Max, Demokratietheoretische Implikationen des Rechts auf informationelle Selbstbestimmung, in: Michael Friedewald/Jörn Lamla/Alexander Roßnagel (Hrsg.), Informationelle Selbstbestimmung im digitalen Wandel, Wiesbaden 2017, S. 37 ff.

Wintrich, Josef M., Zur Problematik der Grundrechte, Köln [u.a.] 1957.

Wirtz, Bernd W./Schmitt, Daniel, Open Government, in: VM 2015, S. 46 ff.

Wittmann, Georg/Stahl, Ernst/Weinfurtner, Stefan/Torunsky, Robert, Digitalisierung der Gesellschaft 2014: Aktuelle Einschätzungen und Trends, Regensburg 2014.

Wolf, Maximilian Sönke, Big Data und Innere Sicherheit: Grundrechtseingriffe durch die computergestützte Auswertung öffentlich zugänglicher Quellen im Internet zu Sicherheitszwecken 2015.

Zerfaß, Ansgar, Unternehmensführung und Öffentlichkeitsarbeit: Grundlegung einer Theorie der Unternehmenskommunikation und Public Relations, Wiesbaden 2010.

Zhao, Shanyang/Grasmuck, Sherri/Martin, Jason, Identity construction on Facebook: Digital empowerment in anchored relationships, in: Comput. Hum. Behav. 2008, S. 1816 ff.

Zippelius, Reinhold/Würtenberger, Thomas, Deutsches Staatsrecht, München 2020.

Zittel, Thomas, Partizipative Demokratie und Politische Partizipation, in: André Kaiser/Thomas Zittel (Hrsg.), Demokratietheorie und Demokratieentwicklung: Festschrift für Peter Graf Kielmansegg, Wiesbaden 2004, S. 55 ff.

Zöller, Mark A., Verdachtslose Recherchen und Ermittlungen im Internet, in: GA (2000), S. 563 ff.

Zuiderwijk, Anneke/Helbig, Natalie/Gil-García, J Ramón/Janssen, Marijn, Special Issue on Innovation through Open Data, in: J. Theor. Appl. Electron. Commer. Res. 2014, S. 1 ff.

Zyl, Albert, How Civil Society Organizations Close the Gap between Transparency and Accountability, in: Gov. 2014, S. 347 ff.

Sachverzeichnis

Algorithmische Analysen 133–134, 136
Anlasslose Internetaufklärung 84, 87, 156
Anpassungsdruck 111, 114
Anschlussmaßnahmen 129, 138, 161–162

Besondere Gefahrenlage 89, 118, 146

Chancengleichheit 166, 170–171

Dauerhafte Datenspeicherung 128–130, 136, 149
Demokratietheorie
- Deliberative- 45
- Komplexe- 47
- Partizipative 42
Digitales Umfeld 69, 103, 105, 117
Digitalisierung 26, 32, 64, 139
Diskriminierende Entscheidungen 132, 166
Distanzgedanken 37, 172–174

Einbeziehung der Bürger 35, 41–42, 49, 62, 165
Eingriffsintensität 137, 146, 154–155, 159–161
Einschüchterungseffekte 39, 63, 111, 115, 122, 124–125, 134–137, 146–148, 154, 156, 159, 162
Enger Bezug des Schutzbereichs 143
Engere persönliche Lebenssphäre 112
Erwartungserwartungen 101, 110, 113, 119, 121
Erwünschte Abschreckungsform 121–122

Formalisierte Kommunikationsbeziehungen 59

Gedanken des Pluralismus 36, 63
Gefahrenprognose 147–148, 150
Gefühl des Überwachtwerdens 97, 152, 159, 161
Gleichheit in der Freiheit 166–168, 171

Heimliche Überwachungsaßnahmen 158–159

Impression Management Theory 70
Individuelle Autonomie 100, 108, 114–115
Inferenzanalysen 106, 126, 129–130, 132, 134, 155, 158–160
Informationsbezogener Eingriffsbegriff 143–144, 146
Informelle Verfahrenskommunikation 61–62
Intransparenz 136, 138, 150

Kommunikation mit anderen 36, 38
Kommunikationsbeziehungen 27, 36–37, 52–53, 56–58, 61–62, 64, 120
Kommunikationsgrundrechte 38, 52
Kommunikationsmodell 110, 118, 120

Kommunikatives Staatshandeln 38, 165

Meinungsbildung 36, 38, 152, 169
Meinungsvielfalt 36, 39, 41, 63
Meinungswettbewerb 36–37, 39, 169, 171
Moderner Eingriffsbegriff 38, 92, 142

Nachteilige Folgen 115, 119, 122, 127–129, 131, 135, 137–138, 149, 155–157
Nachträgliche Benachrichtigung 159–160
Neutralitä
– Grundrechtliche- 37
– Staatsorganisatorische- 39
Neutralitätsgebot 35–36, 41, 65, 166
New Public Management 25
Normpublizität 57

Offenheit 36, 63
Öffentlich zugängliche Daten 75, 79–80, 89, 92, 112, 116, 118, 120, 145–146
Öffentliche Meinung 38, 56, 58, 168–169
Öffentliche Zugänglichkeit 71, 80, 105, 180

Parteinahme 36–37, 64, 170
Personenmerkmale 68, 73, 107, 131–132, 137, 155, 159
Persönlichkeit 95
Persönlichkeitsentfaltung 93, 96, 111, 114, 118, 126
Persönlichkeitsentwicklung 98
Persönlichkeitsgefährdungen 67, 108, 118, 144
Private Öffentlichkeit 104
Privatheit 101, 105, 107
Privatsphäre 96, 100, 107
Privatsphäre-Einstellungen 80, 104
Prozessgestaltung der Analyse 160

Reaktionen des anderen 28, 69, 71, 73–74, 97, 99, 110, 113, 119, 133
Recht auf informationelle Selbstbestimmung 53, 108, 144
Rechtsstaatliche Bindung 58, 172
Rückzugsmöglichkeit 96, 100, 135

Sachwidrige Entscheidungen 113, 115, 128, 131, 182
Schamgefühl 107, 112, 128, 136, 182
Schnittstellen 36, 55, 59, 166
Selbstdarstellung 68, 70, 73, 90, 96, 99, 107, 113, 120
Selbstreflexion 52, 96, 100
Sicherheitsabstand 122, 132, 136–137, 161
Social-Media-Monitoring 29, 67, 75, 126, 142, 144, 152, 155, 162, 165
Soziale Freiheit 52
Soziale Interaktion 70, 74, 96, 99–100, 102, 113
Soziale Verhaltenserwartungen 66, 74, 97, 99, 120
Staatliche Erwartungen 63, 121
Staatsfreiheit 168
Stigmatisierungseffekte 115, 131, 149, 154–155

Technikgestaltung 128, 150, 157

Überwachungsfurcht 136, 147, 154
Umsetzungsprozess 34
Unbefangenheit 63, 174
Unsicherheit 119, 123, 135, 137

Verhaltenssteuerung 39, 95, 111, 115, 122, 125, 136, 138, 161
Verwaltungsverfahren 59, 133, 174
Verzwickte Probleme 28
Virtuelle Identität 73
Wissensgesellschaft 28

Zugangskontrolle 105, 107
Zweckbindung 158, 162

www.ingramcontent.com/pod-product-compliance
Ingram Content Group UK Ltd.
Pitfield, Milton Keynes, MK11 3LW, UK
UKHW021937290926
8980IPUK00016B/1672

9 783631 926536